Boost.Asio C++ 네트워크 프로그래밍 쿡북

Boost.Asio C++ 네트워크 프로그래밍 쿡북

손쉬운 25가지 예제를 통해 알아보는 Boost.Asio 라이브러리로
강건하면서도 매우 효율적이고 여러 플랫폼에서 쓸 수 있는
분산 애플리케이션 만들기

드미트로 라드척 지음 | 한정애 옮김

| 지은이 소개 |

드미트로 라드척 Dmytro Radchuk

우크라이나 키예프에 살고 있는 소프트웨어 엔지니어다. 그는 어렸을 때부터 과학에 관심이 많아 키예프 폴리텍 대학에서 컴퓨터 과학을 전공했다. 그후 다양한 산업과 사업 영역에서 8년이 넘는 소프트웨어 개발 경험과 깊은 기술 지식을 쌓았으며, 전체는 부분들의 합보다 크다고 믿기 때문에 분산 애플리케이션 개발에 집중하고 있다. 또한 지식을 나누는 것을 좋아하며, 과학이야말로 일상생활의 지루함을 달래줄 것이라 믿고 있다. 컴퓨터 엔지니어의 다른 영역을 탐험하지 않는 시간에는 자신의 또다른 관심사이기도 한 심리학, 역사 또는 예술에 대해 공부하고 있다.

| 기술 감수자 소개 |

빅터 사이글러 Victor Sigler

소비자와 기업 모바일 프로그램을 개발하는 iOS 소프트웨어 엔지니어다. 애플과 관련된 모든 것을 사랑하고, C++로 개발한 프로그래밍 대회와 스위프트에 열정을 쏟고 있다. 블로그(http://www.vsigler.com)에 iOS 개발에 관련된 글을 쓰는 일을 즐기고, 스택 오버플로에서 사람들의 질문에 답하는 것을 좋아한다. 트위터는 @Vkt0r이다. 팩트출판사의 『Swift 2 Design Patterns』에서도 기술 감수를 맡은 적이 있다.

│ 옮긴이 소개 │

한정애(jeongae.han@gmail.com)

서울대학교 컴퓨터공학과를 졸업하고 동 대학원에서 무선 통신망에서의 자원 관리에 대한 연구로 박사 학위를 수여받았다. 최근까지 글로벌 소프트웨어 회사인 SAP에 속한 SAP Labs Korea에서 개발자로 일하다가 삼성증권으로 이직했다. 리눅스와 C++ 프로그래밍을 비롯한 여러 가지 프로그래밍 관련 분야에 관심이 많다. 번역서로는 에이콘출판사에서 출간한 『리눅스 기반의 임베디드 제품 디자인』(2007), 『C++ 템플릿 가이드』(2008), 『두렵지 않은 C++』(2013), 『C++ 표준 라이브러리』(2013), 『Boost C++ 애플리케이션 개발』(2015)이 있다.

| 옮긴이의 말 |

내가 다니던 회사는 개발자들로 가득한 곳으로 회식할 때도 프로그래밍 얘기를 할 때가 있습니다. 제 퇴사로 인해 하게 된 환송식 날에도 마찬가지였죠. 언제나처럼 C++11이라든지 람다라든지 인공지능을 데이터베이스에 접목시킨다든지 하는 얘기로 즐겁게 대화할 수도 있었을 겁니다. 그런데 이날은 어쩌다 보니 이 책을 번역하는 얘기가 나왔고, 여러 개발자들이 번역할 때 제발 이런 것만은 하지 말아달라고 당부했습니다. 그러니까 평소에 영단어로 잘 쓰고 있는 걸 굳이 우리말로 번역하지 말라고요. virtual function을 '가상 함수'라고 한다든지 iterator를 '반복자'라고 부르는 걸 굉장히 싫어하면서 제발 명사는 그대로 두고, 동사와 조사만 번역해달라고 여러 차례에 걸쳐 당부했습니다. 독자 여러분들도 그렇게 느끼는 편이신가요? 하지만 저는 가상 함수와 반복자로 번역했습니다. 대단히 이상하다고 생각하는 분들도 계시겠지만 public은 '공개'로, private은 '전용'이라고 표현했습니다. 물론 제가 일상적으로 이런 표현을 사용하지는 않죠. 대신 'public'이라고 말할까 '공개'라고 말할까를 항상 고민합니다. 모든 영단어를 한자 기반 혹은 우리말 기반의 단어로 바꿀 수는 없습니다. 그래서 class는 '클래스'입니다. 어느 정도까지를 번역해야 하는지는 깔끔하게 해결하기 어려운 부분입니다. 매일매일의 고민과 당부와 질책 속에서 번역할 단어들을 선정했습니다. 아마 그 어느 누구도 만족하지 못할 거라고 생각합니다. 그래도 이게 제가 할 수 있는 최선입니다.

이 밖에도 오타, 오류, 오역이 있을 수 있습니다. 주의해서 번역하고, 거듭거듭 살펴보는 데도 빠지는 부분들이 있고, 애초에 제가 잘못 알고 있거나 본문을 잘못 이해해서 틀린 부분도 있을 겁니다. 제 나름대로 전반적으로 이해하기 쉽도록 번역하다 보니 빠진 설명이 있을 수도 있습니다. 원서의 글 하나하나를 그대로 번역하기보다는 독자가 읽기 편하게, 이해하기 쉽게 표현하는 데 초점을 둔 결과입니다. 혹시 마음에 안 드는 부분이 있거나 틀린 부분을 찾으셨다면 에이콘출판사나 저에게 연락해주세요. 정정하겠습니다.

이 책은 Boost의 통신 라이브러리인 Asio 라이브러리라는 굉장히 구체적인 주제를 다룹니다. 가장 쉬운 통신 프로그램에서부터 SSL을 탑재한 HTTP 통신에 이르기까지 발전해 나가지요. 단계별로 알아야 할 내용이 빠져 있지도 않고, 고급 예제라고 해도 한눈에 이해할 수 있도록 잘 압축돼 있습니다. 지금 당장이라도 가져다 쓸 수 있을 만큼 잘 정제된 예제들을 여러분들께 소개할 수 있어 기쁩니다. 클라이언트/서버 구조를 가진 프로그램을 만들어야 하는 독자 모두 이 책에서 원하는 걸 찾을 수 있으면 좋겠습니다.

| 차례 |

3장 클라이언트 애플리케이션 구현

4장 서버 애플리케이션 구현

5장 HTTP와 SSL/TLS

6장 기타

| 들어가며 |

요즘은 정보가 중심이 되는 글로벌 시대이므로 우리의 삶에서 통신은 떼려야 뗄 수 없는 필수 요소다. 사적이든 공적이든 우리가 매일 하는 일들의 거의 모든 영역에 막대한 영향을 미친다. 때로는 정보를 제때 올바르게 주고받지 못하는 것만으로도 재산을 잃거나 부상을 입기도 한다.

따라서 통신 소프트웨어를 개발할 때는 신뢰도를 높이는 일이 가장 중요하다. 하지만 문제 자체도 복잡하고 운영체제에서 제공하는 저수준의 도구들도 복잡하기 때문에 통신의 신뢰성을 높이는 일은 결코 쉽지 않다.

Boost.Asio 라이브러리는 데이터형 체계를 갖추고, 객체지향 메서드를 활용하여 불필요한 복잡도를 제거하며, 재사용성을 높임으로써 개발 시간을 줄이는 것을 지향한다. 그뿐만 아니라 이 라이브러리는 어떤 플랫폼에서도 쓸 수 있기 때문에 프로그램을 한 번만 구현하면 다양한 플랫폼에 사용할 수 있다. 이로써 개발 비용을 낮추면서도 소프트웨어 품질을 더욱 높일 수 있다.

이 책에는 네트워크 프로그래밍을 하는 동안 자주 (그렇게 자주는 아니더라도) 벌어질 수 있는 다양한 상황에 대한 단계별 해결책을 30가지 이상의 예제를 들어 제시하고 있다. 모든 예제는 Boost.Asio 라이브러리에서 제공하는 기능들을 활용한다. 일반적인 작업들을 수행하고 다양한 문제를 해결할 때 이 라이브러리를 어떻게 활용하면 좋을지 확인해볼 수 있을 것이다.

이 책의 구성

1장, 기초 지식

Boost.Asio 라이브러리에서 제공하는 기본 클래스에 대해 알아본다. 그리고 DNS 이름을 해석하고, 소프트웨어를 연결하며, 연결을 받아들이는 등과 같은 기본 연산을 실행하는 방법을 알아본다.

2장, I/O 연산

개별적인 네트워크 I/O 연산을 동기적으로 또는 비동기적으로 실행하는 방법을 알아본다.

3장, 클라이언트 애플리케이션 구현

여러 가지 방식의 클라이언트 애플리케이션을 구현하는 방법을 알아본다.

4장, 서버 애플리케이션 구현

여러 가지 방식의 서버 애플리케이션을 구현하는 방법을 알아본다.

5장, HTTP와 SSL/TLS

HTTP와 SSL/TLS 프로토콜 구현에 대한 고급 주제들을 살펴본다.

6장, 기타

그다지 유명하지는 않지만 매우 중요한 주제인 타이머, 소켓 설정, 결합 버퍼 등에 대해 알아본다.

준비 사항

이 책의 예제들을 컴파일하려면 윈도우에서는 비주얼 스튜디오 2012 이상을, 유닉스 플랫폼에서는 GCC 4.7 이상을 사용해야 한다.

이 책의 대상 독자

Boost.Asio 라이브러리를 사용해 C++ 네트워크 프로그래밍 기술을 향상시키거나 분산 애플리케이션을 개발하기 위한 기반 이론을 이해하는 데 초점을 맞춘다. 또한 여러분이 C++ 11에 대해 기본적인 지식을 갖추고 있다고 가정했다. 이 책에 수록된 내용을 제대로 습득하고, 고급 주제들을 이해하고 싶다면, 어느 정도는 다중 스레드에 대한 경험이 있어야 한다.

섹션 구성

이 책에서는 준비, 예제 구현, 예제 분석, 부연 설명, 참고 사항과 같은 제목들이 자주 나온다. 예제를 잘 따라 할 수 있도록 각각을 다음과 같이 사용할 생각이다.

준비

이번 예제에서 해야 할 것을 알아보고, 예제에 필요한 소프트웨어와 그 밖의 기본 설정들을 살펴본다.

예제 구현

예제를 따라 하는 데 필요한 각 단계들이 담겨 있다.

편집 규약

이 책에서는 다양한 종류의 정보를 구별하기 위해 여러 가지 편집 규약을 활용했다. 사용한 글 양식들을 예제로 들어 살펴보면서 그 의미를 알아보자.

본문 내용 내의 코드, 데이터베이스 테이블 이름, 폴더 이름, 파일명, 파일 확장자, 경로명, URL, 사용자 입력과 트위터 핸들(handle)은 다음과 같이 표시한다.

"Boost.Asio에서 수동 소켓은 `asio::ip::tcp::acceptor` 클래스로 표현한다."

코드는 다음과 같이 표시한다.

```
std::shared_ptr<boost::asio::ip::tcp::socket> m_sock;
boost::asio::streambuf m_request;
std::map<std::string, std::string> m_request_headers;
std::string m_requested_resource;
```

코드 블록의 일부를 강조하고 싶을 때는 해당하는 행이나 단어를 굵은 글자로 표시한다.

```
std::shared_ptr<boost::asio::ip::tcp::socket> m_sock;
boost::asio::streambuf m_request;
std::map<std::string, std::string> m_request_headers;
std::string m_requested_resource;
```

새로운 용어와 **중요한 단어**들도 굵게 표시한다.

 경고나 중요한 내용은 상자 안에 이 그림과 함께 표시한다.

 팁과 트릭은 상자 안에 이 그림과 함께 표시한다.

독자 의견

피드백은 언제나 환영한다. 이 책의 좋았던 점이나 싫었던 점을 알려주기 바란다. 독자 의견은 이 책을 성장시키는 데 굉장히 중요한 역할을 한다.

일반적인 의견이라면, 이메일의 제목란에 책 제목을 표기하고 `feedback@packtpub.com`으로 보내기 바란다.

필요하거나 출판되기를 원하는 책이 있다면, `www.packtpub.com`에 있는 SUGGEST A TITLE 양식을 작성하거나 `suggest@packtpub.com`으로 이메일을 보내주기 바란다.

자신의 전문 분야에 대한 책을 쓰거나 기고하고 싶다면 `www.packtpub.com/authors`에서 저자 가이드를 확인하기 바란다.

고객 지원

팩트출판사의 구매자가 된 독자에게 도움이 되도록 몇 가지를 제공하고 있다.

예제 코드 다운로드

이 책에 사용된 예제 코드는 `http://www.PacktPub.com`의 계정을 통해 다운로드할 수 있다. 다른 곳에서 구매한 경우에는 `http://www.PacktPub.com/support`를 방문해 등록하면 파일을 이메일로 직접 받을 수 있다. 에이콘출판사의 도서 정보 페이지인 `http://www.acornpub.co.kr/book/boost-asio-net-cookbook`에서도 예제 코드를 다운로드할 수 있다.

오탈자

내용을 정확하게 전달하기 위해 최선을 다했지만, 실수가 있을 수 있다. 팩트출판사의 책에서 코드나 텍스트상의 문제를 발견해서 알려준다면, 매우 감사하게 생각할 것이다. 이러한 참여는 다른 독자에게 도움을 주고, 다음 버전에서 책을 더 완성도 있게 만들 수 있다. 오자를 발견하면 http://www.packtpub.com/support를 방문해 이 책을 선택하고, 정오표 제출 양식을 통해 오류 정보를 알려주기 바란다. 보내준 내용이 확인되면 웹 사이트에 그 내용이 올라가거나, 해당 서적의 정오표 섹션에 그 내용이 추가된다. http://www.packtpub.com/support에서 해당 타이틀을 선택하면 지금까지의 정오표를 확인할 수 있다. 한국어판은 에이콘출판사 도서 정보 페이지 http://www.acornpub.co.kr/book/boost-asio-net-cookbook에서 찾아볼 수 있다.

저작권 침해

인터넷에서의 저작권 침해는 모든 매체에서 벌어지고 있는 심각한 문제다. 팩트출판사에서는 저작권과 라이선스 문제를 매우 심각하게 인식하고 있다. 어떤 형태로든 팩트출판사 서적의 불법 복제물을 인터넷에서 발견했다면 적절한 조치를 취할 수 있도록 해당 주소나 사이트명을 즉시 알려주기 바란다.

의심되는 불법 복제물의 링크를 copyright@packtpub.com으로 보내주기 바란다.

저자와 더 좋은 책을 위한 팩트출판사의 노력을 배려하는 마음에 깊은 감사의 뜻을 전한다.

질문

이 책에 관련된 질문이 있다면 questions@packtpub.com을 통해 문의하기 바란다. 최선을 다해 질문에 답해드리겠다. 한국어판에 관한 질문은 이 책의 옮긴이나 에이콘출판사 편집 팀(editor@acornpub.co.kr)으로 연락하기 바란다.

1

기초 지식

이 장에서 다루는 내용

- 종료점 만들기
- 능동 소켓 만들기
- 수동 소켓 만들기
- DNS 이름 해석하기
- 종료점에 소켓 바인딩하기
- 소켓 연결하기
- 소켓 받아들이기

소개

컴퓨터 네트워크와 통신 프로토콜에 힘입어 소프트웨어가 할 수 있는 일이 엄청나게 증가하고 있다. 특히 다양한 프로그램들끼리 또는 같은 프로그램의 다른 부분들끼리 같은 목적을 이루기 위해 통신할 수 있게 되었다. 어떤 프로그램은 아예 통신이 주 목적일 때도 있다. 메신저, 이메일 서버, 클라이언트, 파일 내려받기 소프트웨어 등을 그 예로 들 수 있다. 이 밖에도 많은 프로그램 기능이 네트워크 통신 계층에 기반을 두고 있다. 이러한 프로그램의 예로는 웹 브라우저, 네트워크 파일 시스템, 분산 데이터베이스 관리 시스템, 멀티미디어 스트리밍 streaming 소프트웨어, 온라인 게임, 네트워크를 통해 여러 사용자를 연결하는 옵션이 있는 오프라인 게임 등을 들 수 있다. 그뿐만 아니라 요즘에는 거의 모든 애플리케이션에 네트워크 통신을 활용한 보조 기능이 포함되어 있다. 온라인 등록, 자동 소프트웨어 갱신 등을 그 예로 들 수 있다. 특히 자동으로 소프트웨어를 갱신하는 경우에는 프로그램 개발자의 원격 서버에서 패키지를 내려받아 사용자의 컴퓨터나 이동 기기에 설치해야 한다.

2개 이상의 부분으로 구성되어 있고, 각 부분들이 개별적인 컴퓨팅 기기에 속해 있으며, 컴퓨터 네트워크를 통해 통신하는 애플리케이션을 **분산 애플리케이션**이라 부른다. 예를 들어, 웹 서버와 웹 브라우저는 한 쌍의 복잡한 분산 애플리케이션이라 볼 수 있다. 사용자 컴퓨터에서 실행된 브라우저는 공통의 목적-사용자가 요청한 웹 페이지를 전송하고 보여주는 것-을 달성하기 위해 원격에 있는 웹 서버와 통신한다.

하나의 컴퓨터에서 실행되는 전통적인 애플리케이션에 비해 분산 애플리케이션이 갖는 장점은 많다. 그중 가장 중요한 것들은 다음과 같다.

- 둘 이상의 원격 컴퓨팅 기기 device 간에 데이터를 주고받을 수 있다. 분산 소프트웨어가 제공하는 기능 중 가장 눈에 띄고 가장 가치 있는 기능이다.
- 네트워크 내의 컴퓨터들을 연결한 후 특별한 소프트웨어를 설치하면, 단 1대의 컴퓨터로는 적절한 시간 내에 수행할 수 없는 작업들을 끝낼 수 있다.

- 네트워크 내에 데이터를 저장하고 공유할 수 있다. 컴퓨터 네트워크의 한 기기를 엄청난 양의 데이터를 저장하는 데이터 저장소로 지정하면, 나머지는 데이터를 군이 저장하지 않더라도 필요할 때마다 받아볼 수 있다. 예를 들어, 수억 개의 웹 사이트를 제공하는 데이터센터를 떠올려보자. 사용자가 원하는 웹 페이지를 받아보고 싶다면, 언제라도 네트워크를 통해 (주로 인터넷) 서버로 요청을 보낼 수 있다. 웹 페이지를 사용자 기기에 저장할 필요도 없다. 데이터를 저장하는 단 하나의 저장소(웹 사이트)가 있으면 몇백 만명의 사용자는 그 정보가 필요할 때마다 저장소에게 보내달라고 요청만 하면 된다.

다른 컴퓨터에서 실행되는 두 프로그램이 통신하고 싶다면, 사용할 통신 프로토콜을 정해야 한다. 물론, 분산 애플리케이션을 개발하는 사람이 새로운 프로토콜을 개발해도 상관없다. 하지만 새로 프로토콜을 만드는 것은 매우 힘들고, 큰 의미도 없다. 왜냐하면 통신 프로토콜을 개발하는 것은 엄청나게 복잡하고 시간도 많이 들기 때문이다. 게다가 이미 그런 프로토콜이 잘 정의되어 표준화되고 널리 사용되는 운영체제-윈도우, 맥 OS X, 대부분의 리눅스 배포판-에서 지원하고 있다.

이러한 프로토콜들은 TCP/IP 표준에 정의되어 있다. 표준 이름에 속지 말자. 이 표준은 TCP와 IP뿐만 아니라 TCP/IP 프로토콜 스택 ^{TCP/IP protocol stack}을 구성하는 각 계층마다 하나 또는 그 이상의 프로토콜도 함께 정의한다. 분산 소프트웨어 개발자들은 대체로 TCP나 UDP와 같은 전송 계층 ^{transport layer} 프로토콜을 다룬다. 그보다 낮은 계층 프로토콜은 대체로 운영체제와 네트워크 기기가 처리한다.

이 책에서는 TCP와 UDP 프로토콜만 다루는데, 대부분의 분산 소프트웨어 개발에는 이 정도면 충분하다. 만약 TCP/IP 프로토콜 스택, OSI 모델 또는 TCP와 UDP 프로토콜에 익숙하지 않다면, 각 분야에 대한 배경 정보를 알아두는 것이 좋다. 이 책에서도 간단하게 각 프로토콜에 대해 설명하기는 하지만, 분산 소프트웨어 개발에서 TCP와 UDP 프로토콜을 사용하는 실용적인 부분에 초점을 맞춘다. TCP 프로토콜은 전송 계층 프로토콜로, 다음과 같은 특징이 있다.

- 신뢰성 있는^{reliable} 프로토콜이다. 다시 말해 이 프로토콜은 메시지가 적절한 순서로 도착하며, 메시지가 도착하지 않았을 경우에는 알려준다. 프로토콜 자체에 오류 처리 메커니즘이 있기 때문에 애플리케이션에서 따로 구현할 필요가 없다.
- 논리적으로 연결을 수립한다고 가정한다. 한 프로그램이 다른 프로그램과 TCP 프로토콜로 통신하려면 표준에 따라 서비스 메시지를 주고받아 논리적 연결을 만들어야 한다.
- 점대점 ^{point-to-point} 통신 모델을 사용한다. 즉, 한 연결에서는 단 2개의 프로그램만이 통신할 수 있다. 멀티캐스트 ^{multicast}를 지원하지 않는다.
- 스트림 ^{stream} 지향 프로토콜이다. 한 애플리케이션이 전송한 데이터는 바이트 ^{byte} 스트림으로 간주한다. 실제 상황에서는 전송 측 프로그램이 특정 데이터 블록 ^{block} 을 보낸다고 하더라도 한 번에 동일한 데이터 블록이 도착한다는 것을 보장할 수는 없다. 프로토콜이 원한다면 전송된 메시지는 여러 부분으로 나뉘어 개별적으로 전송될 수도 있다. 단, 순서는 지켜야 한다.

UDP 프로토콜은 TCP 프로토콜과는 다른 (반대에 가까운) 특징을 갖는 전송 계층 프로토콜이다. UDP 프로토콜의 특징을 살펴보자.

- 신뢰할 수 없다^{unreliable}. 전송자가 UDP 프로토콜로 메시지를 보내더라도 그 메시지가 수신됐을 것이라고 보장하지 않는다. 프로토콜 자체는 오류를 검출하지도 고치지도 않는다. 개발자가 모든 오류 처리를 책임져야 한다.
- 비연결 방식이다. 통신하기 전에 연결을 수립할 필요가 없다.
- 일대일뿐만 아니라 일대다 통신 모델도 지원한다. 프로토콜에서 멀티캐스트를 지원한다.
- 데이터그램 ^{datagram} 지향이다. 즉, 프로토콜은 데이터를 그 크기만큼의 메시

지로 간주하여 전체를 그대로 전송한다. 메시지(데이터그램)는 통째로 수신
되거나 수신되지 못하거나 한다.

UDP 프로토콜은 신뢰할 수 없기 때문에 보통 신뢰성 높은 근거리 통신망^{local}
network에서 사용되는 편이다. 인터넷(신뢰도가 낮은 네트워크)을 통해 통신할 때 UDP
프로토콜을 쓰려면 프로그램 내에 오류 처리 메커니즘이 있어야만 한다.

 인터넷을 거쳐 통신해야 한다면 대체로 신뢰할 수 있는 TCP 프로토콜을 선택하는 것
이 좋다.

앞에서 언급했듯이 대부분의 유명한 운영체제는 TCP와 UDP 프로토콜과 두 프로
토콜이 사용하는 다음 계층의 프로토콜들을 지원한다. 분산 애플리케이션을 개발할
때는 API를 통해 구현된 프로토콜을 활용할 수 있다. TCP/IP 표준에서는 프로토콜
API 구현까지 표준화하지는 않는다. 그래서 다양한 API 구현이 존재한다. 그중에서
버클리 소켓 API Berkeley Sockets API에 기반을 둔 구현이 가장 널리 쓰인다.

버클리 소켓 API는 TCP와 UDP 프로토콜의 API 구현 중 하나다. 1980년대 초에 미
국 캘리포니아의 버클리 대학이 개발한 API다. 이 API의 중심은 **소켓** socket이라는 추
상 객체다. 소켓이라는 이름은 전자 기기에 달린 소켓에서 따온 것이지만, 버클리 소
켓은 그런 소켓에 비해 훨씬 복잡한 개념을 포함하고 있으므로 어떤 면에서 보면 실
패한 비유라고 할 수 있다.

현재는 윈도우, 맥 OS X 그리고 리눅스 운영체제 모두에서 이 API 구현을 제공하
며(사소하게 변경했을 수도 있지만), 소프트웨어 개발자는 그 구현을 써서 TCP와 UDP
프로토콜을 활용하는 분산 애플리케이션을 개발할 수 있다.

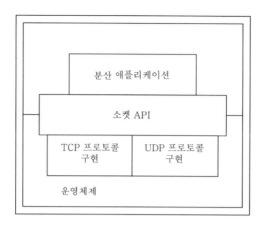

소켓 API는 매우 유명하고 널리 사용되기는 하지만, 몇 가지 단점이 있다. 먼저, 소켓 API는 매우 범용 API로, 수많은 프로토콜을 지원할 수 있도록 설계했기 때문에 매우 복잡하고 쓰기가 까다롭다. 또한 C 스타일의 함수형 API인데다 데이터형이 부실하기 때문에 오류에 취약하고, 쓰기가 까다롭다. 이를테면 소켓은 자신을 나타내는 특정 데이터형이 없다. 그 대신 데이터형이 int다. 그래서 소켓을 받는 함수에 실수로 int형인 아무 값이나 전달하더라도 컴파일러가 미리 알아낼 수 없다. 이 실수 때문에 프로그램이 실행 중 이유를 찾기 힘든 크래시crash 가 발생할 수도 있다.

네트워크 프로그래밍은 근본적으로 복잡한데, 여기에 저수준lowlevel C 스타일의 소켓 API를 사용하면 더더욱 복잡해지고 실수도 저지르기 쉽다. Boost.Asio는 객체지향의 C++ 라이브러리로, 원시raw 소켓 API처럼 소켓이라는 개념을 제공하되, Boost.Asio는 원시 소켓 API를 감싸 객체지향 인터페이스를 제공한다. 그럼으로써 다음과 같이 네트워크 프로그래밍을 간단하게 만드는 것을 목표로 한다.

- C 스타일 API를 감추고 객체지향 API를 제공한다.
- 풍부한 데이터형 시스템을 제공하여 코드의 가독성을 높이고, 컴파일 시간에

오류를 최대한 많이 검출할 수 있게 한다.

- Boost.Asio는 여러 플랫폼에 쓸 수 있는 라이브러리 ^{cross-platform library} 로, 여러 플랫폼에서 분산 애플리케이션을 만드는 과정을 단순화한다.
- 분산/수집 ^{scatter/gather} I/O 연산, 스트림 ^{stream} 기반 I/O, 예외 기반 오류 처리 등과 같은 보조 기능을 제공한다.
- 고유한 기능을 추가하여 쉽게 확장할 수 있다.

이번 장에서는 핵심 Boost.Asio 클래스를 알아보고, 그 클래스들로 기본적인 동작을 하는 방법을 살펴보자.

종료점 만들기

일반적인 클라이언트 애플리케이션이 서비스를 제공하는 서버 프로그램과 통신하려면, 서버 프로그램이 실행되고 있는 호스트의 IP 주소와 프로토콜 포트 ^{port} 번호를 알아야 한다. IP 주소와 프로토콜 포트 번호라는 한 쌍의 값으로 네트워크상의 특정 호스트에서 실행되고 있는 한 프로그램을 지정할 수 있다. 그런 한 쌍의 값을 **종료점** ^{endpoint} 이라고 부른다.

클라이언트 프로그램은 일반적으로 서버 프로그램의 IP 주소와 포트 번호를 프로그램의 UI를 통해 사용자로부터 직접 입력 받거나 명령행 ^{command line} 인자 또는 프로그램의 구성 ^{configuration} 파일에서 알아낸다.

IP 주소가 IPv4라면, 숫자와 마침표로 이뤄진(예를 들어, `192.168.10.112`) 문자열로 표시하고, IPv6라면 16진법에 따른(예를 들어, `FE36::0404:C3FA:EF1E:3829`) 문자열로 표시한다. 서버 IP 주소는 DNS 이름이라는 문자열 형태를 취해 좀 더 간접적으로 표시되기도 한다(예를 들어, `localhost`나 `www.google.com`). 또는 IP 주소를 정수 값으로 표시하기도 한다. IPv4 주소는 32비트 정수로, IPv6 는 64비트 정수로 표현할 수 있다. 하지만 가독성도 떨어지고 기억하기도 어렵기 때문에 거의 사용하지 않는다.

만약, 클라이언트 프로그램이 서버와 통신하기 전에 DNS 이름만을 가지고 있다면, DNS 이름을 해석해 서버 프로그램이 실행되고 있는 호스트의 실제 IP 주소를 알아내야 한다. 때로는 DNS 이름에 IP 주소를 여러 개 할당하기도 한다. 그럴 경우, 동작하는 주소를 찾을 때까지 하나씩 시도해봐야 할 수도 있다. Boost.Asio로 DNS 이름을 해석하는 방법은 이번 장의 후반부에서 알아보자.

서버 프로그램 역시 종료점을 다뤄야 한다. 서버 프로그램은 클라이언트로부터 들어오는 메시지를 기다릴 IP 주소와 프로토콜 포트 번호를 운영체제에게 미리 알려야 한다. 만약 서버 프로그램이 실행되고 있는 호스트에 네트워크 인터페이스가 하나뿐이고, IP 주소도 하나만 할당되어 있다면 서버 프로그램이 사용할 수 있는 주소도 그것뿐이다. 하지만 호스트는 네트워크 인터페이스를 여러 개 가질 수도 있고, 그에 따라 IP 주소도 하나 이상일 수 있다. 이러한 상황에서는 서버 프로그램이 어디에서 메시지를 들어야 할지 결정하기 어렵다. 특히 프로그램은 실제 IP 프로토콜 설정이나 패킷 packet 라우팅 routing 방법, IP 주소에 대응되는 DNS 이름 등과 같은 자세한 사항에 대해 아는 바가 없다는 것이 문제다. 그래서 어느 IP 주소에서 기다려야 클라이언트가 보내는 메시지를 서버 프로그램이 받을 수 있을지 예측할 수 있다는 것은 매우 복잡한(때로는 풀 수 없는) 문제다.

만약, 서버 프로그램이 단 한 곳의 IP 주소에서만 메시지를 기다린다면, 호스트의 다른 IP 주소로 들어오는 메시지를 놓칠 수 있다. 따라서 서버 프로그램은 대체로 호스트에서 사용할 수 있는 모든 IP 주소를 모두 사용하기 원한다. 그러면 호스트에 할당된 어느 IP 주소를 사용하든, 지정한 프로토콜 포트로 들어오는 모든 메시지를 받을 수 있다.

종료점의 목적은 다음과 같이 두 가지로 요약할 수 있다.

- 클라이언트 프로그램은 종료점을 사용해 자신이 통신하고자 하는 특정 서

버 프로그램을 가리킨다.

- 서버 프로그램은 종료점을 사용해 클라이언트로부터 들어오는 메시지를 받기 원하는 IP 주소와 포트 번호를 명시한다. 만약, 호스트에 IP 주소가 여러 개라면, 서버 프로그램은 모든 IP 주소를 한꺼번에 나타내는 특별한 종료점을 원한다.

이제 Boost.Asio를 사용해 클라이언트와 서버 프로그램에서 종료점을 만드는 방법을 알아보자.

준비

종료점을 생성하기에 앞서 클라이언트는 통신하기 원하는 서버를 나타내는 원시 IP 주소와 프로토콜 포트 번호를 알아야 한다. 이와 반대로 서버 프로그램은 쓸 수 있는 모든 IP 주소를 사용해 메시지를 듣는 것이 일반적이므로 포트 번호만 알면 된다.

여기서는 프로그램이 원시 IP 주소나 포트 번호를 얻는 방법은 고려하지 않는다. 프로그램 내에서 이미 IP 주소와 포트 번호를 얻었으며, 알고리즘을 시작할 때부터 알고 있다고 가정한다.

예제 구현

다음 알고리즘과 해당 예제 코드로 종료점을 만들 때 흔히 사용하는 두 가지 방식을 알아보자. 먼저 클라이언트에서 원하는 서버와 통신하기 위해 종료점을 만드는 방법을 소개한다. 그 다음으로 서버 프로그램에서 클라이언트로부터 들어오는 메시지를 받기 위해 IP 주소와 포트 번호를 명시하여 종료점을 만드는 방법을 알아보자.

클라이언트에서 서버를 가리키는 종료점 만들기

클라이언트가 원하는 서버와 통신하기 위해 서버 프로그램을 가리키는 종료점을 만드는 알고리즘이 다음에 나와 있다. 먼저, IPv4 주소라면 숫자와 마침표로, IPv6 주소라면 16진법에 따라 표시한 문자열로 IP 주소를 나타낸다.

1. 서버 프로그램의 IP 주소와 포트 번호를 얻는다. IP 주소는 숫자와 마침표 (IPv4)이거나 16진법으로 표시된 문자열이다.

2. `asio::ip::address` 클래스의 객체로 원시 IP 주소를 표현한다.

3. 2단계에서 만든 주소 객체와 포트 번호로 `asio::ip::tcp::endpoint` 클래스를 인스턴스화한다.

4. 이제 종료점의 준비가 모두 끝나 Boost.Asio 통신 관련 메서드를 사용할 때 서버 프로그램을 가리키도록 할 수 있다.

이 알고리즘을 구현하는 방법 중 하나를 다음 예제 코드를 통해 알아보자.

```cpp
#include <boost/asio.hpp>
#include <iostream>

using namespace boost;

int main()
{
  // 1단계: 클라이언트 프로그램이 연결할 서버 프로그램의 IP 주소와
  // 프로토콜 포트 번호를 이미 알고 있다고 가정한다.
  std::string raw_ip_address = "127.0.0.1";
  unsigned short port_num = 3333;

  // IP 주소를 분석하는 동안 발생할 수 있는 오류 정보를 저장하는 데 쓰인다.
  boost::system::error_code ec;

  // 2단계: IP 프로토콜 버전과 관계 없는 주소 형식을 사용한다.
```

```
    asio::ip::address ip_address =
      asio::ip::address::from_string(raw_ip_address, ec);

  if (ec.value() != 0) {
    // 알고 있던 IP 주소가 유효하지 않다. 실행을 중단한다.
    std::cout
      << "Failed to parse the IP address. Error code = "
      << ec.value() << ". Message: " << ec.message();
      return ec.value();
  }

  // 3단계
  asio::ip::tcp::endpoint ep(ip_address, port_num);

  // 4단계: 종료점의 준비가 끝났다.
  // 통신하려는 특정 서버를 나타내는 데 쓰일 수 있다.

  return 0;
}
```

서버 종료점 만들기

서버 프로그램에서 클라이언트로부터 들어오는 메시지를 받기 위해 호스트 내의 모든 IP 주소와 특정 포트 번호를 갖는 종료점을 만드는 방법이 다음 알고리즘에 나와 있다.

1. 요청이 들어오는지 듣고^{listen} 있을 프로토콜 포트 번호를 알아낸다.
2. 서버가 실행되고 있는 호스트가 쓸 수 있는 모든 IP 주소를 나타내는 특별한 asio::ip::address 인스턴스를 만든다.
3. 2단계에서 생성한 주소 객체와 포트 번호로 asio::ip::tcp::endpoint 클래스의 객체를 인스턴스화한다.
4. 이제 서버가 이 종료점을 통해 모든 IP 주소와 특정 프로토콜 포트 번호

로 들어오는 메시지를 읽기 원한다고 운영체제에 알려주기 위한 모든 준비가 끝났다.

다음 예제 코드를 통해 이 알고리즘을 어떻게 구현할 수 있는지 살펴보자. 여기서는 서버 프로그램이 IPv6 프로토콜을 통해 통신할 것이라고 가정했다는 점에 주의하자.

```cpp
#include <boost/asio.hpp>
#include <iostream>

using namespace boost;

int main()
{
  // 1단계: 서버 프로그램이 사용할 프로토콜 포트 번호를
  // 이미 알고 있다고 가정한다.
  unsigned short port_num = 3333;

  // 2단계: 호스트에서 쓸 수 있는 모든 IP 주소를 나타내는
  // 특별한 asio::ip::address 클래스 객체를 만든다.
  // 서버가 IPv6로 동작한다고 가정한다.
  asio::ip::address ip_address = asio::ip::address_v6::any();

  // 3단계
  asio::ip::tcp::endpoint ep(ip_address, port_num);

  // 4단계
  // 종료점을 만들었으므로 서버 프로그램이
  // 들어오는 연결 요청을 들을
  // IP 주소와 포트 번호를 명시하는 데 쓰일 수 있다.
   return 0;
}
```

예제 분석

먼저 첫 번째 예제 코드부터 살펴보자. 여기서 구현한 알고리즘은 서버와의 통신 세션^{session}을 적극적으로 시작하는 애플리케이션인 클라이언트에 적용할 수 있다. 클라이언트 프로그램은 서버의 IP 주소와 프로토콜 포트 번호를 알아야 한다. 여기서는 알고리즘을 시작하기 전부터 알고 있다고 가정한다. 다시 말해 1단계는 이미 끝난 것이다.

원시 IP 주소를 얻었다고 가정한다면, 클라이언트 프로그램은 이 주소를 Boost.Asio 데이터형 시스템에 맞춰 표현해야 한다. Boost.Asio는 IP 주소를 세 가지 클래스 중 하나로 표현할 수 있다.

- `asio::ip::address_v4`: IPv4 주소를 나타낸다.
- `asio::ip::address_v6`: IPv6 주소를 나타낸다.
- `asio::ip::address`: 이 데이터형은 IP-프로토콜-버전-무관 클래스로, IPv4와 IPv6 주소 모두를 표현할 수 있다.

이번 예제에서는 `asio::ip::address` 클래스를 사용하므로 클라이언트 프로그램을 IP 프로토콜 버전과는 무관하게 쓸 수 있다. IPv4와 IPv6 서버 모두와 문제 없이 동작할 수 있다는 뜻이다.

2단계에서는 `asio::ip::address` 클래스의 정적 메서드인 `from_string()`을 사용한다. 이 메서드는 문자열로 표현된 원시 IP 주소를 받아 분석하고, 검증하고, `asio::ip::address` 클래스의 객체를 인스턴스화하여 호출자에게 반환한다. 이 메서드에는 네 가지 오버로딩 버전이 있다. 이번 예제에서는 다음 함수를 사용했다.

```
static asio::ip::address from_string(
    const std::string & str,
    boost::system::error_code & ec);
```

이 메서드는 전달받은 문자열이 유효한 IPv4나 IPv6 주소인지 검증하고, 그에 맞는 객체를 인스턴스화하는 매우 유용한 함수다. 만약 주소가 유효한 형태가 아니라면, 두 번째 인자를 통해 오류가 있다는 것을 알린다. 그래서 사용자 입력을 검증할 때에도 이 함수를 쓸 수 있다.

3단계에서는 `boost::asio::ip::tcp::endpoint` 클래스의 생성자에 IP 주소와 프로토콜 포트 번호를 전달해 객체를 인스턴스화한다. 이제 ep 객체를 사용하면 Boost.Asio 통신 관련 함수 내에서 서버 프로그램을 가리킬 수 있다.

두 번째 예제도 비슷하지만, 첫 번째 예제와는 약간 다른 점이 있다. 서버 프로그램은 들어오는 모든 메시지를 들어야 하기 때문에 대체로 프로토콜 포트 번호만을 제공한다. 대부분의 서버 프로그램은 호스트에서 사용할 수 있는 모든 IP 주소로 들어오는 메시지를 듣고 싶어 하므로 IP 주소를 지정하지 않는다.

`asio::ip::address_v4`와 `asio::ip::address_v6`는 호스트에서 사용할 수 있는 모든 IP 주소라는 개념을 나타내는 특별한 객체를 만드는 정적 메서드^{static method}인 `any()`를 제공한다. 2단계에서 이 특별한 객체를 인스턴스화하기 위해 `any()` 메서드를 사용했다.

IP-프로토콜-버전-무관 클래스인 `asio::ip::address`는 `any()` 메서드를 제공하지 않는다. 서버 프로그램은 IPv4와 IPv6 주소 중 어떤 주소로 메시지를 받을지 명확하게 명시해야 한다. 이를 위해 `asio::ip::address_v4`와 `asio::ip::address_v6`가 제공하는 두 `any()` 메서드 중 하나를 선택해야 한다. 두 번째 예제의 2단계에서는 `asio::ip::address_v6`의 `any()` 메서드를 호출했다.

3단계에서는 호스트에서 사용할 수 있는 모든 IP 주소와 특정 프로토콜 포트 번호를 나타내는 종료점 객체를 생성했다.

부연 설명

이번에 알아본 두 예제에는 `asio::ip::tcp` 클래스의 영역 내에 선언된 `endpoint` 클래스를 사용했다. `asio::ip::tcp` 클래스의 선언을 살펴보면, 실제로는 다음과 비슷하게 구현되어 있다.

```
class tcp
{
public:
    /// TCP 종료점
    typedef basic_endpoint<tcp> endpoint;

    //...
}
```

즉, 이 `endpoint` 클래스는 `basic_endpoint<>` 템플릿 클래스의 특수화로 클라이언트와 서버 사이를 TCP 프로토콜로 연결하는 데 쓰인다.

UDP 프로토콜로 통신하는 클라이언트와 서버의 종료점도 이번 예제만큼 쉽게 만들 수 있다. `asio::ip::udp` 클래스의 영역 내에 선언된 `endpoint` 클래스를 사용하기만 하면 된다. 다음 코드 조각으로 어떻게 UDP 프로토콜용 `endpoint` 클래스를 선언할 수 있는지 알아보자.

```
class udp
{
public:
    /// UDP 종료점
    typedef basic_endpoint<udp> endpoint;

    //...
}
```

만약 서버와 통신할 때 UDP 프로토콜을 쓰려고 하는 클라이언트 프로그램에서 종료점을 만든다고 가정해보자. 3단계만 살짝 바꾸면 끝이다. 다음 코드에서 바꿔야 할 부분을 굵게 표시했다.

```
// 3단계
asio::ip::udp::endpoint ep(ip_address, port_num);
```

나머지 코드는 전송 프로토콜과는 관계 없기 때문에 전혀 바꾸지 않아도 된다.

두 번째 예제에서도 3단계의 구현을 살짝 바꾸면 TCP로 통신하던 것을 UDP 통신으로 전환할 수 있다.

참고 사항

▶ 1장 '종료점에 소켓 바인딩하기' 예제에서 서버 프로그램에서 종료점 객체를 사용하는 방법이 나와 있다.

▶ 1장 '소켓 연결하기' 예제에서 클라이언트 프로그램에서 종료점 객체를 사용하는 방법이 나와 있다.

능동 소켓 만들기

TCP/IP 표준에서는 소켓을 언급하지 않는다. 애플리케이션이 사용하는 것은 소프트웨어 기능이겠지만, 사실 표준에는 TCP나 UDP 프로토콜 소프트웨어 API를 어떻게 구현해야 하는지에 대해서도 나와 있지 않다.

TCP 프로토콜을 설명하는 RFC 문서 #793의 3.8절, Interface에는 TCP 프로토콜 소프트웨어 API가 제공해야 하는 최소한의 기능 요구사항만 나와 있다. 프로토콜 소프트웨어의 개발자가 API의 모든 나머지 부분을 원하는 대로 구현할 수 있는 것이다. 이를 테면 API의 구조, API를 구성하는 함수들의 이름, 객체 모델, 추상화 정도, 추가로 필요한 보조 함수 등은 구현하기 나름이다. TCP 프로토콜 소프트웨어를 개발하는 모든 개발자는 자신만의 프로토콜 구현용 인터페이스interface 를 마음대로 만들 수 있다.

UDP 프로토콜도 이와 마찬가지다. RFC 문서 #768이 제시하는 몇 안 되는 필수적인 연산만 정의되어 있다. UDP 프로토콜 소프트웨어 API의 나머지 부분은 API를 구현하는 사람의 마음에 달렸다.

이번 장의 소개란에서도 언급했듯이, 가장 널리 사용되는 TCP/UDP 프로토콜 API는 버클리 소켓 API이다. 버클리 소켓 API는 통신 세션 문맥context 을 나타내는 소켓을 중심에 둔 디자인이다. 어떠한 네트워크 I/O 연산이든, 시작하기 전에 소켓 객체를 할당해야 하고, 그런 다음 소켓과 개별 I/O 연산을 연결시켜야 한다.

Boost.Asio는 버클리 소켓 API에서 많은 개념을 빌려왔으며, 상당 부분 유사하기 때문에 "객체지향 버클리 소켓 API"라 불리곤 한다. Boost.Asio 라이브러리에도 소켓 개념을 나타내는 클래스가 포함되어 있다. 이 클래스는 버클리 소켓 API와 비슷한 인터페이스 메서드method 를 제공한다.

기본적으로 소켓에는 두 가지 유형이 있다. 원격 애플리케이션으로 데이터를 보내고 받거나 연결 수립 과정을 시작하는 데 사용하는 소켓은 **능동 소켓** active socket 이다. 그에 반해 **수동 소켓** passive socket 은 원격 애플리케이션에서 들어오는 연결 요청을 수동적으로 기다리기만 한다. 수동 소켓은 데이터 전송에는 관여하지 않는다. 수동 소켓에 대해서는 잠시 후에 알아보자.

이번 예제에서는 어떻게 능동 소켓을 생성하고 여는지를 알아보자.

예제 구현

다음 알고리즘은 클라이언트 프로그램에서 능동 소켓을 생성하거나 열기 위해 필요한 단계들을 나타내고 있다.

1. `asio::io_service` 클래스의 인스턴스를 생성하거나 미리 생성해둔 인스턴스를 사용한다.
2. 이 소켓이 통신하려 하는 전송 프로토콜(TCP나 UDP)과 IP 프로토콜의 버전(IPv4나 IPv6)을 나타내는 클래스의 객체를 생성한다.
3. 필요한 프로토콜형에 맞는 소켓을 나타내는 객체를 생성한다. 소켓의 생성자로 `asio::io_service` 클래스의 객체를 전달한다.
4. 소켓의 `open()` 메서드를 호출하며, 2단계에서 만들어둔 프로토콜 객체를 인자로 전달한다.

이 알고리즘을 구현하는 한 가지 방법이 다음 예제 코드에 나와 있다. 여기서는 TCP 프로토콜과 IPv4로 통신하는 소켓을 만들었다.

```cpp
#include <boost/asio.hpp>
#include <iostream>

using namespace boost;

int main()
{
    // 1단계: 소켓 생성자에
    // 'io_service' 클래스의 인스턴스를 넘겨줘야 한다.
    asio::io_service ios;

    // 2단계: IPv4를 사용하는 TCP 프로토콜을 나타내는
    // 'tcp' 클래스의 객체를 생성한다.
    asio::ip::tcp protocol = asio::ip::tcp::v4();

    // 3단계: 능동 TCP 소켓을 인스턴스화한다.
    asio::ip::tcp::socket sock(ios);

    // 소켓을 여는 동안 발생할 수 있는 오류 정보를 저장하는 데 쓰인다.
```

```
boost::system::error_code ec;

// 4단계: 수용자 소켓을 연다.
sock.open(protocol, ec);

if (ec.value() != 0) {
  // 소켓을 열지 못했다.
  std::cout
    << "Failed to open the socket! Error code = "
    << ec.value() << ". Message: " << ec.message();
  return ec.value();
}

return 0;
}
```

예제 분석

1단계에서는 `asio::io_service` 클래스의 객체를 인스턴스화한다. 이 클래스가 Boost.Asio I/O 구조의 핵심이다. 이 클래스를 통해 운영체제가 제공하는 네트워크 I/O 서비스로 접근할 수 있다. Boost.Asio 소켓은 이 클래스의 객체를 통해야만 네트워크 서비스를 사용할 수 있다. 따라서 모든 소켓 클래스 생성자는 `asio::io_service` 클래스의 객체를 인자로 받는다. `asio::io_service` 클래스에 대해서는 다음에 좀 더 자세히 알아보자.

다음 단계에서는 `asio::ip::tcp` 클래스의 인스턴스를 만든다. 이 클래스는 TCP 프로토콜을 나타낸다. 이 클래스는 기능을 제공하지 않으며, 프로토콜을 표현하는 값들을 갖는 데이터 구조체^{structure}에 가깝다.

`asio::ip::tcp` 클래스는 공개 생성자를 제공하지 않는다. 그 대신 `asio::ip::tcp::v4()`와 `asio::ip::tcp::v6()`라는 두 가지 정적 메서드를 제공한다. 이 함수

들은 IPv4나 IPv6를 사용하는 TCP 프로토콜을 나타내는 asio::ip::tcp 클래스의 객체를 반환한다.

한편, asio::ip::tcp 클래스 내에 TCP 프로토콜과 같이 사용할 기본 데이터형도 선언되어 있다. asio::tcp::endpoint, asio::tcp::socket, asio::tcp::acceptor 와 그 밖의 클래스같은 것들 말이다. 어떤 게 선언됐는지 궁금하다면 boost/asio/ip/tcp.hpp 파일을 살펴보자.

```cpp
namespace boost {
namespace asio {
namespace ip {

  // ...
class tcp
{
public:
    /// TCP 종료점의 데이터형
    typedef basic_endpoint<tcp> endpoint;

    // ...

    /// TCP 소켓의 데이터형
    typedef basic_stream_socket<tcp> socket;

    /// TCP 수용자의 데이터형
    typedef basic_socket_acceptor<tcp> acceptor;

    // ...
```

3단계에서는 asio::ip::tcp::socket 클래스의 생성자에 asio::io_service 클래스의 객체를 인자로 전달하여 해당 클래스의 인스턴스를 만든다. 이 생성자는 운영체제의 소켓 객체를 할당하지 않는다. 4단계에서 프로토콜을 명시하는 객체를 인자로 전달하며, open() 메서드를 부를 때 실제 운영체제의 소켓이 할당된다.

Boost.Asio에서 소켓을 연다는 것은 통신할 때 사용할 소켓에 앞으로 사용할 프로토콜을 가리키는 파라미터^{parameter} 집합을 연결시킨다는 뜻이다. Boost.Asio 소켓 객체는 실제 운영체제의 소켓 객체를 할당하는 데 필요한 정보를 이 파라미터에서 얻는다.

asio::ip::tcp::socket 클래스는 프로토콜 객체를 인자로 받는 다른 생성자도 제공한다. 이 생성자는 소켓 객체를 만든 후 바로 연다. 객체 생성 중 필요한 연산이 실패하면 boost::system::system_error형의 예외^{exception}를 던진다. 다음 코드에서 새로운 생성자를 사용해 3, 4단계를 한 번에 해결하는 방법을 알아보자.

```
try {
    // 3단계와 + 4단계를 한 번에 해결한다. 예외를 던질 수도 있다.
    asio::ip::tcp::socket sock(ios, protocol);
} catch (boost::system::system_error & e) {
    std::cout << "Error occured! Error code = " << e.code()
        << ". Message: " << e.what();
}
```

부연 설명

이전 예제에는 TCP 프로토콜을 사용해 통신하는 능동 소켓을 만들어 보았다. UDP 프로토콜을 사용하는 소켓을 만드는 과정도 거의 똑같다.

다음에 능동 UDP 소켓을 만드는 방법이 나와 있다. 여기서는 UDP 프로토콜과 IPv6를 사용해 통신하는 소켓을 만든다고 가정했다. 이전 예제와 거의 똑같으므로 자세히 설명하지 않는다. 이해하기 어렵지는 않을 것이다.

```
#include <boost/asio.hpp>
#include <iostream>

using namespace boost;
```

```
int main()
{
    // 1단계: 소켓 생성자에
    // 'io_service' 클래스의 인스턴스를 넘겨줘야 한다.
    asio::io_service ios;

    // 2단계: IPv6를 사용하는 UDP 프로토콜을 나타내는
    // 'udp' 클래스의 객체를 생성한다.
    asio::ip::udp protocol = asio::ip::udp::v6();
    // 3단계: 능동 UDP 소켓을 인스턴스화한다.
    asio::ip::udp::socket sock(ios);
    // 소켓을 여는 동안 발생할 수 있는 오류 정보를 저장하는 데 쓰인다.
    boost::system::error_code ec;
    // 4단계: 소켓을 연다.
    sock.open(protocol, ec);
    if (ec.value() != 0) {
        // 소켓을 열지 못했다.
        std::cout
            << "Failed to open the socket! Error code = "
            << ec.value() << ". Message: " << ec.message();
        return ec.value();
    }
    return 0;
}
```

참고 사항

▶ 1장 '수동 소켓 만들기' 예제에서 수동 소켓에 대해 알아보고, 어떻게 사용
하는지 설명한다.

▶ 1장 '소켓 연결하기' 예제에서 능동 소켓을 사용하는 방법 중 하나로 원격
애플리케이션으로의 연결 방법을 설명한다.

수동 소켓 만들기

수동 소켓 또는 수용자^{acceptor} 소켓은 TCP 프로토콜로 통신하는 원격 애플리케이션에서 보낸 연결 수립 요청을 기다리는 소켓이다. 여기서 중요한 점 두 가지를 짚고 넘어가자.

- 수동 소켓은 서버 프로그램 또는 서버와 클라이언트 역할 모두를 실행하는 복합 프로그램에서만 사용된다.
- 수동 소켓은 TCP 프로토콜에서만 사용된다. UDP 프로토콜은 연결 수립을 하지 않기 때문에 수동 소켓이 필요 없다.

이번 예제를 통해 Boost.Asio로 수동 소켓을 만들거나 여는 과정을 알아보자.

예제 구현

Boost.Asio에서 수동 소켓은 `asio::ip::tcp::acceptor` 클래스이다. 클래스의 이름에서 알 수 있듯이, 이 클래스가 제공하는 가장 중요한 기능은 들어오는 연결 요청을 받아들이고 처리하는 것이다.

다음 알고리즘은 수용자 소켓을 생성하기 위해 필요한 단계들이다.

1. `asio::io_service` 클래스의 인스턴스를 생성하거나 미리 생성해둔 인스턴스를 사용한다.
2. TCP 프로토콜과 IP 프로토콜의 버전(IPv4나 IPv6)을 나타내는 클래스의 객체를 생성한다.
3. 수용자 소켓을 나타내는 `asio::ip::tcp::acceptor` 클래스의 객체를 생성한다. 소켓의 생성자로 `asio::io_service` 클래스의 객체를 전달한다.
4. 수용자 소켓의 `open()` 메서드에 호출한다. 이때 2단계에서 만들어둔 프로토콜을 표현하는 객체를 인자로 전달한다.

이 알고리즘을 구현하는 방법이 다음 예제 코드에 나와 있다. 수용자 소켓이 TCP 프로토콜과 IPv6를 사용한다고 가정했다.

```cpp
#include <boost/asio.hpp>
#include <iostream>

using namespace boost;

int main()
{
  // 1단계: 소켓 생성자에
  // 'io_service' 클래스의 인스턴스를 넘겨줘야 한다.
  asio::io_service ios;

  // 2단계: IPv6를 사용하는 TCP 프로토콜을 나타내는
  // 'tcp' 클래스의 객체를 생성한다.
  asio::ip::tcp protocol = asio::ip::tcp::v6();

  // 3단계: 수용자 소켓을 인스턴스화한다.
  asio::ip::tcp::acceptor acceptor(ios);

  // 수용자 소켓을 여는 동안 발생할 수 있는 오류 정보를 저장하는 데 쓰인다.
  boost::system::error_code ec;

  // 4단계: 수용자 소켓을 연다.
  acceptor.open(protocol, ec);

  if (ec.value() != 0) {
    // 소켓을 열지 못했다.
    std::cout
      << "Failed to open the acceptor socket!"
      << "Error code = "
      << ec.value() << ". Message: " << ec.message();
```

```
        return ec.value();
    }

    return 0;
}
```

예제 분석

수용자 소켓은 능동 소켓과 매우 비슷하고, 만드는 방법도 거의 같다. 그러니 예제 코드를 간략하게 알아보자. 개별 단계와 각 단계에서 사용하는 개체에 대해 좀 더 자세하게 알고 싶다면, '능동 소켓 만들기' 예제를 참고하자.

1단계에서는 asio::io_service 클래스의 인스턴스를 만든다. 이 클래스는 운영체제의 서비스를 쓸 때 필요하므로 모든 Boost.Asio 구성 요소^{component}에서 사용한다.

2단계에서는 TCP 프로토콜과 IPv6를 나타내는 객체를 만든다.

그런 다음, 3단계에서 asio::io_service 클래스를 인자로 전달하여 asio::ip::tcp::acceptor 클래스의 인스턴스를 만든다. 능동 소켓에서처럼 이 생성자는 asio::ip::tcp::acceptor 클래스의 객체를 인스턴스화하지만, 운영체제의 실제 소켓 객체를 할당하지 않는다.

운영체제의 소켓이 할당되는 것은 4단계다. 여기서 수용자 소켓 객체의 open() 메서드를 호출하고 프로토콜 객체를 인자로 전달한다. 메서드 호출이 성공하면 수용자 소켓 객체가 열리며, 앞으로 들어오는 연결 요청을 받아들이기 위해 듣기를 시작할 수 있다. boost::system::error_code 클래스의 ec 객체에 오류 정보가 저장된다.

참고 사항

> ▶ 1장 '능동 소켓 만들기' 예제에서 asio::io_service와 asio::ip::tcp 클래스를 좀 더 자세히 설명한다.

DNS 이름 해석하기

원시 IP 주소는 사람이 기억하기에는 매우 불편하다. 특히 IPv6 주소의 경우에는 더욱 어렵다. `192.168.10.123`(IPv4)이나 `8fee:9930:4545:a:105:f8ff:fe21:67cf`(IPv6)라는 주소를 한 번 보기만 해도 기억하기 어렵다는 걸 금방 알 수 있다. 숫자들과 낱말들이 의미 없이 나열된 문자열을 기억한다는 것은 보통 일이 아니다.

네트워크에 있는 기기에 사람이 기억하기 쉬운 이름을 붙여주기 위해 **도메인 이름 시스템**(DNS, Domain Name System)이 도입됐다. DNS란, 사람에게 더 나은 이름을 컴퓨터 네트워크 내에 있는 기기에게 줄 수 있게 하는 분산 이름 관리 시스템이다. DNS 이름 또는 도메인 이름이라는 컴퓨터 네트워크상에 있는 기기의 이름을 표현하는 문자열이다.

정확하게 말하면 DNS 이름은 기기가 아니라 하나 또는 그 이상의 IP 주소에 대한 별칭^{alias}이다. 다시 말해서 DNS 이름은 어떤 물리적 기기를 가리키는 것이 아니라 그 기기에 할당된 IP 주소(들)를 나타내는 것이다. 따라서 DNS 때문에 네트워크상의 특정 서버 프로그램으로 가는 길에 한 단계가 더 추가됐다고도 볼 수 있다.

DNS는 DNS 이름과 그에 해당하는 IP 주소를 저장하는 분산 데이터베이스처럼 동작하며, 어떤 DNS 이름이 가리키는 IP 주소가 무엇인지 물어볼 수 있도록 하는 인터페이스를 제공한다. DNS 이름을 IP 주소로 바꾸는 과정을 **DNS 이름 해석**이라고 부른다. 현대의 네트워크를 지원하는 운영체제에서는 DNS 이름을 해석하기 위해 DNS에 질의^{query}하는 기능과 인터페이스를 제공한다.

DNS 이름이 주어졌다면 서버 프로그램과 통신을 시작하기 전에 먼저 그 이름이 나타내는 IP 주소들을 알아내야 한다.

이번 예제에서는 Boost.Asio로 DNS 이름을 어떻게 해석하는지 알아보자.

예제 구현

다음 알고리즘에 클라이언트 프로그램에서 통신하기를 원하는 서버 프로그램의 DNS 이름을 해석하여 IP 주소들(없거나 더 많거나)을 갖는 호스트(없거나 더 많거나)를 알아내는 방식이 나와 있다.

1. 서버 프로그램을 가리키는 DNS 이름과 프로토콜 포트 번호를 얻고 문자열로 표현한다.
2. asio::io_service 클래스의 인스턴스를 생성하거나 미리 생성해둔 인스턴스를 사용한다.
3. DNS 이름 해석 질의를 나타내는 클래스인 resolver::query의 객체를 생성한다.
4. 원하는 프로토콜에 적합한 DNS 이름 해석기 resolver 의 인스턴스를 생성한다.
5. 해석기의 resolve() 메서드를 부르며, 3단계에서 생성한 질의 객체를 인자로 전달한다.

이 알고리즘을 구현하는 한 가지 방법이 다음 예제 코드에 나와 있다. 클라이언트 프로그램이 서버 프로그램과 통신할 때 TCP 프로토콜과 IPv6를 사용한다고 가정했다. 이 밖에도 클라이언트가 서버의 DNS 이름과 포트 번호를 이미 알고 있으며, 문자열로 갖고 있다고 가정한다.

```cpp
#include <boost/asio.hpp>
#include <iostream>

using namespace boost;

int main()
{
  // 1단계: 클라이언트 프로그램이 연결할 서버 프로그램의 DNS 이름과
  // 프로토콜 포트 번호를 이미 알고 있으며, 문자열로 갖고 있다고 가정한다.
```

```cpp
  std::string host = "samplehost.com";
  std::string port_num = "3333";

  // 2단계
  asio::io_service ios;

  // 3단계: 질의를 만든다.
  asio::ip::tcp::resolver::query resolver_query(host,
    port_num, asio::ip::tcp::resolver::query::numeric_service);

  // 4단계: 해석기를 만든다.
  asio::ip::tcp::resolver resolver(ios);

  // 해석 과정 동안 발생할 수 있는 오류 정보를 저장하는 데 쓰인다.
  boost::system::error_code ec;

  // 5단계
  asio::ip::tcp::resolver::iterator it =
    resolver.resolve(resolver_query, ec);

  // 오류가 있다면 처리한다.
  if (ec != 0) {
    // DNS 이름을 해석하지 못했다. 실행을 중단한다.
    std::cout << "Failed to resolve a DNS name."
      <<Error code = "<< ec.value()
      << ". Message = " << ec.message();

    return ec.value();
  }

  return 0;
}
```

예제 분석

1단계에서 DNS 이름과 포트 번호를 얻은 후 문자열로 표현한다. 대체로 이러한 파라미터는 클라이언트 프로그램의 UI나 명령행 인자를 통해 사용자로부터 직접 알아낸다. 이들 파라미터를 얻고 제대로 된 값인지 확인하는 작업은 이번 예제에서 다루지 않는다. 여기서는 예제 코드를 시작하기 전에 이미 제대로 된 값을 갖고 있다고 가정한다.

2단계에서는 DNS 이름 해석 과정 동안 운영체제의 서비스에 접근하기 위해 사용할 `asio::io_service` 클래스의 인스턴스를 만든다.

3단계에서는 `asio::ip::tcp::resolver::query` 클래스의 객체를 만든다. 이 객체는 DNS로 보낼 질의를 나타낸다. 해석할 DNS 이름과 DNS 이름 해석 후 종료점 객체를 만들 때 사용할 포트 번호, 그리고 해석 과정을 제어할 때 쓰는 플래그^{flag} 들의 비트맵^{bitmap} 등을 이 객체에 저장한다. 이 모든 값들을 질의 클래스의 생성자로 전달해야 한다. 이번 예제에서는 서비스 이름(예를 들면 HTTP, FTP 등)이 아닌 프로토콜 포트 번호(이번 경우 3333)로 서비스를 표현했다. 따라서 질의 객체에 `asio::ip::tcp::resolver::query::numeric_service` 플래그를 전달한다. 그래야만 포트 번호를 적절히 분석^{parsing}할 수 있다.

4단계에서는 `asio::ip::tcp::resolver` 클래스의 인스턴스를 만든다. 이 클래스에서 DNS 이름을 해석하는 기능을 제공한다. 이때 운영체제의 서비스가 필요하기 때문에 `asio::io_services` 클래스의 객체를 생성자의 인자로 받는다.

DNS 이름 해석 자체는 해석기 객체의 `resolve()` 메서드를 호출하는 5단계에서 이뤄진다. 이번 예제에서 사용한 메서드는 `asio::ip::tcp::resolver::query`와 `system::error_code` 클래스의 객체를 받는다. `system::error_code` 클래스는 메서드가 실패했을 때 어떤 오류가 발생한 것인지를 알리는 정보를 담는다.

만약 성공한다면 이 메서드는 `asio::ip::tcp::resolver::iterator` 클래스를 반

환한다. 이 클래스는 해석 결과를 나타내는 모음collection 내의 첫 번째 요소element를 가리키는 반복자다. 이 모음에는 the asio::ip::basic_resolver_entry<tcp> 클래스의 객체가 저장된다. 해석 과정 동안 알아낸 IP 주소의 개수에 맞는 객체가 저장되어 있다. 각 요소에는 1개의 IP 주소와 query 객체에서 제공한 포트 번호로 인스턴스화된 asio::ip::tcp::endpoint 클래스의 객체가 저장된다. endpoint 객체는 asio::ip::basic_resolver_entry<tcp>::endpoint() 메서드를 통해 접근할 수 있다.

asio::ip::tcp::resolver::iterator 클래스의 기본 생성자로 만든 객체는 마지막 반복자를 나타낸다. DNS 이름 해석 과정을 거쳐 얻은 모음 내의 요소를 반복하는 방법과 개별 종료점 객체에 접근하는 방법을 다음 코드 예제를 통해 알아보자.

```
asio::ip::tcp::resolver::iterator it =
    resolver.resolve(resolver_query, ec);

asio::ip::tcp::resolver::iterator it_end;

for (; it != it_end; ++it) {
    // 종료점에는 다음과 같이 접근할 수 있다.
    asio::ip::tcp::endpoint ep = it->endpoint();
}
```

서버 프로그램이 실행되고 있는 호스트의 DNS 이름을 해석하면 대체로 하나 이상의 IP 주소가 나오기 때문에 종료점도 하나 이상 생성된다. 하지만 클라이언트 프로그램은 어느 쪽이 더 좋을지 알 수 없다. 일반적으로 원하는 응답을 들을 때까지 한 번에 한 종료점씩 통신을 시도한다.

DNS 이름이 하나 이상의 IP 주소로 해석됐는데, 일부는 IPv4이고 나머지는 IPv6라고 가정해보자. 그러면 DNS 이름 역시 IPv4 주소나 IPv6 주소 또는 둘 다로 해석될 수 있다. 그래서 해석 결과로 얻어낸 종료점은 IPv4 주소일 수도, IPv6 주소일 수도 있다.

부연 설명

UDP 프로토콜로 통신할 때도 DNS 이름을 해석하여 클라이언트에서 사용되는 종료점의 모음을 얻어야 한다. 코드도 거의 똑같다. 다음에 다른 부분만 굵게 표시했으며, 다른 설명은 덧붙이지 않았다.

```cpp
#include <boost/asio.hpp>
#include <iostream>

using namespace boost;

int main()
{
 // 1단계: 클라이언트 프로그램이 연결할 서버 프로그램의 DNS 이름과
 // 프로토콜 포트 번호를 이미 알고 있으며, 문자열로 갖고 있다고 가정한다.
std::string host = "samplehost.com";
  std::string port_num = "3333";

 // 2단계
asio::io_service ios;

 // 3단계: 질의를 만든다.
 asio::ip::udp::resolver::query resolver_query(host,
port_num, asio::ip::udp::resolver::query::numeric_service);

 // 4단계: 해석기를 만든다.
asio::ip::udp::resolver resolver(ios);

 // 해석 과정 동안 발생할 수 있는 오류 정보를 저장하는 데 쓰인다.
boost::system::error_code ec;

 // 5단계
```

```
    asio::ip::udp::resolver::iterator it =
      resolver.resolve(resolver_query, ec);

    // 오류가 있다면 처리한다.
    if (ec != 0) {
      // DNS 이름을 해석하지 못했다. 실행을 중단한다.
      std::cout << "Failed to resolve a DNS name."
 << "Error code = " << ec.value()
 << ". Message = " << ec.message();

      return ec.value();
    }

asio::ip::udp::resolver::iterator it_end;

for (; it != it_end; ++it) {
    // 종료점에는 다음과 같이 접근할 수 있다.
    asio::ip::udp::endpoint ep = it->endpoint();
}

    return 0;
    }
```

참고 사항

- ▶ 1장 '종료점 만들기' 예제에서 종료점을 자세히 설명한다.
- ▶ DNS와 도메인 이름에 대해 궁금하다면, RFC #1034와 RFC #1035 문서에
  있는 시스템의 명세를 참고하기 바란다.

종료점에 소켓 바인딩하기

능동 소켓으로 원격 프로그램과 통신하거나 수동 소켓으로 들어오는 연결 요청을 받으려 하기 전에, 소켓은 실제 IP 주소(하나 또는 그 이상)와 프로토콜 포트 번호, 즉 종료점에 묶어야 한다. 소켓을 특정 종료점과 묶는 과정을 **바인딩** binding 이라고 한다. 소켓이 종료점에 바인딩되면, 운영체제가 네트워크에서 호스트의 해당 종료점으로 들어오는 모든 네트워크 패킷을 특정 소켓으로 전달한다. 이와 반대로 종료점에 연결된 소켓에서 나가는 모든 데이터는 종료점이 나타내는 IP 주소의 네트워크 인터페이스를 통해 네트워크로 송출된다.

어떤 연산은 바인딩이 되지 않은 소켓 unbound socket 을 암묵적으로 바인딩한다. 예를 들어, 바인딩되지 않은 능동 소켓을 원격 애플리케이션에 연결하려는 연산을 하면 암묵적으로 운영체제가 선택한 IP 주소와 프로토콜 포트 번호로 바인딩된다. 대체로 클라이언트 프로그램은 서버와 통신할 때 특정 종료점이 필요하지 않기 때문에 능동 소켓을 명시적으로 종료점에 바인딩하지는 않는다. 클라이언트는 쓸 수만 있으면 어떤 종료점이든 상관없다. 그래서 운영체제가 소켓에 바인딩할 IP 주소와 포트 번호를 선택하도록 한다. 하지만 클라이언트 프로그램도 원격 프로그램과 통신할 IP 주소와 프로토콜 포트 번호를 지정하기를 원할 수 있다. 그럴 때에는 그에 맞는 종료점과 소켓을 명시적으로 바인딩해야 한다. 이 책에서는 이러한 경우를 고려하지 않는다.

운영체제에 소켓 바인딩을 맡기는 경우, 매번 같은 종료점과 바인딩된다는 보장은 없다. 호스트에 네트워크 인터페이스가 하나이고, IP 주소가 하나라 하더라도 암묵적 바인딩을 할 때마다 다른 프로토콜 포트 번호가 선택될 수도 있다.

클라이언트 프로그램은 자신의 능동 소켓과 바인딩할 IP 주소 및 프로토콜 포트 번호에 크게 신경 쓰지 않지만, 서버 프로그램은 특정 종료점을 명시적으로 자신의 수용자 소켓과 바인딩해야 한다. 서버의 종료점은 자신과 통신하기를 원하는 클라이언트가 알아야만 하고, 서버 프로그램이 재시작하더라도 같은 상태에 머물러 있어야 하기 때문이다.

이번 예제에서는 Boost.Asio를 사용해 소켓을 특정 종료점에 바인딩하는 방법을 알아보자.

예제 구현

다음 알고리즘은 수용자 소켓을 만든 후, 호스트에서 사용할 수 있는 모든 IP 주소와 특정 프로토콜 포트 번호를 가리키는 종료점에 바인딩하는 과정을 나타낸다. 이번에는 IPv4 TCP 서버 프로그램이라고 가정하자.

1. 서버가 들어오는 연결 요청이 있는지 확인할 프로토콜 포트 번호를 얻는다.
2. 호스트에서 사용할 수 있는 모든 IP 주소와 1단계에서 얻은 프로토콜 포트 번호를 나타내는 종료점을 만든다.
3. 수용자 소켓을 만들고 연다.
4. 종료점 객체를 인자로 전달하며, 수용자 소켓의 bind() 메서드를 호출한다.

이 알고리즘을 구현하는 한 가지 방법이 다음 예제 코드에 나와 있다. 프로토콜 포트 번호는 애플리케이션에서 이미 알고 있다고 가정한다.

```cpp
#include <boost/asio.hpp>
#include <iostream>

using namespace boost;

int main()
{
    // 1단계: 서버 프로그램이 사용할 프로토콜 포트 번호를
```

```cpp
  // 이미 알고 있다고 가정한다.
  unsigned short port_num = 3333;

  // 2단계: 종료점을 만든다.
  asio::ip::tcp::endpoint ep(asio::ip::address_v4::any(), port_
    num);

  // 'acceptor' 클래스 생성자에서 사용한다.
  asio::io_service ios;

  // 3단계: 수용자 소켓을 만들고 연다.
  asio::ip::tcp::acceptor acceptor(ios, ep.protocol());

boost::system::error_code ec;

  // 4단계: 수용자 소켓을 바인딩한다.
  acceptor.bind(ep, ec);

  // 오류가 있다면 처리한다.
  if (ec != 0) {
    // 수용자 소켓을 바인딩하지 못했다. 실행을 중단한다.
    std::cout << "Failed to bind the acceptor socket."
      << "Error code = " << ec.value() << ". Message: "
      << ec.message();

    return ec.value();
  }

  return 0;
}
```

예제 분석

1단계로 프로토콜 포트 번호를 얻는다. 이 단계는 사실 이 예제 밖의 일이므로 여기서는 이미 알고 있고, 예제 코드의 시작에서부터 사용할 수 있는 상태라고 가정한다.

2단계에서 호스트에서 사용할 수 있는 모든 IP 주소와 특정 포트 번호를 나타내는 종료점을 만든다.

3단계에서 수용자 소켓을 인스턴스화하고 연다. 2단계에서 만든 종료점에 전송 프로토콜에 대한 정보와 IP 프로토콜의 버전(IPv4)이 담겨 있다. 따라서 수용자 소켓의 생성자로 이 정보를 전달할 다른 객체를 만들 필요는 없다. 그 대신 종료점의 `protocol()` 메서드를 사용한다. 이번 예제에서는 사용할 프로토콜인 TCP를 나타내는 `asio::ip::tcp` 클래스의 객체를 반환한다.

4단계에서 바인딩한다. 매우 간단하다. 수용자 소켓의 `bind()` 메서드를 호출하면서, 수용자 소켓에 바인딩할 종료점을 나타내는 객체를 전달한다. 이 함수 호출이 성공하면 수용자 소켓은 해당 종료점에 바인딩된 것이다. 이제 해당 종료점으로 들어오는 연결 요청이 있는지 듣기^{listen} 시작할 수 있다.

예제 코드 내려받기

독자들이 구매한 모든 팩트 출판사 책의 예제 코드 파일은 http://www.packtpub.com에서 자신의 계정을 사용해 내려받을 수 있다. 만약 다른 곳에서 구매한 경우, http://www.packtpub.com/support에 등록하면 파일들을 독자에게 직접 이메일로 보내준다.

부연 설명

UDP 서버는 연결을 수립할 수 없으며, 능동 소켓을 통해 들어오는 요청이 있는지 확인한다. 능동 소켓을 바인딩하는 과정도 수용자 소켓을 바인딩하는 것과 거의 같다. 다음에 호스트에서 사용할 수 있는 모든 IP 주소와 특정 프로토콜 포트 번호를 나타내는 종료점과 UDP 능동 소켓을 묶는 방법이 나와 있다. 이 코드에 대한 설명은 생략한다.

```cpp
#include <boost/asio.hpp>
#include <iostream>

using namespace boost;

int main()
{
   // 1단계: 서버 프로그램이 사용할 프로토콜 포트 번호를
   // 이미 알고 있다고 가정한다.
   unsigned short port_num = 3333;

   // 2단계: 종료점을 만든다.
   asio::ip::udp::endpoint ep(asio::ip::address_v4::any(),
   port_num);

   // 'socket' 클래스 생성자에서 사용한다.
   asio::io_service ios;

   // 3단계: 소켓을 만들고 연다.
   asio::ip::udp::socket sock(ios, ep.protocol());

   boost::system::error_code ec;

   // 4단계: 소켓을 종료점에 바인딩한다.
   sock.bind(ep, ec);

   // 오류가 있다면 처리한다.
   if (ec != 0) {
       // 소켓을 바인딩하지 못했다. 실행을 중단한다.
       std::cout << "Failed to bind the socket."
```

```
                   << "Error code = " << ec.value() << ". Message: "
                   << ec.message();

          return ec.value();
      }

      return 0;
}
```

참고 사항

▶ 1장 '종료점 만들기' 예제에서 종료점을 자세히 설명한다.

▶ 1장 '능동 소켓 만들기' 예제에서 `asio::io_service`와 `asio::ip::tcp` 클래스를 자세히 설명한다. 또한 능동 소켓을 생성하고 여는 방법도 자세히 설명한다.

▶ 1장 '수동 소켓 만들기' 예제에서 수동 소켓에 대한 정보를 제공하고, 수동 소켓을 만들고 여는 방법을 자세히 설명한다.

소켓 연결하기

TCP 소켓으로 원격 애플리케이션과 통신을 시작하려면 먼저 논리적 연결을 수립해야 한다. TCP 프로토콜에 따르면, 연결 수립^{connection establishment} 과정이라는 두 프로그램 사이에서 서비스 메시지를 주고받는 것을 말하며, 이것이 성공해야 두 프로그램이 논리적으로 연결된 것으로 간주할 수 있다. 그러면 서로 통신할 수 있는 준비가 끝난다.

먼저 연결 수립 과정을 간단히 살펴보자. 일단 서버 프로그램과 통신하기 원하는 클라이언트 프로그램이 있다. 클라이언트는 능동 소켓을 생성하고 연 후, `connect()` 명령을 내린다. 이때 종료점 객체를 통해 원하는 대상 서버 프로그램을 명시한다. 그러면 네트워크를 통해 연결 수립 요청 메시지를 서버 프로그램으로 전송한다. 요청을 받은 서버 프로그램은 자기가 쓸 능동 소켓을 만든 후, 특정 클라이언트와 연결됐음을 표시하고, 서버 측에서는 연결이 성공적으로 설정됐다는 사실을 알리는 메시지(확인 응답, ACK acknowledgement)를 클라이언트에게 전달한다. 다음으로 클라이언트가 서버의 메시지ACK를 받으면 자신의 소켓이 서버와 연결됐다는 표시를 하고 클라이언트 측에서도 연결이 잘 설정됐다는 메시지를 보낸다. 서버가 클라이언트로부터 메시지를 받으면, 이제 두 애플리케이션 사이에 논리적 연결이 수립됐다고 간주한다.

연결된 두 소켓 사이에서는 점대점 point-to-point 통신 모델이 적용된다. 다시 말해 소켓 A가 소켓 B에 연결됐다면, 그 둘 사이에서만 통신할 수 있을 뿐, 다른 소켓 C와는 통신할 수 없다. 소켓 A가 다른 소켓 C와 통신하고 싶다면, 소켓 B와의 연결을 닫고 소켓 C와의 새로운 연결을 수립해야 한다.

이번 예제에서는 Boost.Asio를 사용해 원격 애플리케이션과 동기적으로 소켓을 연결하는 방법을 알아보자.

예제 구현

이 알고리즘은 TCP 클라이언트에서 능동 소켓을 사용해 서버 프로그램으로 연결하는 방법을 단계별로 나타낸 것이다.

1. 대상 서버 프로그램의 IP 주소와 프로토콜 포트 번호를 알아낸다.
2. 1단계에서 알아낸 IP 주소와 프로토콜 포트 번호로 `asio::ip::tcp::endpoint` 클래스의 객체를 만든다.
3. 능동 소켓을 만들고 연다.
4. 2단계에서 생성한 종료점 객체를 인자로 전달하며, 소켓의 `connect()` 메서드를 부른다.

5. 메서드가 성공한다면 소켓이 연결된 것으로 볼 수 있다. 이제 서버로 데이터를 보내고 받을 수 있다.

이 알고리즘을 구현하는 한 가지 방법이 다음 예제 코드에 나와 있다.

```cpp
#include <boost/asio.hpp>
#include <iostream>

using namespace boost;

int main()
{
    // 1단계: 클라이언트 프로그램이 연결할 서버 프로그램의 IP 주소와
    // 프로토콜 포트 번호를 이미 알고 있다고 가정한다.
    std::string raw_ip_address = "127.0.0.1";
    unsigned short port_num = 3333;

    try {
        // 2단계: 연결할 서버 프로그램을 가리키는 종료점을 만든다.
        asio::ip::tcp::endpoint
            ep(asio::ip::address::from_string(raw_ip_address),
            port_num);

        asio::io_service ios;

        // 3단계: 소켓을 만들고 연다.
        asio::ip::tcp::socket sock(ios, ep.protocol());

        // 4단계: 소켓을 연결한다.
        sock.connect(ep);

        // 이제 소켓인 'sock'은
        // 서버와 연결되었으며
        // 데이터를 주고받을 수 있다.
```

```
    // asio::ip::address::from_string()과
    // asio::ip::tcp::socket::connect()에서
    // 오류가 난다면 여기서 예외를 던진다.
    catch (system::system_error &e) {
    std::cout << "Error occured! Error code = " << e.code()
    << ". Message: " << e.what();

    return e.code().value();
    }

    return 0;
}
```

예제 분석

1단계에서 대상 서버의 IP 주소와 프로토콜 포트 번호를 얻는 것으로부터 시작했다. 이들 파라미터를 얻는 과정은 이번 예제의 범위가 아니므로, 예제 시작부터 이미 알고 있다고 가정한다.

2단계에서는 연결하려고 하는 대상 서버 프로그램을 가리키는 `asio::ip::tcp::endpoint` 클래스의 객체를 생성한다.

그런 다음, 3단계에서 능동 소켓을 인스턴스화하고 연다.

4단계에서는 소켓의 `connect()` 메서드를 호출하는 대상 서버를 가리키는 종료점 객체를 인자로 전달한다. 이 함수를 통해 소켓을 서버로 연결한다. 연결 과정은 동기적으로 이뤄진다. 즉, 연결 연산이 성공적으로 끝나거나 오류가 발생할 때까지 호출자 스레드[thread]가 중단된 상태로 있다는 뜻이다.

연결하기 전까지는 소켓을 어디에도 바인딩하지 않았다는 점에 주의하자. 그렇다고 해서 소켓을 바인딩하지 않고 쓴다는 뜻은 아니다. 연결 수립 과정을 시작하기 전, 소켓의 `connect()` 메서드는 먼저 운영체제가 고른 IP 주소와 프로토콜 포트 번호

에 소켓을 바인딩한다.

connect() 메서드에는 여러 가지 오버로딩^{overloading} 버전이 있으며, 이번 예제에 서는 연결 연산에 실패하면 boost::system::system_error형의 예외^{exception}를 던지는 버전을 사용했다는 점을 알아두자. 또한 2단계에서 사용한 asio::ip:: address::from_string() 정적 메서드도 예외를 던지는 오버로딩 버전이다. 두 메 서드 모두, 또 다른 오버로딩 버전으로 연산이 실패했을 경우 오류 정보를 저장하기 위해 boost::system::error_code 클래스의 객체를 받는 메서드 버전도 있다. 이번 예제에서는 코드 구조상 예외를 사용하는 편이 낫다.

부연 설명

이번 예제 코드는 클라이언트 프로그램이 연결하고 싶은 서버 프로그램의 IP 주소 와 프로토콜 포트 번호를 명시적으로 알고 있을 때 소켓을 연결하는 방법이었다. 하 지만 DNS 이름만이 주어질 때도 있다. 이 경우에는 asio::ip::tcp::resolver::i terator 클래스가 제공하는 resolve() 메서드를 사용해 DNS 이름을 해석해야 한다. 이 메서드는 DNS 이름을 해석해 하나 또는 그 이상의 IP 주소를 알아낸다. 그 런 다음, 각 IP 주소마다 하나의 asio::ip::tcp::endpoint 클래스 객체를 생성하 고 각 종료점 객체를 모음에 넣는다. 그리고 모음에 있는 첫 번째 요소를 가리키는 반복자^{iterator}인 asio::ip::tcp::resolver::iterator 클래스의 객체를 반환한다.

DNS 이름을 해석하여 여러 IP 주소가 나왔을 때, 클라이언트 프로그램은 대체로 그중 어느 것도 선호할 이유가 없다. 그래서 연결하는 데 성공할 때까지 모음 내 종 료점을 순환하면서 연결을 시도하는 것이 일반적이다. Boost.Asio는 이러한 방법을 쉽게 구현할 수 있는 보조 기능도 제공한다.

자유 함수^{free function}인 asio::connect()는 능동 소켓 asio::ip::tcp::resolver:: iterator 클래스 객체를 인자로 받는다. 이 함수는 종료점 모음을 순환하면서 각 종

료점마다 소켓을 연결시키려 시도한다. 이 함수는 종료점에 연결하는 데 성공하거나 모든 종료점에 연결을 시도했으나 실패했을 경우에 종료한다.

다음 알고리즘은 DNS 이름과 프로토콜 포트 번호로 표시된 서버 프로그램에 소켓을 연결하는 방법을 나타낸다.

1. 서버 프로그램이 실행되고 있는 호스트의 DNS 이름과 서버의 포트 번호를 알아내어 문자열로 표현한다.
2. `asio::ip::tcp::resolver` 클래스를 사용해 DNS 이름을 해석한다.
3. 능동 소켓을 생성하되, 열지는 않는다.
4. `asio::connect()` 함수를 호출하면서 소켓 객체와 2단계에서 얻은 반복자를 인자로 전달한다.

이 알고리즘을 구현하는 한 가지 방법이 다음 예제 코드에 나와 있다.

```
#include <boost/asio.hpp>
#include <iostream>

using namespace boost;

int main()
{
    // 1단계: 클라이언트 프로그램이 연결할 서버 프로그램의 DNS 이름과
    / 프로토콜 포트 번호를 이미 알고 있으며 문자열로 갖고 있다고 가정한다.
    std::string host = "samplehost.book";
    std::string port_num = "3333";

    // 'resolver'와 'socket'에서 사용한다.
    asio::io_service ios;

    // 해석기가 던질 질의를 만든다.
```

```cpp
asio::ip::tcp::resolver::query resolver_query(host, port_num,
  asio::ip::tcp::resolver::query::numeric_service);

// 해석기 'resolver'를 만든다.
asio::ip::tcp::resolver resolver(ios);

try {
  // 2단계: DNS 이름을 해석한다.
  asio::ip::tcp::resolver::iterator it =
    resolver.resolve(resolver_query);

// 3단계: 소켓을 생성한다.
asio::ip::tcp::socket sock(ios);

// 4단계: asio::connect() 메서드는
// 성공적으로 연결될 때까지 각 종료점을 순환한다.
// 어떤 종료점과도 연결할 수 없거나,
// 다른 오류가 발생하면 예외를 던진다.
asio::connect(sock, it);

 // 이제 소켓인 'sock'은
 // 서버와 연결되었으며
 // 데이터를 주고 받을 수 있다.
}

// asio::ip::tcp::resolver::resolve와
// asio::ip::tcp::socket::connect()에서
// 오류가 난다면 여기서 예외를 던진다.
catch (system::system_error &e) {
  std::cout << "Error occured! Error code = " << e.code()
    << ". Message: " << e.what();

  return e.code().value();
}
```

```
    return 0;
}
```

3단계에서 소켓은 만들지만 열지는 않았다는 점에 주의하자. DNS 이름이 가리킬 IP 주소가 IPv4인지, IPv6인지 알 수 없기 때문이다. `asio::connect()` 함수는 각 종료점에 연결하기 전에 적절한 프로토콜 객체를 명시하면서 소켓을 연다. 만약, 연결하지 못하면 소켓을 닫는다.

그 밖의 부분은 이해하기 어렵지 않기 때문에 설명은 생략한다.

참고 사항

▶ 1장 '종료점 만들기' 예제에서 종료점을 자세히 설명한다.

▶ 1장 '능동 소켓 만들기' 예제에서 소켓을 만들고 생성하는 방법뿐만 아니라 `asio::io_service` 클래스를 자세히 설명한다.

▶ 1장 'DNS 이름 해석하기' 예제에서 DNS 이름을 해석하기 위해 해석기 클래스를 사용하는 방법을 설명한다.

▶ 1장 '종료점에 소켓 바인딩하기' 예제에서 소켓 바인딩을 자세히 설명한다.

연결 받아들이기

클라이언트 프로그램이 TCP 프로토콜을 통해 서버 프로그램과 통신하고 싶다면, 먼저 그 서버와 논리적 연결을 맺어야 한다. 이를 위해 클라이언트는 능동 소켓을 할당하고, 거기서 연결 명령을 실행해야 한다(예를 들어, 소켓 객체에서 connect() 메서드 호출). 그러면 연결 수립 요청 메시지가 서버로 전송된다.

서버 측에서는 서버 프로그램이 클라이언트로부터 들어오는 연결 요청을 받아들이고 처리하기 전에 해야 할 일이 있다. 이런 준비가 되지 않았다면, 운영체제에서 이 서버 프로그램으로 들어오는 연결 요청을 모두 거절해버린다.

먼저 서버 프로그램은 수용자 소켓을 만들고 연 후, 특정 종료점에 바인딩해야 한다. 이때까지도 클라이언트가 보내는 연결 요청은 운영체제에서 거절한다. 운영체제가 특정 종료점으로 오는 연결 요청을 받아들이게 하려면 수용자 소켓을 듣기 모드 listening mode 로 전환해야 한다. 그러면 운영체제가 해당 수용자 소켓에 들어왔지만 아직 처리하지 못한 연결을 저장할 요청용 대기열queue을 할당하고, 그 종료점을 향해 들어온 연결 요청을 받아들이기 시작한다.

새 연결 요청이 도착하면 먼저 운영체제가 받는다. 그런 다음, 그 메시지는 연결 요청이 가리키는 수용자 소켓에 할당된 대기열에 들어간다. 대기열에 있는 연결 요청은 서버 프로그램이 처리할 수 있다. 서버 프로그램이 다음 연결 요청을 처리할 수 있다면, 대기열에서 요청을 하나 꺼내와 처리한다.

수용자 소켓은 연결을 수립하는 때에만 쓰이며, 그 이후의 통신 과정에는 개입하지 않는다는 사실을 기억하자. 수용자 소켓이 연결 요청을 처리하면서 새로운 능동 소켓을 할당하고 운영체제가 선택한 종료점에 바인딩한 후 연결 요청을 보낸 클라이언트 프로그램에 새 능동 소켓을 연결한다. 그러면 이 능동 소켓은 클라이언트와 통신할 준비를 마치게 된다. 이제 수용자 소켓은 다음 연결 요청을 처리할 수 있다.

이번 예제를 통해 Boost.Asio를 사용해 수용자 소켓을 듣기 모드로 전환시키는 방법과 TCP 서버 프로그램에서 들어오는 연결 요청을 받아들이는 방법을 알아보자.

예제 구현

다음 알고리즘은 수용자 소켓을 설정하여 들어오는 연결을 듣기 시작하는 방법과 어떻게 하면 기다리고 있는 연결 요청을 동기적으로 처리하는지를 보여준다. 이번 알고리즘은 동기 모드에서 한 번에 하나의 연결 요청만 처리한다고 가정한다.

1. 서버가 들어오는 연결 요청을 받을 포트 번호를 알아낸다.

2. 서버 종료점을 만든다.

3. 수용자 소켓을 인스턴스화하고 연다.

4. 2단계에서 만든 서버 연결 종료점에 수용자 소켓을 바인딩한다.

5. 수용자 소켓의 listen() 메서드를 호출하여 종료점으로 들어오는 연결 요청이 있는지 듣게 한다.

6. 능동 소켓 객체를 인스턴스화한다.

7. 연결 요청을 처리할 준비가 되면, 6단계에서 생성한 능동 소켓 객체를 인자로 전달하며, 수용자 소켓의 accept() 메서드를 호출한다.

8. 이 호출이 성공하면, 능동 소켓이 클라이언트 프로그램에 연결되며, 이제 클라이언트와 통신할 준비가 끝난다.

위 알고리즘을 따라 서버 프로그램을 구현하는 한 가지 방법이 다음 예제 코드에 나와 있다. 여기서는 서버가 TCP 프로토콜에 IPv4를 사용한다고 가정한다.

```cpp
#include <boost/asio.hpp>
#include <iostream>

using namespace boost;

int main()
{
    // 대기열에서 기다릴 연결 요청의 최대 수
    const int BACKLOG_SIZE = 30;

    // 1단계: 서버 프로그램이 사용할 프로토콜 포트 번호를
    // 이미 알고 있다고 가정한다.
    unsigned short port_num = 3333;

    // 2단계: 서버의 종료점을 만든다.
```

```cpp
asio::ip::tcp::endpoint ep(asio::ip::address_v4::any(),
    port_num);

asio::io_service ios;

try {
// 3단계: 수용자 소켓을 인스턴스화하고 연다.
asio::ip::tcp::acceptor acceptor(ios, ep.protocol());

// 4단계: 수용자 소켓을 서버 종료점에 바인딩한다.
acceptor.bind(ep);

// 5단계: 들어오는 연결 요청이 있는지 듣기 시작한다.
acceptor.listen(BACKLOG_SIZE);

// 6단계: 능동 소켓을 생성한다.
asio::ip::tcp::socket sock(ios);

// 7단계: 연결 요청을 처리하고
// 능동 소켓을 클라이언트에 연결한다.
acceptor.accept(sock);

// 이 시점에서 'sock' 소켓은 클라이언트에 연결되어 있다.
// 클라이언트에게 데이터를 전송하고 받을 수 있다.
}
catch (system::system_error &e) {
  std::cout << "Error occured! Error code = " << e.code()
    << ". Message: " << e.what();

  return e.code().value();
}

return 0;
}
```

예제 분석

1단계에서는 서버 프로그램이 수용자 소켓에 바인딩할 프로토콜 포트 번호를 알아낸다. 여기서는 포트 번호를 이미 알아두어 코드 시작에서부터 쓸 수 있다고 가정한다.

2단계에서는 앞에서 알아낸 프로토콜 포트 번호와 호스트에서 사용할 수 있는 모든 IP 주소를 가리키는 서버의 종료점을 만든다.

3단계에서는 수용자 소켓을 인스턴스화하고 연 후, 서버 종료점에 만든 소켓을 4단계에서 바인딩한다.

5단계에서는 수용자 소켓의 `listen()` 메서드를 호출하되, 상수인 `BACKLOG_SIZE`를 인자로 전달한다. 이 함수를 호출하면 수용자 소켓의 상태가 들어오는 연결 요청을 듣는 상태로 바뀐다. 수용자 소켓의 `listen()` 함수를 부르지 않는다면, 해당 종료점으로 연결 요청이 들어와도 운영체제에서 거절한다. 따라서 자신의 종료점으로 들어오는 연결 요청을 받아들이고 싶다는 사실을 이 함수 호출을 통해 운영체제에게 확실히 알려야 한다.

`listen()` 메서드는 운영체제가 클라이언트로부터 받은 연결 요청을 얼마까지 쌓아둘 것인지를 결정하는 대기열의 길이를 인자로 받는다. 연결 요청은 서버 프로그램이 자신을 꺼내 처리할 때까지 대기열에서 기다린다.

6단계에서는 능동 소켓 객체를 만들지만 열지는 않는다. 소켓을 여는 것은 7단계에서 한다.

7단계에서는 수용자 소켓의 `accept()` 메서드를 호출한다. 이 메서드는 능동 소켓을 인자로 받은 후 가장 먼저 수용자 소켓과 관련된 대기열을 검사한다. 여기는 아직 처리되지 않은 연결 요청들이 대기하는 곳이다. 대기열이 비었다면 수용자 소켓이 바인딩된 종료점으로 새로운 연결 요청이 들어올 때까지 동작을 멈춘다.

만약 대기열에 적어도 하나의 연결 요청이 들어와 있다면, 대기열의 가장 꼭대기에 있는 요청 하나를 꺼내 처리한다. `accept()` 메서드로 전달된 능동 소켓을 연결 요청을 한 클라이언트 프로그램과 연결시킨다.

만약 연결 수립 과정이 잘 끝나면, `accept()` 메서드가 반환되고 능동 소켓이 열려 클라이언트에 연결된다. 그러면 능동 소켓을 통해 데이터를 주고받을 수 있다.

 수용자 소켓은 연결 요청을 처리할 뿐, 자신이 클라이언트 프로그램에 연결되는 것이 아니라는 점을 기억하자. 또 다른 능동 소켓을 열어 클라이언트 프로그램과 통신할 수 있도록 연결한다. 수용자 소켓은 들어오는 연결 요청이 있는지 듣고 있다가 처리(수용)할 뿐이다.

UDP 프로토콜에는 연결 수립이 없으므로 수용자 소켓을 사용하지 않는다. 그 대신 능동 소켓을 연결점에 바인딩하여 들어오는 I/O 메시지가 있는지 듣고, 이 능동 소켓을 통신할 때도 사용한다.

참고 사항

- ▶ 1장 '수동 소켓 만들기' 예제에서 수용 소켓에 대한 정보뿐만 아니라 어떻게 만들고 여는지를 설명한다.
- ▶ 1장 '종료점 만들기' 예제에서 종료점을 좀 더 자세히 설명한다.
- ▶ 1장 '능동 소켓 만들기' 예제에서 어떻게 소켓을 만들고 여는지와 `asio::io_service` 클래스를 좀 더 자세히 설명한다.
- ▶ 1장 '종료점에 소켓 바인딩하기' 예제에서 소켓 바인딩을 좀 더 자세히 설명한다.

2

I/O 연산

소개

I/O 연산은 모든 분산 프로그램의 네트워크 구조에서 빼놓을 수 없는 중요 연산이다. I/O 연산은 데이터 교환과 직접 관련된 기능이다. 원격 프로그램에서 데이터를 읽을 때는 입력 연산을, 원격으로 데이터를 보낼 때는 출력 연산을 사용한다.

이번 장에서는 I/O 연산을 수행하는 방법을 보여주는 예제와 이와 관련된 다른 연산들에 대한 예제를 살펴보자. 그뿐만 아니라 Boost.Asio에서 제공하는 I/O 연산과 관련된 클래스들은 어떻게 사용하는지도 알아보자.

다음에 이번 장에서 주제들에 대한 짧은 내용 요약과 소개가 나와 있다.

I/O 버퍼

네트워크 프로그래밍은 컴퓨터 네트워크를 사이에 두고 프로세스가 서로 통신하는 것을 말한다. 여기서의 **통신**이라는 2개 또는 그 이상의 프로세스가 서로 데이터를 주고받는 것을 말한다. 통신에 참여한 프로세스라는 입장에서 I/O 연산을 처리한다는 것을 다른 프로세스가 보낸 데이터를 읽거나 그쪽으로 데이터를 보내는 것을 말한다.

다른 I/O와 마찬가지로, 네트워크 I/O에서도 메모리 버퍼를 사용한다. 메모리 버퍼란, 프로세스의 주소 영역 내에 연속된 메모리 공간으로, 데이터를 저장하는 데 사용한다. 어떤 입력 연산을 실행한다면(예를 들어, 파일이나 파이프 pipe, 네트워크 내 원격 컴퓨터에서 데이터를 읽을 때) 프로세스에 도착한 데이터는 주소 공간 어딘가에 저장되어야만 처리할 수 있다. 즉, 버퍼를 손에 쥐고 있을 때나 I/O를 처리할 수 있다는 것이다. 입력 연산을 실행하기 전에 버퍼를 할당돼야 하고 입력 연산 중에 데이터를 저장할 곳으로 이 버퍼를 사용해야 한다. 입력 연산이 끝나면, 버퍼에 입력 데이터가 저장되어 있어 나중에 애플리케이션이 처리할 수 있다. 이와 마찬가지로 출력 연산을 실행하기 전에는 데이터를 준비하여 출력 연산에 쓸 출력 버퍼에 저장돼야 한다. 그러면 출력 버퍼가 데이터의 원천 source 이 된다.

버퍼는 네트워크 I/O뿐만 아니라 모든 종료의 I/O를 실행하는 애플리케이션이라면 꼭 사용해야 하는 필수 요소다. 따라서 분산 애플리케이션을 개발하는 개발자에게 I/O 버퍼를 어떻게 할당하고 준비하여 실제 I/O 연산에 사용하는지는 매우 중요한 사안이다.

동기와 비동기 I/O 연산

Boost.Asio는 동기 synchronized 와 비동기 asynchronized 라는 두 가지 종류의 I/O 연산을 지원한다. 동기 연산을 하면 I/O 연산을 호출한 스레드 thread 를 멈추게 block 하며, 연산이 끝날 때 풀어준다. 이러한 유형의 연산을 동기 연산이라고 부른다.

두 번째 유형은 비동기 연산이다. 비동기 연산은 콜백 callback 함수나 함수 객체 functor 가 필요하다. 연산이 끝나면 Boost.Asio 라이브러리가 콜백 함수(또는 함수 객체)를 호출한다. 이러한 방식으로 I/O 연산을 실행하면 매우 유연하기는 하지만 코드가 매우 복잡해질 수 있다. 비동기 연산을 시작하도록 하는 것은 간단하며, 실행하던 스레드도 멈추지 않는다. 따라서 비동기 연산이 백그라운드 background 에서 진행되는 동안 실행하던 스레드로 다른 작업을 할 수 있다.

Boost.Asio 라이브러리는 프레임워크 framework 로 구현되었다. **제어의 역전** Inversion of control 방식을 사용한 것이다. 하나 또는 그 이상의 비동기 연산이 시작되면, 프로그램은 자신의 실행 스레드들 중 하나를 라이브러리로 전달한다. 전달된 스레드는 이벤트 루프 event loop 를 돌면서 비동기 연산이 끝나면 프로그램이 제공한 콜백을 호출한다. 비동기 연산의 결과는 콜백 함수에 인자 형식으로 전달된다.

추가 연산

비동기 연산을 취소시키거나, 소켓을 중단하거나^{shut down}, 소켓을 닫는^{close} 등과 같은 연산들도 알아보자.

이미 시작된 비동기 연산을 취소하는 기능은 매우 중요하다. 그래야만 이미 실행된 연산이 이제는 필요 없다는 것을 알릴 수 있고, 애플리케이션의 자원(CPU와 메모리 모두)을 아낄 수 있다. 취소할 수 없다면 자원이 낭비되는 것을 막을 수 없다(아무도 관심을 갖지 않는 데도 연산을 계속 수행한다).

소켓을 중단하는 기능은 분산 애플리케이션의 한쪽에서 다른 쪽에 원하는 메시지를 모두 보냈다는 것을 알릴 때 유용하게 쓸 수 있다. 이 방법은 애플리케이션 계층 프로토콜에서 메시지의 끝을 알릴 다른 방법을 제공하지 않을 때도 사용할 수 있다.

다른 운영체제 자원들처럼 소켓도 더 이상 쓰지 않는다면, 운영체제로 되돌려줘야 한다. 소켓을 닫으면 운영체제로 자원이 되돌아간다.

크기가 고정된 I/O 버퍼 사용하기

크기가 고정된 I/O 버퍼는 대체로 I/O 연산 중에 사용되는데, 보내거나 받을 메시지의 크기를 알고 있을 때의 데이터 원천^{source}이나 목적지^{destination}로 사용될 수 있다. 예를 들어, 서버로 보낼 요청에 대한 문자열이라면 스택^{stack}에 할당된 상수 문자 배열에 저장할 수도 있다. 또한 자유 메모리에 할당된 쓰기가 가능한 버퍼라면 소켓에서 읽은 데이터를 저장하는 데이터 목적지로 사용할 수도 있다.

이번 예제에서는 고정 크기 버퍼를 어떻게 나타내는지, 그리고 Boost.Asio I/O 연산에서 어떻게 쓰이는지 알아보자.

예제 구현

Boost.Asio에서는 고정 크기 버퍼를 나타내는 클래스로, asio::mutable_buffer나 asio::const_buffer라는 두 클래스가 있다. 두 클래스 모두 연속된 메모리 블록을 블록의 첫 번째 바이트의 주소와 블록의 크기(바이트 단위)로 표현한다. 이름에서 알 수 있듯이 asio::mutable_buffer는 쓰기가 가능한 버퍼를 나타내고, asio::const_buffer는 읽기만 가능한 버퍼를 나타낸다.

하지만 asio::mutable_buffer 나 asio::const_buffer 클래스는 Boost.Asio I/O 함수와 메서드에서 직접 사용할 수 없다. 그 대신 MutableBufferSequence와 ConstBufferSequence라는 개념concept이 사용된다.

MutableBufferSequence라는 개념은 asio::mutable_buffer 객체의 모음collection을 나타내는 객체를 말하고, ConstBufferSequence라는 asio::const_buffer 객체의 모음을 나타내는 객체를 말한다. I/O 연산을 하는 Boost.Asio 함수와 메서드들은 버퍼에 대한 인자로 MutableBufferSequence이나 ConstBufferSequence 개념을 만족시키는 객체를 받는다.

 MutableBufferSequence와 ConstBufferSequence 개념에 대한 전체 명세specification 는 다음 링크에 있는 Boost.Asio 문서에 나와 있다.
MutableBufferSequence에 대해서는 http://www.boost.org/doc/libs/1_58_0/doc/html/boost_asio/reference/MutableBufferSequence.html을 찾아보자.
ConstBufferSequence에 대해서는 http://www.boost.org/doc/libs/1_58_0/doc/html/boost_asio/reference/ConstBufferSequence.html을 찾아보자.

대부분의 경우, 단일 I/O 연산에서는 하나의 버퍼를 사용하지만, 특별한 환경에서는 (메모리 제약이 많은 환경 등) 프로세스의 주소 공간 안에 분포한 여러 개의 작은 버퍼를 묶은 결합 버퍼composite buffer 를 사용하고 싶을 수도 있다. Boost.Asio I/O 함수와 메서드는 MutableBufferSequence나 ConstBufferSequence 개념만 만족한다면, 버퍼들의 묶음인 결합 버퍼도 사용할 수 있다.

예를 들어, `std::vector<asio::mutable_buffer>` 클래스는 MutableBufferSequence 개념을 만족시킨다. 따라서 I/O에 관련된 함수와 메서드에서 결합 버퍼를 나타낼 때 이 클래스를 쓸 수 있다.

이제 `asio::mutable_buffer`나 `asio::const_buffer` 클래스의 객체로 표현된 버퍼가 있어도 Boost.Asio가 제공하는 I/O 함수와 메서드에서 바로 쓸 수는 없다는 것을 알게 됐다. 버퍼는 MutableBufferSequence나 ConstBufferSequence 개념을 만족시키는 객체여야만 한다. 이런 객체는 어떻게 만드는지 살펴보자. `std::vector<asio::mutable_buffer>` 클래스의 객체를 만든 후 그 안에 우리의 버퍼 객체를 넣어 버퍼가 하나인 버퍼 객체들의 모음을 만들 수도 있다. 이제 버퍼는 모음의 일부이기 때문에 MutableBufferSequence의 요구사항을 만족시키며, I/O 연산에 쓸 수 있다.

하지만 하나 또는 그 이상의 버퍼로 이뤄진 결합 버퍼를 만들어야 할 때는 이렇게 해도 괜찮지만, 버퍼가 딱 하나 있을 때까지 적용시키기에는 지나치게 복잡하다. 다행스럽게도 Boost.Asio는 I/O 관련 함수와 메서드에서 단일 버퍼를 사용하는 간단한 방법을 제공한다.

자유 함수인 `asio::buffer()`는 다양한 버퍼의 표현 방식과 `asio::mutable_buffers_1` 이나 `asio::const_buffers_1` 클래스라는 반환 값의 조합에 따라 28가지의 오버로딩을 제공한다. 만약 `asio::buffer()` 함수로 전달된 버퍼가 읽기 전용이라면 `asio::const_buffers_1` 클래스를 반환하고, 아니라면 `asio::mutable_buffers_1` 클래스의 객체를 반환한다.

`asio::mutable_buffers_1`과 `asio::const_buffers_1` 클래스는 각각 `asio::mutable_buffer`와 `asio::const_buffer` 클래스에 대한 어댑터^{adapter}다. MutableBufferSequence와 ConstBufferSequence 개념을 만족시킬 수 있는 인터페이스와 동작을 제공한다. 그래서 이들 어댑터를 Boost.Asio의 I/O 함수와 메서드의 인자로 쓸 수 있다.

이제 메모리 버퍼를 어떻게 준비하는지, 그리고 Boost.Asio의 I/O 연산에서 어떻게 쓰는지에 대한 두 가지 알고리즘과 코드 예제를 통해 살펴보자. 첫 번째 알고리즘은 출력 연산에서 버퍼를 사용하며, 두 번째 알고리즘은 입력 연산에서 사용한다.

출력 연산을 위한 버퍼 준비

다음 알고리즘과 코드 예제를 통해 Boost.Asio의 소켓 메서드인 `asio::ip::tcp::socket::send()` 또는 자유 함수인 `asio::write()`를 사용해 출력 연산을 할 때 사용할 버퍼를 준비하는 방법을 알아보자.

1. 버퍼를 할당한다. 여기서는 Boost.Asio의 기능이나 데이터형을 사용하지 않는다는 점을 기억하자.
2. 버퍼를 출력할 데이터로 채운다.
3. 버퍼를 `ConstBufferSequence` 개념의 요구사항을 만족하는 객체로 표현한다.
4. 이제 이 버퍼를 Boost.Asio의 출력 메서드나 함수에서 사용할 수 있다.

원격 애플리케이션으로 `Hello`라는 문자열을 보내고 싶다고 가정해보자. Boost.Asio를 통해 데이터를 보내려면, 먼저 적절히 준비된 버퍼가 필요하다. 다음 코드에 버퍼를 준비하는 방법이 나와 있다.

```
#include <boost/asio.hpp>
#include <iostream>

using namespace boost;

int main()
{
  std::string buf; // 'buf'는 원시 버퍼다.
```

```
    buf = "Hello";   // 1과 2단계를 한 행에서 처리한다.

    // 3단계: ConstBufferSequence 개념의 요구사항을
    // 만족하는 버퍼 표현식을 만든다.
    asio::const_buffers_1 output_buf = asio::buffer(buf);

    // 4단계: 'output_buf'는 버퍼인 'buf'에 대한 표현식으로
    // Boost.Asio의 출력 연산에 사용할 수 있다.

    return 0;
}
```

입력 연산을 위한 버퍼 준비

다음 알고리즘과 코드 예제를 통해 Boost.Asio의 소켓 메서드인 `asio::ip::tcp::socket:: receive()` 또는 자유 함수인 `asio::read()`를 사용해 입력 연산을 할 때 사용할 버퍼를 준비하는 방법을 알아보자.

1. 버퍼를 할당한다. 버퍼는 받아들일 데이터 블록만큼은 커야 한다. 여기서는 Boost.Asio의 기능이나 데이터형을 사용하지 않는다는 점을 기억하자.
2. 버퍼를 `MutableBufferSequence` 개념의 요구사항을 만족하는 객체로 표현한다.
3. 이제 이 버퍼를 Boost.Asio의 입력 메서드나 함수에서 사용할 수 있다.

서버로부터 들어오는 데이터 블록을 수신하고 싶다고 가정해보자. 이를 위해서는 가장 먼저 데이터를 저장할 버퍼를 준비해야 한다. 이 방법을 다음 코드에서 알아보자.

```
#include <boost/asio.hpp>
#include <iostream>
#include <memory> // std::unique_ptr<>을 사용하기 위해
```

```
using namespace boost;

int main()
{
    // 20바이트보다 작은 데이터 블록을 받는다고 예상
    const size_t BUF_SIZE_BYTES = 20;

    // 1단계: 버퍼를 할당한다.
    std::unique_ptr<char[]> buf(new char[BUF_SIZE_BYTES]);

    // 2단계: MutableBufferSequence 개념의 요구사항을
    // 만족하는 버퍼 표현식을 만든다.
    asio::mutable_buffers_1 input_buf =
        asio::buffer(static_cast<void*>(buf.get()),
        BUF_SIZE_BYTES);

    // 3단계: 'input_buf'는 버퍼인 'buf'에 대한 표현식으로
    // Boost.Asio의 입력 연산에 사용할 수 있다.

    return 0;
}
```

예제 분석

두 코드 예제 모두 꽤 간단하고 직관적이다. 그러나 Boost.Asio에서 버퍼를 적절히 사용하기 위해서는 이해해둬야 하는 미묘하고 중요한 부분들이 있다. 코드 예제가 동작하는 방법을 상세히 살펴보면서 그 부분들을 알아보자.

출력 연산을 위한 버퍼 준비

첫 번째 예제를 통해 Boost.Asio의 출력 메서드와 함수에서 쓸 수 있는 버퍼를 준비하는 방법부터 살펴보자. main() 함수는 먼저 std::string 클래스의 객체를 인스턴스화한다. 문자열을 보낼 생각이기 때문에 std::string이 좋을 것 같다. 다음 행

에서 Hello라는 값을 할당한다. 이제 버퍼가 할당되고 데이터가 채워진다. 이 부분이 알고리즘의 1, 2단계에 해당한다.

그런 다음, Boost.Asio의 I/O 메서드와 함수에서 버퍼를 사용할 수 있도록 버퍼의 표현 방식을 적절히 바꾸자. 왜 이 과정이 필요한지를 이해하려면 Boost.Asio의 출력 함수를 살펴보는 것이 좋다. TCP 소켓을 나타내는 Boost.Asio 클래스가 제공하는 send() 메서드의 선언은 다음과 같다.

```
template<typename ConstBufferSequence>
std::size_t send(const ConstBufferSequence & buffers);
```

여기에서 알 수 있듯이, 이 메서드는 템플릿이며 ConstBufferSeqenece이라는 개념을 만족시키는 객체만을 인자로 받아들인다. 여기에 적합한 인자는 asio::const_buffer 클래스의 객체의 모음을 나타내는 결합 객체로 각 요소들을 반복하기 위한 일반적인 모음들의 인터페이스를 제공해야 한다. 예를 들어, std::vector<asio::const_buffer> 클래스의 객체는 send() 메서드의 인자로 쓰기에 적합하지만, std::string 이나 asio::const_bufer 클래스의 객체는 이 메서드의 인자로 쓸 수 없다.

TCP 소켓을 나타내는 클래스의 send() 메서드에 std::string 객체를 인자로 전달하고 싶다면, 다음과 같은 작업을 거쳐야 한다.

```
asio::const_buffer asio_buf(buf.c_str(), buf.length());
std::vector<asio::const_buffer> buffers_sequence;
buffers_sequence.push_back(asio_buf);
```

위 코드 조각에 있는 buffer_sequence라는 객체는 ConstBufferSequence 개념에 따르는 요구사항을 만족시키므로, 소켓 객체의 send() 메서드의 인자로 전달할 수 있다. 하지만 너무 복잡하다. 그 대신 I/O 연산에 직접 사용할 수 있는 어댑터 객체를 얻을 수 있는 asio::buffer() 함수를 사용해보자.

```
asio::const_buffers_1 output_buf = asio::buffer(buf);
```

어댑터 객체를 인스턴스화하면, 바로 Boost.Asio 출력 연산에서의 출력 버퍼로 사용할 수 있다.

입력 연산을 위한 버퍼 준비

두 번째 코드 예제는 첫 번째 예제와 거의 같다. 버퍼를 할당하지만, 채우지 않는다는 점만 다를 뿐이다. 이번에는 입력 연산을 하는 동안 원격 프로그램이 보낸 데이터를 읽어보자.

출력 버퍼처럼 입력 버퍼도 적절히 표현되어야만 Boost.Asio의 I/O 메서드와 함수에서 사용할 수 있다. 이번에는 MutableBufferSequence 개념에 따른 요구사항들을 만족시켜야 한다. ConstBufferSequence와 달리 이 개념은 수정이 가능한 버퍼들의 모음을 나타낸다. 즉, 그 버퍼에 쓸 수 있어야 한다. 여기서는 요구사항을 만족시키는 버퍼를 만들기 위해 buffer() 함수를 썼다. mutable_buffers_1 어댑터 클래스는 1개의 수정 가능한 버퍼를 표현하면서도 MutableBufferSequence 개념을 만족시킨다.

1단계에서는 버퍼를 할당한다. 이번에는 자유 메모리 공간상에 할당된 문자의 배열로 버퍼를 만들었다. 다음 단계에서 입력과 출력 연산 모두에서 사용할 수 있는 어댑터 객체를 인스턴스화한다.

버퍼 소유권
버퍼를 표현하는 클래스나 앞에서 살펴본 Boost.Asio가 제공하는 어댑터 클래스
(asio::mutable_buffer, asio::const_buffer, asio::mutable_buffers_1
과 asio::const_buffers_1)는 자신이 나타내는 원시 버퍼에 대한 소유권을 갖지 않는다는 점에 주의하자. 이들 클래스는 그저 버퍼의 인터페이스만 제공할 뿐, 생애주기 lifetime 를 제어하지 않는다.

참고 사항

▶ 2장 'TCP 소켓에서 동기적으로 쓰기' 예제에서 크기가 고정된 버퍼에서 데이터를 읽어 소켓에 쓰는 방법을 설명한다.

▶ 2장 'TCP 소켓에서 동기적으로 읽기' 예제에서 소켓에서 읽은 데이터를 크기가 고정된 버퍼로 쓰는 방법을 설명한다.

▶ 6장 '분산/수집 연산을 위한 결합 버퍼 사용하기' 예제에서 결합 버퍼는 무엇이고, 어떻게 사용하는지 설명한다.

확장 가능한 스트림 기반 I/O 버퍼 사용하기

데이터가 새로 추가될 때마다 동적으로 크기가 커지는 버퍼를 확장 가능한 버퍼라고 한다. 이러한 버퍼는 소켓에서 데이터를 읽을 때 들어오는 메시지의 크기를 알 수 없을 때 주로 사용한다.

어떤 애플리케이션 계층 프로토콜은 메시지의 크기를 정해놓지 않는다. 그 대신 메시지의 경계를 나타내는 일련의 기호 값들을 메시지의 끝에 덧붙이거나 전송 계층의 **파일 끝** EOF, end of file 메시지를 전송하여 메시지를 모두 전송했다는 것을 알린다.

예를 들어, HTTP 프로토콜에서는 요청과 응답 메시지의 헤더 부분이 크기가 고정되지 않았기 때문에 메시지가 끝났다는 표시를 할 때는 4개의 ASCII 기호인 <CR>, <LF>, <CR>, <LF>를 연속해서 붙여놓는다. 이러한 경우에는 동적으로 확장할 수 있는 버퍼와 이를 받는 함수를 사용하는 것이 좋다. 이들은 모두 Boost.Asio 라이브러리에서 제공한다.

이번 예제에서는 확장 가능한 버퍼를 인스턴스화하는 방법과 여기에서 데이터를 읽고 쓰는 방법을 살펴본다. 이들 버퍼가 Boost.Asio에서 제공하는 I/O 관련 메서드와 함수에서 사용되는 방법을 알고 싶다면, 참고 사항 절에서 제시하는 I/O 관련 예제들을 찾아보자.

예제 구현

확장 가능한 스트림 기반 버퍼는 Boost.Asio에서 asio::streambuf 클래스로 표시된다. 이는 asio::basic_streambuf에 대한 typedef이다.

```
typedef basic_streambuf<> streambuf;
```

asio::basic_streambuf<> 클래스는 std::streambuf를 상속받는다. 따라서 asio::streambuf 클래스는 STL 스트림 클래스가 필요한 상황에서도 사용할 수 있다. 그뿐만 아니라 Boost.Asio가 제공하는 여러 I/O 함수들은 이 클래스의 객체로 표현된 다양한 버퍼를 다룰 수 있다.

asio::streambuf 클래스의 객체는 std::streambuf 클래스를 상속받은 다른 스트림 버퍼 클래스들과 같은 방식으로 사용할 수 있다. 예를 들어, 이 객체에 스트림(예를 들어, std::istream, std::ostream, std::iostream)을 할당할 수 있다. 스트림의 operator<<()와 operator>>() 연산자를 사용해 스트림에서 데이터를 읽고 쓸 수 있다.

asio::streambuf의 객체를 인스턴스화하고 데이터를 조금 사용한 후 다시 버퍼에서 데이터를 읽어 std::string 클래스에 저장하는 간단한 예제를 살펴보자.

```
#include <boost/asio.hpp>
#include <iostream>

using namespace boost;

int main()
{
  asio::streambuf buf;

  std::ostream output(&buf);
```

```
    // 스트림 기반 버퍼에 메시지를 쓴다.
    output << "Message1\nMessage2";

    // '\n' 기호를 만날 때까지
    // streambuf에서 데이터를 읽으려고 한다.
    // 우리가 만든 스트림 버퍼를 사용하는 입력 스트림을 만든다.
    std::istream input(&buf);

    // 데이터를 읽어 이 문자열에 쓸 생각이다.
    std::string message1;

    std::getline(input, message1);

    // 이제 message1 문자열에 'Message1'이 들어 있다.

    return 0;
}
```

이번 예제의 목적은 asio::streambuf 클래스 자체와 그 연산이지, I/O 연산에서 어떻게 쓸 것인지가 아니다. 따라서 이번 예제에서는 어떠한 네트워크 I/O 연산도 하지 않는다는 점을 기억하자.

예제 분석

main() 함수는 buf라는 이름을 갖는 asio::streambuf 클래스의 객체를 인스턴스화하는 것부터 시작한다. 그런 다음, std::ostream 클래스로 출력 스트림 객체를 인스턴스화한다. buf 객체는 출력 스트림을 위한 스트림 버퍼로 쓰인다.

다음 행에서 예제 데이터 문자열인 Message1\nMessage2를 출력 스트림 객체로 쓴다. 그러면 데이터는 buf 스트림 버퍼로 전달된다.

데이터는 일반적인 클라이언트와 서버 프로그램에서 asio::read()와 같은 Boost.

Asio의 입력 함수를 사용해 buf 스트림 버퍼로 쓰인다. 입력 함수들은 스트림 버퍼 객체를 인자로 받는데, 소켓에서 읽은 데이터를 그 버퍼에 쓴다.

이제 스트림 버퍼에서 데이터를 다시 읽어들이고 싶다. 이를 위해서는 입력 스트림을 할당하고 그 생성자에 buf 객체를 스트림 버퍼 인자로 전달해야 한다. 그런 다음, 이름이 message1인 문자열 객체를 할당하고, buf 스트림 버퍼에 저장된 문자열에서 구분자delimiter 기호인 \n이 나올 때까지 읽어들인다.

string1 객체에는 Message1 문자열이 저장되고, buf 스트림 버퍼에는 원래 문자열에서 구분자 기호 다음부터의 값이 들어 있다. 이번 예제에서는 Message2가 남아 있다.

참고 사항

▶   2장 'TCP 소켓에서 비동기적으로 읽기' 예제에서 확장 가능한 스트림 기반 버퍼를 사용해 소켓에서 데이터를 읽는 방법을 설명한다.

TCP 소켓에서 동기적으로 쓰기

TCP 소켓에 쓴다는 것은 이 소켓에 연결된 원격 애플리케이션으로 데이터를 보내는 출력 연산을 한다는 뜻이다. Boost.Asio가 제공하는 소켓 연산 중 가장 간단하게 데이터를 보내는 방법은 동기화 쓰기다. 동기적으로 소켓에 쓰기 연산을 하는 메서드와 함수는 실행 중인 스레드를 멈추게 하며, 데이터가 소켓에 쓰이거나(적어도 일부라도) 오류가 발생하면 멈춘 스레드를 풀어준다.

이번 예제에서는 TCP 소켓에 동기적으로 데이터를 쓰는 방법을 알아보자.

예제 구현

Boost.Asio 라이브러리가 제공하는 가장 기본적인 소켓 쓰기 연산 방법은 `asio::ip::tcp::socket` 클래스의 `write_some()` 메서드를 사용하는 것이다. 아래에 이 메서드의 여러 오버로딩 버전 중 하나가 나와 있다.

```
template<
typename ConstBufferSequence>
std::size_t write_some(
const ConstBufferSequence & buffers);
```

이 메서드는 결합 버퍼를 나타내는 객체를 인자로 받으며, 이름에서 알 수 있듯이 버퍼의 데이터 일부를 소켓에 쓴다. 만약, 메서드가 성공하면 몇 바이트나 썼는지를 반환한다. 여기서 중요한 것은 이 메서드가 `buffers` 인자를 통해 받은 데이터 전체를 보내지 않을 수 있다는 점이다. 이 메서드는 오류가 발생하지 않는다면 적어도 한 바이트는 보낼 것이라는 점만 보장한다. 일반적으로 버퍼에 있는 모든 데이터를 소켓에 쓰려면 이 메서드를 여러 번 호출해야 한다.

분산 애플리케이션에서 TCP 소켓을 이용해 동기적으로 데이터를 쓰는 방법을 다음 알고리즘을 통해 단계적으로 알아보자.

1. 클라이언트 프로그램에서는 능동 TCP 소켓을 할당하고, 열고, 연결한다. 서버 프로그램에서는 수용자 소켓을 통해 연결 요청을 받아 연결시킨 능동 TCP 소켓을 얻는다.
2. 버퍼를 할당하고 소켓으로 쓸 데이터로 채운다.
3. 루프 내에서 버퍼에 저장된 모든 데이터를 보낼 때까지 소켓의 `write_some()` 메서드를 호출한다.

다음 예제 코드에 위 알고리즘대로 동작하는 클라이언트 프로그램이 나와 있다.

```cpp
#include <boost/asio.hpp>
#include <iostream>

using namespace boost;

void writeToSocket(asio::ip::tcp::socket& sock) {
    // 2단계: 버퍼를 할당하고 채운다.
    std::string buf = "Hello";

    std::size_t total_bytes_written = 0;

    // 3단계: 모든 데이터를 소켓에 쓸 때까지 루프를 돈다.
    while (total_bytes_written != buf.length()) {
        total_bytes_written += sock.write_some(
            asio::buffer(buf.c_str() +
            total_bytes_written,
            buf.length() - total_bytes_written));
    }
}

int main()
{
    std::string raw_ip_address = "127.0.0.1";
    unsigned short port_num = 3333;

    try {
        asio::ip::tcp::endpoint
            ep(asio::ip::address::from_string(raw_ip_address),
            port_num);

        asio::io_service ios;

// 1단계: 소켓을 할당하고 연다.
        asio::ip::tcp::socket sock(ios, ep.protocol());
```

```
        sock.connect(ep);

        writeToSocket(sock);
    }
    catch (system::system_error &e) {
      std::cout << "Error occured! Error code = " << e.code()
        << ". Message: " << e.what();

      return e.code().value();
    }

    return 0;
}
```

이번 예제에서는 클라이언트 프로그램 상황일 때 소켓에 쓰는 방법을 알아보기는 했지만, 서버 프로그램에서도 이와 같은 방식으로 소켓에 쓸 수 있다.

예제 분석

`main()` 함수는 매우 간단하다. 소켓을 할당하고, 열고, 원격 애플리케이션에 동기적으로 연결한다. 그런 다음, 소켓 객체를 인자로 전달하고 `writeToSocket()` 함수를 호출한다. 또한 `main()` 함수는 Boost.Asio 메서드와 함수가 던질지도 모르는 예외를 잡아 처리하기 위해 `try-catch`문을 사용한다.

이번 예제에서 재미있는 부분은 소켓에 동기적으로 쓰기 연산을 수행하는 `write ToSocket()` 함수다. 이 함수는 소켓 객체에 대한 참조자^{reference}를 인자로 받는다. 전달받은 소켓은 연결된 상태여야 한다. 아니라면 이 함수는 실패한다.

이 함수는 먼저 버퍼를 할당하고 채운다. 이번 예제에서는 소켓에 쓸 데이터로 아스키^{ASCII} 문자열을 사용했다. 그런 다음, `std::string` 클래스의 객체를 할당해 값으로 Hello를 저장했다. 이 값이 바로 소켓에 쓸 메시지다.

그런 다음, total_bytes_written이라는 이름의 변수를 정의하고 0을 저장한다. 이 변수는 이미 소켓에 쓴 데이터 바이트 수를 저장하는 카운터다.

그런 다음, 소켓의 write_some() 메서드를 호출하는 루프를 실행한다. 버퍼가 빈 경우를(즉, buf.length() 메서드가 0을 반환할 때) 제외하면, 이 루프는 적어도 한 번은 실행되며, write_some() 메서드도 적어도 한 번은 호출된다. 이제 이 루프를 자세히 살펴보자.

```cpp
while (total_bytes_written != buf.length()) {
    total_bytes_written += sock.write_some(
        asio::buffer(buf.c_str() +
        total_bytes_written,
        buf.length() - total_bytes_written));
}
```

total_bytes_written 변수의 값이 버퍼의 크기와 같아질 때 종료 조건이 참이 된다. 다시 말해 버퍼 내의 모든 바이트가 소켓에 쓰여야만 끝난다는 것이다. 루프가 실행될 때마다 total_bytes_written의 값은 write_some() 메서드가 반환하는 값만큼 커진다. write_some() 메서드는 이번 호출에서 쓰기 연산에 성공한 바이트의 수를 반환한다는 점을 기억하자.

write_some()이 호출될 때마다 전달되는 인자도 수정된다. 버퍼의 시작 위치는 원래 버퍼와 비교해 매번 total_bytes_written의 값만큼씩 이동한다(앞부분은 write_some() 메서드를 통해 이미 보냈기 때문이다). 버퍼의 크기도 그만큼 줄어든다.

루프가 끝나면, 버퍼의 모든 데이터가 소켓에 쓰였다는 뜻이고, writeToSocket() 함수는 반환된다.

write_some() 메서드가 호출될 때 소켓에 쓰는 바이트의 수는 여러 가지 상황에 따라 다를 수 있다는 점을 짚고 넘어가자. 어떤 이유로 그렇게 됐는지 개발자에게 알려지는 경우는 별로 없으므로 고려할 필요도 없다. 앞의 예제에서처럼 write_some() 메서드가 한 번에 몇 바이트씩을 쓰든, 버퍼의 데이터를 모두 소켓으로 보낼 때까지 여러 번 반복하는 편이 좋다.

다른 방법 - send() 메서드

asio::ip::tcp::socket 클래스에는 동기적으로 소켓에 데이터를 쓰는 또 다른 메서드인 send()가 있다. 이 메서드에는 세 가지의 오버로딩 버전이 있다. 그중 하나는 앞에서 설명한 write_some() 메서드와 똑같다. 완전히 같은 서명 signature 과 똑같은 동작을 제공한다. 이 두 메서드는 동의어라고 생각해도 무방하다.

두 번째 오버로딩 버전은 write_some() 메서드에 비해 인자를 하나 더 받는다. 다음에 나온 선언을 살펴보자.

```
template<
typename ConstBufferSequence>
std::size_t send(
    const ConstBufferSequence & buffers,
    socket_base::message_flags flags);
```

flags를 추가로 받는다. 이 인자는 연산을 제어하는 플래그 flag 들을 나타내는 비트 마스크 bit mask 다. 이러한 플래그를 쓸 일은 거의 없기 때문에 이 책에서는 다루지 않는다. 이 주제에 대해 좀 알고 싶다면 Boost.Asio 문서를 참고하기 바란다.

세 번째 오버로딩 버전은 두 번째 버전과 같지만, 실패할 경우 예외를 던지지 않는다. 그 대신 메서드가 받아둔 boost::system::error_code형의 출력용 인자에 오류와 관련된 정보를 저장하여 반환한다.

부연 설명

소켓의 `write_some()` 메서드를 사용해 소켓에 쓰는 일은 간단한 연산임에도 불구하고 코드가 매우 복잡하다. 몇 바이트 정도의 작은 메시지를 보내는 데도 루프를 돌아야 하고, 현재까지 몇 바이트나 보냈는지 기록해야 하며, 루프를 돌 때마다 버퍼를 적절히 생성해야 한다. 이러한 방식은 오류도 발생하기 쉽고, 사람이 이해하기도 어렵다.

다행스럽게도 Boost.Asio는 소켓에 쓰는 작업을 단순하게 바꿔주는 `asio::write()`라는 자유 함수를 제공한다. 이 함수의 여러 가지 오버로딩 버전 중 하나를 살펴보자.

```
template<
    typename SyncWriteStream,
    typename ConstBufferSequence>
std::size_t write(
    SyncWriteStream & s,
    const ConstBufferSequence & buffers);
```

이 함수는 2개의 인자를 받는다. 첫 번째 인자인 s는 SyncWriteStream 개념에 따른 요구사항을 만족시키는 객체에 대한 참조자를 가리킨다. 이 개념이 요구하는 사항을 모두 확인하고 싶다면 http://www.boost.org/doc/libs/1_58_0/doc/html/boost_asio/reference/SyncWriteStream.html에 있는 해당 Boost.Asio 문서를 참고하기 바란다. TCP 소켓을 나타내는 `asio::ip::tcp::socket` 클래스는 이 요구사항을 만족시키기 때문에 `asio::write()` 함수의 첫 번째 인자로 쓰일 수 있다. 두 번째 인자인 buffers는 버퍼(간단하든, 결합되었든)를 나타내며, 소켓에 쓸 데이터를 갖고 있어야 한다.

소켓 객체가 제공하는 `write_some()` 메서드는 버퍼에 있는 데이터 중 일부를 소켓에 쓰는 데 반해, `asio::write()` 함수는 버퍼에 있는 모든 데이터를 소켓에 쓴다. 따라서 소켓에 쓰는 작업이 간단해지고, 코드도 짧고 명료해진다.

이전 예제에서 살펴본 writeToSocket() 함수를 소켓 객체의 write_some() 메서드가 아니라 asio::write() 함수로 바꾸면 다음 코드와 비슷해질 것이다.

```cpp
void writeToSocketEnhanced(asio::ip::tcp::socket& sock) {
    // 버퍼를 할당하고 채운다.
    std::string buf = "Hello";

    // 버퍼 전체를 소켓에 쓴다.
    asio::write(sock, asio::buffer(buf));
}
```

asio::write() 함수는 예제에서 사용한 원래 writeToSocket() 함수와 거의 유사한 방법으로 구현되었다. 함수 내부에서 루프를 돌면서 소켓 객체의 write_some() 메서드를 여러 번 호출하는 것이다.

asio::write() 함수는 방금 살펴본 것 외에도 7개의 오버로딩 버전을 제공한다. 그중 몇몇은 특정 상황에서 매우 유용하다. 이 함수에 대해서는 http://www.boost.org/doc/libs/1_58_0/doc/html/boost_asio/reference/write.html 의 Boost.Asio 문서를 참고하기 바란다.

참고 사항

▶ 3장 '동기 TCP 클라이언트 구현하기' 예제에서 서버로 요청 메시지를 동기적으로 보내는 동기 TCP 클라이언트를 구현하는 방법이 나와 있다.

▶ 4장 '반복적 동기 TCP 서버 구현하기' 예제에서 클라이언트로 응답 메시지를 동기적으로 보내는 동기 TCP 서버를 구현하는 방법을 설명한다.

TCP 소켓에서 동기적으로 읽기

TCP 소켓에서 읽는다는 것은 이 소켓에 연결된 원격 프로그램이 보낸 데이터를 받는다는 의미다. Boost.Asio가 제공하는 소켓을 사용해 데이터를 수신하는 가장 간단한 방법은 동기적으로 읽는 것이다. 동기적으로 소켓에 읽기 연산을 하는 메서드와 함수는 실행 중인 스레드를 멈추게 하고, 소켓에서 데이터를 (일부라도) 읽거나 오류가 발생하면 멈춘 스레드를 풀어준다.

이번 예제에서는 TCP 소켓에서 동기적으로 데이터를 읽는 방법을 살펴보자.

예제 구현

Boost.Asio 라이브러리로 소켓에서 데이터를 읽는 방법 중 가장 기본적인 방법은 `asio::ip::tcp::socket` 클래스의 `read_some()` 메서드를 사용하는 것이다. 이 메서드의 여러 오버로딩 버전 중 하나를 살펴보자.

```
template<
typename MutableBufferSequence>
std::size_t read_some(
    const MutableBufferSequence & buffers);
```

이 메서드는 쓸 수 있는 (하나나 결합된) 버퍼를 인자로 받고, 이름에서 알 수 있듯이 소켓에서 읽은 일부 데이터를 버퍼에 쓴다. 이 함수가 성공하면 몇 바이트나 읽었는지를 반환한다. 이 메서드가 몇 바이트를 읽을지는 제어할 수 없다는 점에 주의하자. 이 메서드는 오류가 나지 않는 한 적어도 한 바이트 이상을 읽을 것이라는 점만 보장한다. 일반적으로 소켓에서 일정량의 데이터를 읽으려면 이 메서드를 여러 번 호출해야 한다.

분산 애플리케이션에서 TCP 소켓을 이용해 동기적으로 데이터를 읽는 방법을 다음 알고리즘을 통해 단계적으로 알아보자.

1. 클라이언트 프로그램에서는 능동 TCP 소켓을 할당하고, 열고, 연결한다. 서버 프로그램에서는 수용자 소켓을 통해 연결 요청을 받아 연결된 능동 TCP 소켓을 얻는다.

2. 읽을 메시지의 예상 크기에 맞춰 큰 버퍼를 충분히 할당한다.

3. 루프 내에서 메시지를 읽는 데 필요한 만큼 소켓의 read_some() 메서드를 호출한다.

다음 예제 코드에 위 알고리즘대로 동작하는 클라이언트 프로그램이 나와 있다.

```cpp
#include <boost/asio.hpp>
#include <iostream>

using namespace boost;

std::string readFromSocket(asio::ip::tcp::socket& sock) {
  const unsigned char MESSAGE_SIZE = 7;
  char buf[MESSAGE_SIZE];
  std::size_t total_bytes_read = 0;

  while (total_bytes_read != MESSAGE_SIZE) {
    total_bytes_read += sock.read_some(
      asio::buffer(buf + total_bytes_read,
      MESSAGE_SIZE - total_bytes_read));
  }

  return std::string(buf, total_bytes_read);
}

int main()
{
  std::string raw_ip_address = "127.0.0.1";
  unsigned short port_num = 3333;
```

```
  try {
    asio::ip::tcp::endpoint
      ep(asio::ip::address::from_string(raw_ip_address),
      port_num);

    asio::io_service ios;

    asio::ip::tcp::socket sock(ios, ep.protocol());

    sock.connect(ep);

    readFromSocket(sock);
  }
  catch (system::system_error &e) {
    std::cout << "Error occured! Error code = " << e.code()
    << ". Message: " << e.what();

    return e.code().value();
  }

  return 0;
}
```

이번 예제에서는 클라이언트 프로그램에서 소켓을 읽는 방법을 알아보았다. 서버 프로그램에서도 이와 같은 방식으로 소켓을 읽을 수 있다.

예제 분석

main() 함수는 매우 간단하다. TCP 소켓을 할당하고, 열고, 원격 애플리케이션에 동기적으로 연결한다. 그런 다음, 소켓 객체를 인자로 전달하고 readFromSocket() 함수를 호출한다. 또한 main() 함수는 Boost.Asio 메서드와 함수가 던질지도 모르는 예외를 잡아 처리하기 위해 try-catch문을 사용한다.

이번 예제에서 재미있는 부분은 소켓에 동기적으로 읽기 연산을 수행하는 readFromSocket() 함수다. 이 함수는 소켓 객체에 대한 참조자^{reference}를 인자로 받는다. 전달받은 소켓은 연결된 상태여야 한다. 그렇지 않다면 함수는 실패한다.

이 함수는 먼저 buf라는 이름의 버퍼를 할당한다. 버퍼의 크기는 7바이트다. 원격 프로그램으로부터 7바이트 크기의 메시지를 받을 생각이기 때문이다.

그런 다음, total_bytes_read를 정의하고 값을 0으로 만든다. 이 변수는 소켓에서 읽은 데이터 바이트를 저장하는 카운터다.

다음으로 소켓의 read_some() 메서드를 호출하는 루프를 실행한다. 이제 이 루프를 자세히 살펴보자.

```
while (total_bytes_read != MESSAGE_SIZE) {
  total_bytes_read += sock.read_some(
    asio::buffer(buf + total_bytes_read,
    MESSAGE_SIZE - total_bytes_read));
}
```

total_bytes_read 변수의 값이 예상한 메시지의 크기와 같아지면 종료 조건이 참이 된다. 즉, 소켓에서 전체 메시지를 모두 읽었다는 뜻이다. 루프를 돌 때마다 total_bytes_read의 read_some() 메서드가 반환하는 값만큼 커진다. read_some() 메서드는 이번 호출에서 성공적으로 읽은 바이트의 수를 반환한다는 점을 기억하자.

read_some() 메서드가 호출될 때마다 전달되는 입력 버퍼도 수정된다. 버퍼의 시작 위치는 원래 버퍼와 비교해 매번 total_bytes_read의 값만큼씩 이동한다[앞부분은 이전 read_some() 메서드를 통해 이미 채웠기 때문이다]. 버퍼의 크기는 그만큼 줄어든다.

루프가 끝나면 소켓에서 읽기로 했던 모든 데이터를 읽고, 버퍼에 저장된 상태다.

readFromSocket() 함수는 받은 버퍼로 std::string 클래스의 객체를 인스턴스화하여 호출자에게 반환하는 것으로 끝난다.

read_some() 메서드가 호출될 때 소켓에서 읽는 바이트의 수는 여러 가지 상황에 따라 다를 수 있다는 점을 짚고 넘어가자. 어떤 이유로 그렇게 됐는지 개발자에게 알려지는 경우는 별로 없으므로 고려할 필요도 없다. 앞에서 예제에서처럼 read_some() 메서드가 매번 얼마나 읽을지와는 관계없이 소켓의 데이터를 모두 읽을 때까지 여러 번 반복하는 편이 좋다.

다른 방법 – receive() 메서드

asio::ip::tcp::socket 클래스에는 receive()라는 동기적으로 소켓에서 데이터를 읽는 또 다른 메서드도 있다. 이 메서드에는 세 가지의 오버로딩 버전이 있다. 그중 하나는 앞에서 설명한 read_some() 메서드와 똑같다. 완전히 같은 서명^{signature}과 완전히 같은 동작을 제공한다. 이 두 메서드는 사실 동의어라고 생각해도 무방하다.

두 번째 오버로딩 버전은 read_some() 메서드에 비해 인자를 하나 더 받는다. 다음 선언을 살펴보자.

```
template<
    typename MutableBufferSequence>
std::size_t receive(
    const MutableBufferSequence & buffers,
    socket_base::message_flags flags);
```

flags라는 인자를 추가로 받는다. 이 인자는 연산을 제어하는 플래그^{flag}들을 나타내는 비트 마스크^{bit mask}다. 이 플래그를 쓸 일은 거의 없기 때문에 이 책에서는 다루지 않는다. 이 주제에 대해 좀 더 알고 싶다면 Boost.Asio 문서를 참고하기 바란다.

세 번째 오버로딩 버전은 두 번째 버전과 같지만, 실패할 경우 예외를 던지지 않는다.

그 대신 메서드가 받아둔 `boost::system::error_code`형의 출력용 인자에 오류와 관련된 정보를 저장하여 반환한다.

부연 설명

소켓의 `read_some` 메서드를 사용해 소켓에서 읽는 일은 간단한 연산임에도 불구하고 매우 복잡하다. 이 방식을 사용하면 루프를 돌아야 하고, 현재까지 몇 바이트나 읽었는지 기록해야 하며, 루프를 돌 때마다 버퍼도 적절히 생성해야 한다. 이러한 방식은 오류도 나기 쉽고, 사람이 이해하기도 어렵다.

다행스럽게도 Boost.Asio는 다양한 상황에서도 간단하게 동기적으로 소켓에서 읽을 수 있도록 하는 여러 가지 자유 함수를 제공한다. 이러한 함수에는 세 가지가 있으며, 각각에도 여러 가지 오버로딩 버전이 있어 소켓에서 데이터를 읽는 방식을 풍부하게 제공한다.

asio::read( ) 함수

`asio::read()` 함수는 그 세 가지 함수 중 가장 간단한 함수다. 이 함수의 오버로딩 버전 중 하나를 살펴보자.

```
template<
    typename SyncReadStream,
    typename MutableBufferSequence>
std::size_t read(
    SyncReadStream & s,
    const MutableBufferSequence & buffers);
```

이 함수는 2개의 인자를 받는다. 첫 번째 인자인 `s`는 SyncReadStream 개념에 따른 요구사항을 만족시키는 객체에 대한 참조자를 가리킨다. 이 개념이 요구하는 사항을 모두 확인하고 싶다면 http://www.boost.org/doc/libs/1_58_0/doc/html/boost_asio/reference/SyncReadStream.html에 있는 해당 Boost.Asio 문서를 참고하기 바란다. TCP 소켓을 나타내는 asio::ip::tcp::socket이 요구사항을 만족시키기 때문에 asio::read() 함수의 첫 번째 인자로 쓰일 수 있다. 두 번째 인자인 buffers는 소켓에서 읽은 데이터를 저장할 버퍼(간단하든, 결합되었든)를 나타낸다.

소켓 객체가 제공하는 read_some() 메서드는 소켓의 데이터 중 일부를 읽어들이는 데 반해, asio::read() 함수는 한 번만 호출해도 인자로 받은 버퍼가 꽉 차거나 오류가 발생할 때까지 소켓에서 데이터를 읽는다. 그래서 소켓에서 읽는 작업이 간단해지고 코드도 짧고 명료해진다.

이전 예제에서 살펴본 readFromSocket() 함수에서 소켓 객체의 read_some() 메서드 대신 asio::read() 함수를 쓴다면 다음처럼 간단해진다.

```
std::string readFromSocketEnhanced(asio::ip::tcp::socket& sock) {
  const unsigned char MESSAGE_SIZE = 7;
  char buf[MESSAGE_SIZE];

  asio::read(sock, asio::buffer(buf, MESSAGE_SIZE));

  return std::string(buf, MESSAGE_SIZE);
}
```

여기서 asio::read() 함수를 호출하면 정확히 7바이트를 읽거나 오류가 발생하기 전까지 스레드가 멈추게 된다. 이 방식이 소켓의 read_some() 메서드보다 낫다는 것은 따로 설명할 필요가 없을 정도다.

asio::read() 함수는 여러 가지 오버로딩 버전을 가지고 있어 개별 상황마다 유연하게 적용할 수 있다. 이 함수에 대해서는 http://www.boost.org/doc/libs/1_58_0/doc/html/boost_asio/reference/read.html의 Boost.Asio 문서를 참고하기 바란다.

asio∷read_until( ) 함수

asio::read_until() 함수는 소켓의 데이터에서 특정 패턴을 만나기 전까지 모든 데이터를 읽는 방법을 제공한다. 이 함수에는 총 여덟 가지의 오버로딩이 있다. 그중 하나를 살펴보자.

```
template<
    typename SyncReadStream,
    typename Allocator>
std::size_t read_until(
    SyncReadStream & s,
    boost::asio::basic_streambuf< Allocator > & b,
    char delim);
```

이 함수는 3개의 인자를 받는다. 첫 번째 인자인 s는 SyncReadStream 개념에 따른 요구사항을 만족시키는 객체에 대한 참조자를 가리킨다. 이 개념이 요구하는 사항을 모두 확인하고 싶다면 http://www.boost.org/doc/libs/1_58_0/doc/html/boost_asio/reference/Sync ReadStream.html에 있는 해당 Boost.Asio 문서를 참고하기 바란다. TCP 소켓을 나타내는 asio::ip::tcp::socket은 이 요구사항을 만족시킨다. 따라서 asio::read() 함수의 첫 번째 인자로 쓰일 수 있다.

두 번째 인자인 b는 데이터를 읽어들일 스트림 기반의 확장 가능한 버퍼를 나타낸다. 마지막 인자는 delim으로 구분자 문자를 나타낸다.

asio::read_until() 함수는 소켓 s에서 데이터를 읽어 버퍼 b에 쓰는데, 만약 읽은 데이터가 delim 인자와 같다면 읽기를 끝내고 반환한다.

asio::read_until() 함수는 다양한 크기의 데이터를 읽을 수 있도록 구현됐다는 점에 주의하자(내부적으로 소켓의 read_some() 메서드를 써서 데이터를 읽는다). 이 함수가 반환됐을 때, 버퍼 b의 구분자 기호 다음에도 몇 가지 기호가 덧붙여 있을 수도 있다. 원격 프로그램이 구분자 기호 다음에 데이터를 붙여 보내면 이러한 일이 발생한다(구분자 기호로 끝을 표시한 2개의 메시지를 한꺼번에 보낸 경우를 생각해볼 수 있다). 다시 말해, asio::read_until() 함수가 성공적으로 끝나면, 버퍼 b에 적어도 하나 (더 많을 수도 있다)의 구분자 기호가 들어 있다는 것을 보장한다. 구분자 기호 뒤에 데이터가 더 있는 경우, 버퍼에 있는 데이터를 적절히 분석 parsing 하는 것은 개발자가 할 일이다.

readFromSocket() 함수에서 특정 기호를 만나기 전까지 소켓에서 데이터를 읽으려면 다음과 같이 구현해야 한다. 메시지 구분자가 개행 문자인 \n이라고 가정해보자.

```cpp
std::string readFromSocketDelim(asio::ip::tcp::socket& sock) {
  asio::streambuf buf;

  // '\n' 기호를 만날 때까지
  // 소켓에서 동기적으로 데이터를 읽는다.
  asio::read_until(sock, buf, '\n');

  std::string message;

  // 'buf'에 '\n' 이후에도 데이터가 더 있을 수 있기 때문에
  // 버퍼를 파싱해서 구분자 이전 기호들만 추출해야 한다.
  std::istream input_stream(&buf);
  std::getline(input_stream, message);
```

```
    return message;
}
```

이번 예제는 매우 간단하고 직관적이다. buf는 구분자 기호 이후에도 몇 가지 기호를 더 저장하고 있을 수 있으므로, 메시지를 구분자 앞까지만 잘라내기 위해 std::getline() 함수를 사용했다. 그런 다음, message 문자열 객체에 저장하여 호출자에게 반환한다.

 read_until() 함수는 여러 가지 오버로딩 버전을 갖고 있다. 각각에 따라 종료 조건을 좀 더 세밀하게 제공할 수 있다. 이를테면 문자열 구분자, 정규 표현식 regular expression 이나 함수 객체도 사용할 수 있다. 이 주제에 관해 좀 더 자세히 알고 싶다면 http://www.boost.org/doc/libs/1_58_0/doc/html/boost_asio/reference/read_until.html에 나와 있는 Boost.Asio 문서를 참고하기 바란다.

asio::read_at( ) 함수

asio::read_at() 함수를 쓰면 소켓에서 데이터를 읽을 때 원하는 오프셋 offset 에서부터 읽을 수 있다. 이 함수는 거의 사용되지 않기 때문에 이 책에서는 다루지 않는다. 이 함수와 제공되는 여러 오버로딩들에 대해 알고 싶다면 http://www.boost.org/doc/libs/1_58_0/doc/html/boost_asio/reference/read_at.html의 Boost.Asio 문서를 참고하기 바란다.

asio::read(), asio::read_until()와 asio::read_at() 함수는 우리 예제에서 readFromSocket() 함수를 구현했던 방식과 유사하게 구현되어 있다. 즉, 특정 종료 조건을 만족하거나 오류가 발생할 때까지 루프를 돌면서 소켓 객체의 read_some() 메서드를 여러 번 호출한다.

참고 사항

▶ 2장 '확장 가능한 스트림 지향 I/O 버퍼 사용하기' 예제에서 `asio::stream buf` 버퍼를 사용해 데이터를 쓰고 읽는 방법을 설명한다.

▶ 3장 '동기 TCP 클라이언트 구현하기' 예제에서 서버로부터 온 응답 메시지를 소켓에서 동기적으로 읽는 동기 TCP 클라이언트를 구현하는 방법을 설명한다.

▶ 4장 '반복적 동기 TCP 서버 구현하기' 예제에서 클라이언트에서 온 응답 메시지를 동기적으로 읽는 동기 TCP 서버를 구현하는 방법을 설명한다.

TCP 소켓에서 비동기적으로 쓰기

'비동기적으로 쓰기'는 원격 프로그램으로 데이터를 보내는 유연하면서도 효율적인 방법이다. 이번 예제에서는 TCP 소켓을 통해 비동기적으로 데이터를 쓰는 방법을 알아보자.

예제 구현

Boost.Asio 라이브러리가 제공하는 가장 기본적인 비동기 데이터 쓰기 함수는 `asio::ip::tcp::socket` 클래스의 `async_write_some()` 메서드다. 이 메서드의 여러 가지 오버로딩 버전 중 하나를 살펴보자.

```
template<
    typename ConstBufferSequence,
    typename WriteHandler>
void async_write_some(
    const ConstBufferSequence & buffers,
    WriteHandler handler);
```

이 메서드는 쓰기 연산을 시작한 후 곧바로 반환한다. 소켓에 쓸 데이터를 가진 버퍼를 첫 번째 인자로 받는다. 두 번째 인자는 콜백으로, 시작시킨 연산이 끝나면 Boost.Asio에서 이 콜백을 호출한다. 이 인자는 함수 포인터, 함수 객체, 그 밖의 WriteHandler 개념을 만족시키는 다른 객체가 될 수 있다. 이 개념에 따른 요구사항을 확인하고 싶다면 http://www.boost.org/doc/libs/1_58_0/doc/html/boost_asio/reference/WriteHandler.html에 있는 Boost.Asio 문서를 참고하기 바란다.

콜백은 다음과 같은 서명을 가져야 한다.

```
void write_handler(
    const boost::system::error_code& ec,
    std::size_t bytes_transferred);
```

여기서 ec는 오류가 발생했을 때 오류 코드를 저장할 인자고, bytes_transferred 인자는 해당 비동기 연산으로 몇 바이트를 소켓에 썼는지를 알리는 인자다.

async_write_some() 메서드의 이름에서 알 수 있듯이, 이 메서드는 버퍼의 데이터 중 일부를 소켓에 쓰는 연산을 시작하도록 한다. 이 메서드는 해당 비동기 연산이 오류 없이 끝난다면 적어도 한 바이트는 쓰여진다는 점만 보장한다. 일반적으로 버퍼에 있는 데이터 전체를 소켓에 쓰려면 이 메서드를 여러 번 호출해야 한다.

지금까지 중요 메서드가 동작하는 방식을 알아보았으므로 소켓에 비동기적으로 쓰는 애플리케이션을 만들어 보자.

다음 알고리즘을 통해 분산 애플리케이션에서 TCP 소켓을 이용해 비동기적으로 데이터를 쓰는 방법을 단계적으로 알아보자. 이 알고리즘은 애플리케이션을 구현하는 여러 가지 방법 중 하나일 뿐이라는 점에 주의하자. Boost.Asio는 매우 유연하며, Boost.Asio를 사용하면 매우 다양한 방법으로 비동기적으로 소켓에 쓰는 애플리케이션을 만들 수 있다.

1. 소켓 객체에 대한 객체, 버퍼와 몇 바이트나 썼는지를 알릴 카운터 변수를 포함하는 데이터 구조체 structure 를 정의한다.
2. 비동기 쓰기 연산이 끝났을 때 호출될 콜백 함수를 정의한다.
3. 클라이언트 프로그램에서는 능동 TCP 소켓을 할당하고 연 후, 원격 프로그램에 연결한다. 서버 프로그램에서는 연결 요청을 받아들여 연결된 능동 TCP 소켓을 얻는다.
4. 버퍼를 할당하고 소켓에 쓸 데이터로 채운다.
5. 소켓의 `async_write_some()` 메서드를 호출해 비동기 쓰기 연산을 시작한다. 이때 2단계에서 정의한 함수를 콜백으로 전달한다.
6. `asio::io_service` 클래스 객체의 `run()` 메서드를 호출한다.
7. 콜백에서 쓰인 바이트 수에 대한 카운터를 증가시킨다. 지금까지 쓴 바이트 수가 써야 할 바이트 수보다 작다면 나머지 데이터를 쓰기 위해 비동기 쓰기 연산을 다시 시작하도록 한다.

이제 위 알고리즘에 맞춰 비동기 쓰기 동작을 하는 예제 클라이언트 프로그램을 구현해보자.

include와 using 지시자 directive 를 추가하는 것으로 시작한다.

```
#include <boost/asio.hpp>
#include <iostream>

using namespace boost;
```

다음으로 알고리즘의 1단계에 따라, 소켓 객체에 대한 포인터, 소켓에 쓸 데이터를 가진 버퍼, 그리고 이미 쓴 데이터의 바이트 수를 저장하는 카운터 변수를 저장하는 데이터 구조를 정의한다.

```
// 콜백 함수에서 소켓에 모든 데이터를 썼는지 알아내고,
```

```cpp
// 필요하다면 다음 비동기 쓰기 연산을 시작하도록 하기 위해
// 있어야 하는 모든 데이터를 보관한다.
struct Session {
  std::shared_ptr<asio::ip::tcp::socket> sock;
  std::string buf;
  std::size_t total_bytes_written;

};
```

2단계로 콜백 함수를 정의한다. 이 함수는 비동기 연산이 종료되고 난 후에 호출된다.

```cpp
// 비동기 쓰기 연산의 콜백으로 사용되는 함수.
// 소켓에서 모든 데이터를 썼는지 확인하고
// 필요하다면 다음 비동기 쓰기 연산을 시작한다.
void callback(const boost::system::error_code& ec,
        std::size_t bytes_transferred,
        std::shared_ptr<Session> s)
{
if (ec != 0) {
  std::cout << "Error occured! Error code = "
  << ec.value()
  << ". Message: " << ec.message();

  return;
}

s->total_bytes_written += bytes_transferred;

if (s->total_bytes_written == s->buf.length()) {
 return;
}

s->sock->async_write_some(
asio::buffer(
```

```
s->buf.c_str() +
s->total_bytes_written,
s->buf.length() -
s->total_bytes_written),
std::bind(callback, std::placeholders::_1,
std::placeholders::_2, s));
}
```

이번에는 3단계는 건너뛰고 4, 5단계를 다른 함수에서 구현해보자. 새 함수에는
writeToSocket()라는 이름을 붙였다.

```
void writeToSocket(std::shared_ptr<asio::ip::tcp::socket> sock) {

    std::shared_ptr<Session> s(new Session);

    // 4단계: 버퍼를 할당하고 채운다.
    s->buf = std::string("Hello");
    s->total_bytes_written = 0;
    s->sock = sock;

    // 5단계: 비동기 쓰기 연산을 시작한다.
    s->sock->async_write_some(
    asio::buffer(s->buf),
    std::bind(callback,
    std::placeholders::_1,
    std::placeholders::_2,
    s));
}
```

이제 main() 함수에서 3단계를 구현해보자.

```
int main()
```

```
{
  std::string raw_ip_address = "127.0.0.1";
  unsigned short port_num = 3333;

  try {
    asio::ip::tcp::endpoint
      ep(asio::ip::address::from_string(raw_ip_address),
      port_num);

    asio::io_service ios;

    // 3단계: 소켓을 할당하고 열고 연결시킨다.
    std::shared_ptr<asio::ip::tcp::socket> sock(
    new asio::ip::tcp::socket(ios, ep.protocol()));

    sock->connect(ep);

    writeToSocket(sock);

    // 6단계
    ios.run();
  }
  catch (system::system_error &e) {
    std::cout << "Error occured! Error code = " << e.code()
      << ". Message: " << e.what();

    return e.code().value();
  }

  return 0;
}
```

예제 분석

이제 어떻게 동작하는지 좀 더 잘 이해할 수 있도록 프로그램의 동작 경로를 따라가보자.

이 애플리케이션은 `main()` 함수가 호출된 맥락 내에서 단일 스레드로 동작한다. 하지만 Boost.Asio에서 내부 연산을 하는 동안 스레드를 추가로 만들 수도 있다는 점을 기억하자. 그 대신 그 스레드에서는 애플리케이션의 코드가 실행되지 않는다.

`main()` 함수는 소켓을 할당하고 열어서 동기적으로 원격 프로그램에 연결한다. 그런 다음, 소켓 객체에 대한 포인터를 전달하고, `writeToSocket()` 함수를 호출한다. 이 함수는 비동기 쓰기 연산을 시작하도록 한 후 곧바로 반환한다. 이 함수는 나중에 살펴보자. 이제 `main()` 함수는 `asio::io_service` 클래스 객체에서 `run()` 메서드를 호출한다. 그러면 Boost.Asio는 실행 스레드를 붙잡아두었다가 비동기 연산이 완료되면 이 스레드를 사용해 콜백 함수를 호출한다.

`asio::io_service::run()` 메서드는 하나 이상의 비동기 연산이 지연되어 있을 경우, 동작을 멈추고 기다린다. 기다리고 있던 마지막 비동기 연산까지 모두 끝나면 이 메서드도 끝나 호출자에게로 반환된다.

이제 `writeToSocket()` 함수로 돌아와 그 동작을 분석해보자. 먼저 `Session` 데이터 구조의 인스턴스를 자유 메모리상에 할당한다. 그런 다음, 버퍼를 할당하고 소켓에 쓸 데이터로 채운다. 그런 다음, 소켓 객체에 대한 포인터와 버퍼를 `Session` 객체에 저장한다. 소켓의 `async_write_some()` 메서드는 소켓에 모든 데이터를 쓰지 못할 수도 있기 때문에 콜백 함수에서 새로운 비동기 쓰기 연산을 시작시켜야 할 수도 있다. 바로 이 때문에 `Session` 객체가 필요하고, 이 객체를 스택이 아닌 자유 메모리상에 할당하는 것이다. 콜백 함수가 호출될 때까지 살아남도록 말이다.

마지막으로 소켓의 `async_write_some()`을 호출하여 비동기 연산을 시작하도록 한다. 이 메서드를 호출하는 것은 약간 복잡하다. 그러므로 좀 더 자세히 살펴보자.

```
s->sock->async_write_some(
  asio::buffer(s->buf),
  std::bind(callback,
    std::placeholders::_1,
std::placeholders::_2,
  s));
```

첫 번째 인자는 소켓에 쓸 데이터를 갖고 있는 버퍼다. 이 연산은 비동기적이므로,
연산이 시작된 때와 콜백이 호출된 때의 중간 아무 때나 버퍼에 접근할 수 있다.
즉, 콜백이 호출될 때까지 버퍼가 손상 없이 계속 살아 있어야 한다. 그래서 버퍼를
Session 객체에 저장하고, 이 객체를 자유 메모리에 저장한 것이다.

두 번째 인자는 비동기 연산이 완료됐을 때 호출될 콜백이다. Boost.Asio는 콜백을
2개의 인자를 받는 함수나 함수 객체라는 개념으로 정의한다. 콜백이 받아야 하는
첫 번째 인자는 연산이 실행되는 동안 발생한 오류를 (발생했다면) 명시하는 데 쓰인
다. 두 번째 인자는 이번 쓰기 연산에서 실제로 쓴 바이트 수를 나타낸다.

Session 객체를 연산에 대한 문맥^{context}으로 사용할 수 있도록 콜백 함수의 인자로
Session 객체에 대한 포인터를 전달하고 싶다. 그래서 std::bind() 함수를 사용
해 Session 객체에 대한 포인터를 세 번째 인자로 묶은 함수 객체를 만들었다. 이제
이 함수 객체를 소켓 객체의 async_write_some() 메서드에 콜백 인자로 전달한다.

비동기 연산이기 때문에 async_write_some() 메서드는 원래 실행 중이던 스레드
를 방해하지 않는다. 쓰기 연산을 시작하도록 한 후 바로 반환한다.

실제 쓰기 연산은 Boost.Asio 라이브러리와 운영체제가 설치된 스크린 뒤에서 실행
된다. 연산이 끝나거나 오류가 발생하면 콜백이 호출된다.

이번 예제에서 callback이라 이름 붙인 콜백 함수가 호출되면 가장 먼저 연산이 성
공했는지, 오류가 발생했는지 검사한다. 오류가 발생했다면 오류 정보를 표준 출력
을 통해 내보낸 후 함수를 끝낸다. 그렇지 않다면 이번 연산을 통해 쓴 바이트의 수

만큼 쓴 총 바이터에 대한 카운터를 증가시킨다. 그런 다음, 쓴 총 바이트 수가 버퍼의 크기와 같은지 확인한다. 만약, 그 값이 같다면 모든 데이터를 소켓에 썼다는 뜻이므로, 이제 남은 일은 없다. 콜백 함수가 바로 끝난다. 하지만 써야 할 데이터가 아직 남아 있다면 새로운 비동기 쓰기 연산이 시작된다.

```
s->sock->async_write_some(
asio::buffer(
s->buf.c_str() +
s->total_bytes_written,
s->buf.length() -
s->total_bytes_written),
std::bind(callback, std::placeholders::_1,
std::placeholders::_2, s));
```

버퍼의 시작이 이미 쓴 바이트 수만큼 움직이고, 버퍼의 크기도 그만큼 줄어든다는 점에 주의하자.

첫 번째 비동기 연산에서처럼 여기서도 std::bind() 함수를 사용해 callback() 함수에 Session 객체를 인자로 덧붙였다.

비동기 쓰기 연산의 시작과 그에 따른 콜백 호출이라는 순환고리는 버퍼에 있는 모든 데이터를 소켓에 모두 쓰거나 오류가 발생할 때까지 계속 반복된다.

callback 함수가 새로운 비동기 연산을 시작시키지 않고 반환된다면, main() 함수에서 호출한 asio::io_service::run() 메서드는 자신이 멈춰놓은 실행 스레드를 풀어주면서 반환한다. 그러면 main() 함수 역시 반환한다. 이때 애플리케이션도 종료된다.

부연 설명

이전 예제에서 알아본 방식대로 `async_write_some()` 메서드를 사용하면 소켓에 비동기적으로 데이터를 쓸 수 있지만, 매우 복잡한 데다 오류도 나기 쉽다. 다행히 Boost.Asio에서는 좀 더 간단하게 비동기적으로 데이터를 쓸 수 있도록 자유 함수인 `asio::async_write()`를 제공하고 있다. 이 함수의 여러 가지 오버로딩 버전 중 하나를 살펴보자.

```
template<
    typename AsyncWriteStream,
    typename ConstBufferSequence,
    typename WriteHandler>
void async_write(
    AsyncWriteStream & s,
    const ConstBufferSequence & buffers,
    WriteHandler handler);
```

이 함수는 소켓의 `async_write_some()` 메서드와 매우 비슷하다. 첫 번째 인자는 AsyncWriteStream 개념의 요구사항을 만족시키는 객체여야 한다. 이 개념이 요구하는 사항을 모두 확인하고 싶다면 http://www.boost.org/doc/libs/1_58_0/doc/html/boost_asio/reference/AsyncWriteStream.html에 있는 해당 Boost.Asio 문서를 참고하기 바란다. `asio::ip::tcp::socket` 클래스는 이 요구사항을 만족시키기 때문에 `asio::async_write()` 함수에서 쓸 수 있다.

`asio::async_write()` 함수의 두 번째와 세 번째 인자는 이전 예제에서 살펴본 TCP 소켓 객체의 `async_write_some()` 메서드의 첫 번째와 두 번째 인자와 비슷하다. 이들 인자는 소켓에 쓸 데이터를 가진 버퍼와 연산이 끝났을 때 불릴 콜백 함수 또는 함수 객체다.

소켓의 `async_write_some()` 메서드는 버퍼에 있는 데이터 중 일부를 소켓에 쓰는 작업을 시작시키는 데 반해, asio::async_write()는 버퍼에 있는 모든 데이터를 쓰는 연산을 시작하도록 한다. 그리고 버퍼에 있는 모든 데이터를 소켓에 썼거나 오류가 발생했을 때에만 콜백이 호출된다. 그래서 소켓에 쓰는 작업이 간단해지고 코드도 짧고 명료해진다.

이전 예제에서 소켓의 async_write_some() 메서드가 아니라 asio::async_write() 함수를 사용해 소켓에 비동기적으로 데이터를 쓴다면, 애플리케이션이 훨씬 간단해진다.

먼저 이제까지 소켓에 몇 바이트나 썼는지 기록할 필요가 없다. 따라서 Session 구조체도 작아진다.

```cpp
struct Session {
    std::shared_ptr<asio::ip::tcp::socket> sock;
    std::string buf;
};
```

다음으로 콜백 함수가 호출됐다는 것은 버퍼에 있는 데이터를 모두 소켓에 썼거나 오류가 발생했다는 뜻이다. 이러한 상황만을 처리하면 되므로 콜백 함수가 간략해진다.

```cpp
void callback(const boost::system::error_code& ec,
    std::size_t bytes_transferred,
    std::shared_ptr<Session> s)
{
    if (ec != 0) {
      std::cout << "Error occured! Error code = "
        << ec.value()
        << ". Message: " << ec.message();

      return;
```

```
        }
        // 여기에 도착하면 소켓에 모든 데이터를 썼다는 뜻이다.
    }
```

`asio::async_write()` 함수는 소켓의 `async_write_some()` 메서드를 한 번도 부르지 않거나 한 번 이상 부르도록 구현되었다. 첫 번째 예제에서 `writeToSocket()` 함수를 구현했던 것과 비슷한 방식으로 말이다.

 `asio::async_write()` 함수는 방금 살펴본 것 외에도 세 가지의 오버로딩 버전을 제공한다. 그중 몇몇은 특정 상황에서 매우 유용하다. 이 함수에 대해서는 http://www.boost.org/doc/libs/1_58_0/doc/html/boost_asio/reference/async_write.html의 Boost.Asio 문서를 참고하기 바란다.

참고 사항

▶ 2장 'TCP 소켓에 동기적으로 쓰기' 예제에서 TCP 소켓으로 데이터를 동기적으로 쓰는 방법을 설명한다.

▶ 3장 '비동기 TCP 클라이언트 구현하기' 예제에서 TCP 소켓을 이동해 서버에 비동기적으로 요청 메시지를 보내는 비동기 TCP 클라이언트를 구현하는 방법을 설명한다.

▶ 4장 '비동기 TCP 서버 구현하기' 예제에서 TCP 소켓을 이용해 클라이언트에게 응답 메시지를 보내는 비동기 TCP 서버를 구현하는 방법을 설명한다.

TCP 소켓에서 비동기적으로 읽기

비동기적으로 읽기는 원격 프로그램으로 유연하면서도 효율적인 데이터 수신 방법이다. 이번 예제에서는 TCP 소켓을 통해 비동기적으로 데이터를 읽는 방법을 알아보자.

예제 구현

Boost.Asio 라이브러리가 제공하는 가장 기본적인 비동기 데이터 읽기 함수는 `asio::ip::tcp::socket` 클래스의 `async_read_some()` 메서드다. 이 메서드의 여러 가지 오버로딩 버전 중 하나를 살펴보자.

```
template<
    typename MutableBufferSequence,
    typename ReadHandler>
void async_read_some(
    const MutableBufferSequence & buffers,
    ReadHandler handler);
```

이 메서드는 읽기 연산을 시작한 후 바로 반환한다. 소켓에서 읽은 데이터를 나타낼 수정 가능한 버퍼를 첫 번째 인자로 받는다. 두 번째 인자는 콜백으로, 이미 시작된 연산이 끝나면 Boost.Asio에서 이 콜백을 호출한다. 이 인자는 함수 포인터, 함수 객체, 그 밖의 `ReadHandler` 개념을 만족시키는 다른 객체가 될 수 있다. 이 개념을 요구사항을 확인하고 싶다면 http://www.boost.org/doc/libs/1_58_0/doc/html/boost_asio/reference/ReadHandler.html에 있는 Boost.Asio 문서를 참고하기 바란다.

콜백은 다음과 같은 서명을 가져야 한다.

```
void read_handler(
    const boost::system::error_code& ec,
    std::size_t bytes_transferred);
```

여기서 ec는 오류가 발생했을 때 오류 코드를 저장할 인자고, bytes_transferred

인자는 해당 비동기 연산으로 몇 바이트를 소켓에서 읽었는지 알리는 인자다.

`async_read_some()` 메서드의 이름에서 알 수 있듯이, 이 메서드는 소켓의 데이터 중 일부를 읽어 버퍼에 쓰는 연산을 시작하도록 한다. 이 메서드는 해당 비동기 연산이 오류 없이 끝난다면 적어도 한 바이트는 읽는다. 일반적으로 소켓의 데이터를 모두 읽으려면, 이 비동기 메서드를 여러 번 호출해야 한다.

지금까지 중요 메서드가 동작하는 방식을 알아보았으므로 소켓에 비동기적으로 읽는 애플리케이션을 만들어 보자.

다음 알고리즘을 통해 분산 애플리케이션에서 TCP 소켓을 이용해 비동기적으로 데이터를 읽는 방법을 단계적으로 알아보자. 이 알고리즘은 애플리케이션을 구현할 수 있는 여러 가지 방법 중 하나일 뿐이라는 점에 주의하자. Boost.Asio는 매우 유연하며, Boost.Asio를 사용하면 매우 다양한 방법으로 비동기적으로 소켓에 쓰는 애플리케이션을 만들 수 있다.

1. 소켓 객체에 대한 객체, 버퍼와 몇 바이트나 읽었는지를 알릴 카운터 변수를 포함하는 데이터 구조체^{structure}를 정의한다.
2. 비동기 읽기 연산이 끝났을 때 호출될 콜백 함수를 정의한다.
3. 클라이언트 프로그램에서는 능동 TCP 소켓을 할당하고 연 후 원격 프로그램에 연결한다. 서버 프로그램에서는 연결 요청을 받아들여 연결된 능동 TCP 소켓을 얻는다.
4. 예상하는 메시지가 들어갈 만큼 큰 버퍼를 할당한다.
5. 소켓의 `async_read_some()` 메서드를 호출하여 비동기 읽기 연산을 시작하도록 한다. 이때 2단계에서 정의한 함수를 콜백으로 전달한다.
6. `asio::io_service` 클래스 객체의 `run()` 메서드를 호출한다.
7. 콜백에서 읽은 바이트 수에 대한 카운터를 증가시킨다. 지금까지 읽은 바이트 수가 총 읽을 바이트 수(예상하는 메시지 길이)보다 작다면, 나머지 데이

터를 읽기 위해 비동기 쓰기 연산을 다시 시작하도록 한다.

이제 위 알고리즘에 맞춰 비동기 읽기 동작을 하는 예제 클라이언트 프로그램을 구현해보자.

include와 using 지시자를 추가하는 것으로 시작한다.

```
#include <boost/asio.hpp>
#include <iostream>

using namespace boost;
```

다음으로 알고리즘의 1단계에 따라, 소켓 객체에 대한 포인터인 sock, 버퍼인 buf, 그리고 버퍼의 크기를 나타내는 변수인 buf_size와 이미 읽은 데이터의 바이트 수를 저장하는 변수인 total_bytes_read를 저장하는 데이터 구조를 정의한다.

```
// 콜백 함수에서 소켓에서 모든 데이터를 읽었는지를 알아내고,
// 필요하다면 다음 비동기 읽기 연산을 시작하도록 하기 위해
// 있어야 하는 모든 데이터를 보관한다.
struct Session {
  std::shared_ptr<asio::ip::tcp::socket> sock;
  std::unique_ptr<char[]> buf;
  std::size_t total_bytes_read;
  unsigned int buf_size;
};
```

2단계로 콜백 함수를 정의한다. 이 함수는 비동기 연산이 종료되고 난 후에 호출된다.

```
// 비동기 읽기 연산의 콜백으로 사용되는 함수.
// 소켓에서 모든 데이터를 읽었는지 확인하고
// 필요하다면 다음 비동기 읽기 연산을 시작한다.
void callback(const boost::system::error_code& ec,
  std::size_t bytes_transferred,
```

```
          std::shared_ptr<Session> s)
{
  if (ec != 0) {
      std::cout << "Error occured! Error code = "
        << ec.value()
        << ". Message: " << ec.message();

      return;
      }

    s->total_bytes_read += bytes_transferred;

    if (s->total_bytes_read == s->buf_size) {
      return;
    }

    s->sock->async_read_some(
      asio::buffer(
      s->buf.get() +
        s->total_bytes_read,
      s->buf_size -
        s->total_bytes_read),
      std::bind(callback, std::placeholders::_1,
      std::placeholders::_2, s));
  }
```

이번에는 3단계는 건너뛰고 4, 5단계를 다른 함수에서 구현하도록 하자. 새 함수에는 readFromSocket() 이라는 이름을 붙였다.

```
    void readFromSocket(std::shared_ptr<asio::ip::tcp::socket> sock) {
      std::shared_ptr<Session> s(new Session);

      // 4단계: 버퍼를 할당한다.
```

```
const unsigned int MESSAGE_SIZE = 7;

s->buf.reset(new char[MESSAGE_SIZE]);

s->total_bytes_read = 0;
s->sock = sock;
s->buf_size = MESSAGE_SIZE;

// 5단계: 비동기 읽기 연산을 시작한다.
s->sock->async_read_some(
  asio::buffer(s->buf.get(), s->buf_size),
  std::bind(callback,
    std::placeholders::_1,
    std::placeholders::_2,
    s));
}
```

이제 main() 함수에서 3단계를 구현해보자.

```
int main()
{
  std::string raw_ip_address = "127.0.0.1";
  unsigned short port_num = 3333;

  try {
    asio::ip::tcp::endpoint
      ep(asio::ip::address::from_string(raw_ip_address),
      port_num);

    asio::io_service ios;

    // 3단계: 소켓을 할당하고, 열고, 연결시킨다.
    std::shared_ptr<asio::ip::tcp::socket> sock(
```

```
    new asio::ip::tcp::socket(ios, ep.protocol()));

    sock->connect(ep);

    readFromSocket(sock);

    // 6단계
    ios.run();
  }
  catch (system::system_error &e) {
    std::cout << "Error occured! Error code = " << e.code()
      << ". Message: " << e.what();

    return e.code().value();
  }

  return 0;
}
```

예제 분석

이제 어떻게 동작하는지 좀 더 잘 이해할 수 있도록 프로그램의 동작 경로를 따라가 보자.

이 애플리케이션은 `main()` 함수가 호출된 맥락 내에서 단일 스레드로 동작한다. 하지만 Boost.Asio에서 내부 연산을 수행하는 동안 스레드를 추가로 만들 수도 있다는 점을 기억하자. 추가된 스레드에서 애플리케이션의 코드는 실행되지 않는다.

`main()` 함수는 소켓을 할당하고 열어서 동기적으로 원격 프로그램에 연결한다. 그런 다음, 소켓 객체에 대한 포인터를 전달하고 `readFromSocket()` 함수를 호출한다. `readFromSocket()` 함수는 비동기 읽기 연산을 시작하도록 한 후 바로 반환한다. 이 함수는 나중에 살펴보자.

main() 함수는 asio::io_service 클래스 객체에서 run() 메서드를 호출한다. 그러면 Boost.Asio는 실행 스레드를 붙잡아두었다가 비동기 연산이 완료되면 이 스레드를 사용해 콜백 함수를 호출한다.

asio::io_service::run() 메서드는 하나 이상의 비동기 연산이 지연되어 있을 경우, 동작을 멈추고 기다린다. 기다리고 있던 마지막 비동기 연산까지 모두 끝나면 이 메서드도 끝나 호출자에게로 반환된다.

이제 readFromSocket() 함수로 돌아와 그 동작을 분석해보자. 먼저 Session 데이터 구조의 인스턴스를 자유 메모리상에 할당한다. 그런 다음, 버퍼를 할당하고 버퍼에 대한 포인터를 앞에서 할당한 Session 구조체의 인스턴스에 저장한다. 그런 다음, 소켓 객체에 대한 포인터와 버퍼의 크기도 Session 객체에 저장한다. 소켓의 async_write_some() 메서드는 소켓의 데이터를 한 번에 모두 읽지 못할 수도 있기 때문에 콜백 함수에서 새로운 비동기 읽기 연산을 시작시켜야 할 수도 있다. 바로 이 때문에 Session 객체가 필요하고, 이 객체를 스택이 아닌 자유 메모리상에 할당하는 것이다. Session 구조체와 그 안에 저장된 모든 객체가 콜백 함수가 호출될 때까지 살아남도록 말이다.

마지막으로 소켓 객체의 async_read_some() 메서드를 호출하여 비동기 연산을 시작한다. 이 메서드를 호출하는 것은 약간 복잡하다. 좀 더 자세히 살펴보자.

```
s->sock->async_read_some(
  asio::buffer(s->buf.get(), s->buf_size),
  std::bind(callback,
      std::placeholders::_1,
      std::placeholders::_2,
      s));
```

첫 번째 인자는 읽은 데이터를 저장할 버퍼다. 이 연산은 비동기적이므로, 연산이 시작된 때와 콜백이 호출된 때의 중간 아무 때나 버퍼에 접근할 수 있다. 즉, 콜백이 호출될 때까지 버퍼는 계속 살아 있어야 한다. 그래서 버퍼를 자유 메모리에 할당한 후 Session 구조체에 저장한 것이다. 그리고 Session 구조체도 자유 메모리에 할당해야 한다.

두 번째 인자는 비동기 연산이 완료됐을 때 호출될 콜백이다. Boost.Asio는 콜백을 2개의 인자를 받는 함수나 함수 객체라는 개념으로 정의한다. 콜백이 받아야 하는 첫 번째 인자는 연산이 실행되는 동안 발생한 오류를 (발생했다면) 명시하는 데 쓰인다. 두 번째 인자는 이번 읽기 연산에서 실제로 읽은 바이트 수를 나타낸다.

Session 객체에 대한 포인터를 연산에 대한 문맥^{context}으로 삼도록 콜백 함수에 인자로 전달하고 싶다. 그래서 Session 객체에 대한 포인터를 세 번째 인자로 묶은 함수 객체를 std::bind() 함수를 사용해 만들었다. 이제 이 함수 객체를 소켓 객체의 async_read_some() 메서드에 콜백 인자로 전달한다.

비동기 연산이기 때문에 async_read_some() 메서드는 원래 실행 중이던 스레드를 방해하지 않는다. 읽기 연산을 시작하도록 한 후 바로 반환한다.

실제 읽기 연산은 Boost.Asio 라이브러리와 운영체제가 설치된 스크린 뒤에서 실행된다. 연산이 끝나거나 오류가 발생하면 콜백이 호출된다.

이번 예제에서 callback이라 이름 붙인 콜백 함수가 호출되면 먼저 연산이 성공했는지, 오류가 발생했는지 검사한다. 만약, 오류가 발생했다면 오류 정보를 표준 출력을 통해 보낸 후 함수를 끝낸다.

오류가 없다면 이번 연산을 통해 읽은 바이트의 수만큼 총 읽은 바이트에 대한 카운터를 증가시킨다. 그런 다음, 총 읽은 바이트 수가 버퍼의 크기와 같은지 확인한다. 만약 그 값이 같다면 버퍼가 꽉 찼다는 뜻이므로 이제 남은 일은 없다. 콜백 함수가 곧바로 끝난다. 하지만 버퍼 공간이 남았다면 좀 더 읽어야 한다. 새로운 비동기 읽기 연산을 시작한다.

```
s->sock->async_read_some(
```

```
asio::buffer(s->buf.get(), s->buf_size),
std::bind(callback,
    std::placeholders::_1,
    std::placeholders::_2,
    s));
```

버퍼의 시작이 이미 읽은 바이트 수만큼 이동하고, 버퍼의 크기도 그만큼 줄어든다는 점에 주의하자.

여기서는 `std::bind()` 함수를 사용해 `callback()` 함수에 추가 인자 – Session 객체 – 를 덧붙였다.

버퍼가 꽉 차거나 오류가 발생할 때까지 계속 비동기 쓰기 연산의 시작과 그에 따른 콜백 호출이 반복된다.

`callback` 함수가 새로운 비동기 연산을 시작시키지 않고 반환된다면, `main()` 함수에서 호출한 `asio::io_service::run()` 메서드는 자신이 멈춰 놓은 실행 스레드를 풀어주면서 반환한다. 그러면 `main()` 함수 역시 반환한다. 이때 애플리케이션도 종료된다.

부연 설명

이전 예제에서 알아본 방식대로 `async_read_some()` 메서드를 사용한다면 비동기적으로 소켓에서 데이터를 읽을 수 있기는 하지만, 매우 복잡하고 오류도 나기 쉽다. 다행스럽게도 Boost.Asio에서는 좀 더 간단하게 비동기적으로 데이터를 읽을 수 있도록 자유 함수인 `asio::async_read()`를 제공하고 있다. 이 함수의 여러 가지 오버로딩 버전 중 하나를 살펴보자.

```
template<
    typename AsyncReadStream,
```

```
        typename MutableBufferSequence,
        typename ReadHandler>
    void async_read(
        AsyncReadStream & s,
        const MutableBufferSequence & buffers,
        ReadHandler handler);
```

이 함수는 소켓의 `async_read_some()` 메서드와 매우 비슷하다. 첫 번째 인자는 `AsyncReadStream` 개념의 요구사항을 만족시키는 객체여야 한다. 이 개념이 요구하는 사항을 모두 확인하고 싶다면 `http://www.boost.org/doc/libs/1_58_0/doc/html/boost_asio/reference/AsyncReadStream.html`에 있는 해당 Boost.Asio 문서를 참고하기 바란다. `asio::ip::tcp::socket` 클래스는 이 요구사항을 만족시키기 때문에 `asio::async_read()` 함수에서 쓸 수 있다.

`asio::async_read()` 함수의 두 번째와 세 번째 인자는 이전 예제에서 살펴본 TCP 소켓 객체의 `async_read_some()` 메서드의 첫 번째, 두 번째 인자와 비슷하다. 이들 인자는 소켓에서 읽은 데이터를 저장할 버퍼와 연산이 끝났을 때 불릴 콜백 함수 또는 함수 객체다.

소켓의 `async_read_some()` 메서드는 소켓에 있는 데이터 중 일부를 버퍼로 읽어들이는 작업을 시작시키는 데 반해 `asio::async_read()`는 소켓에 있는 데이터를 읽어 버퍼가 꽉 찰 때까지 읽는 연산을 한다. 그래서 제공한 버퍼의 크기만큼 데이터를 읽거나 오류가 발생했을 때에만 콜백이 호출된다. 따라서 소켓에서 읽는 작업이 간단해지고, 코드도 짧고 명료해진다.

이전 예제에서 소켓의 `async_read_some()` 메서드가 아니라 `asio::async_read()` 함수를 사용해 소켓에서 비동기적으로 데이터를 읽는다면 애플리케이션이 훨씬 간단해진다.

먼저 이제까지 소켓에서 몇 바이트나 읽었는지 기록할 필요가 없다. 따라서 Session

구조체도 작아진다.

```cpp
struct Session {
    std::shared_ptr<asio::ip::tcp::socket> sock;
    std::unique_ptr<char[]> buf;
    unsigned int buf_size;
};
```

콜백 함수가 호출됐다는 것은 소켓에서 원하는 만큼의 데이터를 읽었거나 오류가 발생했다는 의미다. 이러한 상황만을 처리하면 되므로 콜백 함수가 간략해진다.

```cpp
void callback(const boost::system::error_code& ec,
    std::size_t bytes_transferred,
    std::shared_ptr<Session> s)
{
    if (ec != 0) {
      std::cout << "Error occured! Error code = "
        << ec.value()
        << ". Message: " << ec.message();

      return;
    }

    // 여기에 도착하면 읽기 연산이 성공적으로 끝났다는 뜻이다.
    // 이제 소켓에서 읽은 데이터로 버퍼가 꽉 차 있다.
}
```

asio::async_read() 함수는 소켓의 async_read_some() 메서드를 한 번도 부르지 않거나 한 번 이상 부르도록 구현되었다. 첫 번째 예제에서 readFromSocket() 함수를 구현했던 것과 비슷한 방식으로 말이다.

`asio::async_read()` 함수는 방금 살펴본 것 외에도 부가적인 기능을 제공하는 세 가지의 오버로딩 버전을 제공한다. 그중 몇몇은 특정 상황에서 매우 유용하다. 이 함수에 대해서는 http://www.boost.org/doc/libs/1_58_0/doc/html/boost_asio/reference/async_read.html의 Boost.Asio 문서를 참고하기 바란다.

참고 사항

▶ 2장 'TCP 소켓에서 동기적으로 읽기' 예제에서 TCP 소켓에서 동기적으로 데이터를 읽는 방법을 설명한다.

▶ 3장 '비동기 TCP 클라이언트 구현하기' 예제에서 TCP 소켓을 이동해 서버가 보낸 응답 메시지를 비동기적으로 읽는 비동기 TCP 클라이언트를 구현하는 방법을 설명한다.

● 4장 '비동기 TCP 서버 구현하기' 예제에서 TCP 소켓을 이용해서 클라이언트에서 온 요청 메시지를 비동기적으로 읽는 비동기 TCP 서버를 구현하는 방법을 설명한다.

비동기 연산 취소하기

비동기 연산을 시작하도록 한 후 아직 완료되지 않았지만 애플리케이션의 상황이 바뀌어 시작하도록 한 연산이 필요 없거나 시작하도록 한 지 너무 오래되어 그 연산이 끝나기를 기다리는 사람이 아무도 없을 수 있다.

그뿐만 아니라 시작시킨 비동기 연산이 사용자 명령에 대한 반응이었다면, 그 연산이 실행되는 도중 사용자가 마음을 바꿀 수도 있다. 사용자는 이전에 내렸던 명령을 취소하고 다른 명령을 내리거나 아예 애플리케이션을 나갈지도 모른다.

사용자가 일반적인 웹 브라우저의 주소 창에 웹 사이트 주소를 써놓고 Enter 키를 눌렀다고 가정해보자. 웹 브라우저는 그 즉시 DNS 이름 해석 연산을 시작한다. DNS 이름이 해석되어 IP 주소가 나오면, 그 웹 서버로 연결하는 연결 연산을 시작한다. 연결이 수립되면, 웹 브라우저는 서버로 요청을 보내는 비동기 쓰기 연산을 시작한다. 마침내 요청이 전송되면, 웹 브라우저는 응답 메시지가 올 때까지 기다린다. 서버 프로그램의 응답 속도, 전송되어 오는 데이터의 양, 네트워크의 상태 등에 따라 필요한 연산을 모두 처리하는 시간이 걸릴 수 있다. 그리고 요청한 웹 페이지가 불러들여지기를 기다리던 사용자가 마음을 바꿔 주소 창에 다른 웹 사이트 주소를 써넣고 Enter 키를 누를 수도 있다.

그런 예들을 보았을 때, 시작은 했지만 아직 끝나지 않은 연산을 종료할 수 있다면 클라이언트 프로그램의 사용자에게 좋을 것이다. 일반적으로 시간이 많이 걸리는 연산은 취소하는 것이 좋다. 네트워크 통신 연산은 예측하지 못할 정도로 긴 시간이 걸릴 수 있는 연산으로 볼 수 있으므로 네트워크 너머로 통신하는 분산 애플리케이션에서는 연산을 취소하는 기능을 제공하는 것이 중요하다.

Boost.Asio 라이브러리가 제공하는 비동기 연산의 장점 중 하나는 연산을 언제든 취소할 수 있다는 것이다. 이번 예제에서는 비동기 연산을 취소하는 방법을 알아보자.

예제 구현

다음 알고리즘에 Boost.Asio를 사용해 비동기 연산을 시작하거나 취소하는 방법을 알아보자.

1. 애플리케이션을 윈도우 XP나 윈도우 서버 2003에서 실행하려면, 이 윈도우 버전에서 비동기 연산의 취소를 활성화하는 플래그를 정의해야 한다.
2. TCP나 UDP 소켓을 할당하고 열면, 클라이언트나 서버 프로그램의 능동 또는 수동(수용자) 소켓이 될 것이다.

3. 비동기 연산에서 사용할 콜백 함수나 함수 객체를 정의한다. 필요하다면 이 콜백 함수 내에 연산이 취소된 상황을 처리하는 코드를 추가한다.

4. 하나 또는 그 이상의 비동기 연산을 시작하도록 하고, 3단계에서 정의한 함수나 함수 객체를 콜백으로 명시한다.

5. 새로운 스레드를 만들어 Boost.Asio 이벤트 루프를 실행시킨다.

6. 아직 실행 중인 비동기 연산을 취소하기 위해 `cancel()` 메서드를 호출한다.

제시한 알고리즘에 맞춰 설계한 클라이언트 프로그램을 구현한다고 생각해보자. 그리고 비동기 연결 연산을 시작한 후 취소해보자.

1단계에 따라 윈도우 XP 나 윈도우 서버 2003에서 코드를 컴파일하고 실행하려면, 사용할 운영체제의 메커니즘에 맞춰 Boost.Asio 라이브러리의 동작을 제어하는 몇 가지 플래그를 정의해야 한다.

기본적으로 윈도우에서 컴파일한다면, 비동기 연산을 실행할 때 Boost.Asio는 I/O 완료 포트 프레임워크를 사용한다. 윈도우 XP나 윈도우 서버 2003에서 이 프레임워크는 연산을 취소하는 과정에 몇 가지 문제와 제한 사항이 있다. 운영체제가 윈도우 XP나 윈도우 서버 2003이라면 Boost.Asio에서는 이러한 문제들이 발생하더라도 '비동기 연산을 취소하는 기능을 활성화하고 싶다'는 것을 명시적으로 알리도록 하고 있다. 이를 위해서는 Boost.Asio 헤더를 불러들이기 전에 `BOOST_ASIO_ENABLE_CANCELIO` 매크로를 정의해야만 한다. 이 매크로를 정의하지 않은 상태에서 애플리케이션의 소스 코드에 비동기 연산에 대한 호출과 취소 메서드나 함수를 사용하면, 컴파일이 되지 않는다.

다시 말해 윈도우 XP나 윈도우 서버 2003에서 애플리케이션의 비동기 연산을 취소하고 싶다면, `BOOST_ASIO_ENABLE_CANCELIO` 매크로를 정의해야 한다.

윈도우 XP나 윈도우 서버 2003의 I/O 완료 포트 프레임워크에 발생한 문제들과 제약사항에서 벗어나고 싶다면, Boost.Asio의 헤더를 불러들이기 전에 또 다른 매크로인 BOOST_ASIO_DISABLE_IOCP를 정의하여 Boost.Asio가 이 프레임워크를 사용하지 않도록 할 수 있다. 이 매크로가 정의되면 Boost.Asio는 윈도우의 I/O 완료 포트 프레임워크를 사용하지 않는다. 따라서 비동기 연산 취소에 따른 문제들이 사라진다. 하지만 I/O 완료 포트 프레임워크가 제공하는 확장성과 효율성도 함께 사라진다.

앞에서 언급한 비동기 연산 취소에 관한 문제와 제약사항 등은 윈도우 비스타와 윈도우 서버 2008 이후에는 해결되었다는 점을 기억하자. 이러한 윈도우 버전을 사용한다면, 취소 작업이 원활하게 이뤄질 뿐만 아니라 또 다른 이유가 있지 않는 한 I/O 완료 포트 프레임워크도 사용할 수 있다. 이 문제에 대해서는 http://www.boost.org/doc/libs/1_58_0/doc/html/boost_asio/reference/basic_stream_socket/cancel/overload1.html의 asio::ip::tcp::cancel() 메서드에 대한 문서를 참고하기 바란다.

이번 예제에서는 플랫폼과 무관한 애플리케이션을 만들 생각이기 때문에 윈도우에서 컴파일했다면 어떠한 윈도우 버전에서도(윈도우 XP 나 윈도우 서버 2003에서부터) 동작할 수 있도록 하려고 한다. 따라서 BOOST_ASIO_DISABLE_IOCP와 BOOST_ASIO_ENABLE_CANCELIO 매크로 모두를 정의한다.

컴파일 시간에 대상 운영체제를 알아내려면 Boost.Predef 라이브러리를 사용하자. 이 라이브러리는 코드를 컴파일하고 있는 환경의 파라미터를 확인할 수 있는 여러 가지 매크로 정의를 제공한다. 대상 운영체제군과 버전, 프로세서 구조, 컴파일러 등을 알아볼 수 있다. 이 라이브러리에 대해 자세히 알고 싶다면 http://www.boost.org/doc/libs/1_58_0/libs/predef/doc/html/index.html의 Boost.Asio 문서를 참고하기 바란다.

Boost.Predef 라이브러리를 사용하기 위해 다음 헤더 파일을 불러들인다.

```
#include <boost/predef.h> // OS를 구별하기 위한 헤더
```

이제 윈도우 XP나 윈도우 서버 2003에서 코드를 컴파일 중인지 확인하자. 맞다면 BOOST_ASIO_DISABLE_IOCP과 BOOST_ASIO_ENABLE_CANCELIO 매크로를 정의한다.

```
#ifdef BOOST_OS_WINDOWS
#define _WIN32_WINNT 0x0501

#if _WIN32_WINNT <= 0x0502 // 윈도우 서버 2003과 그 이전 버전
#define BOOST_ASIO_DISABLE_IOCP
#define BOOST_ASIO_ENABLE_CANCELIO
#endif
#endif
```

그런 다음, 공통의 Boost.Asio 헤더와 표준 라이브러리인 <thread> 헤더를 불러들인다. 애플리케이션 내에서 새로운 스레드를 만들 때는 이 헤더를 사용한다. 또한 Boost.Asio 클래스와 함수들을 더 짧고 간편하게 사용하기 위해 using 지시자를 명시한다.

```
#include <boost/asio.hpp>
표#include <iostream>
#include <thread>

using namespace boost;
```

그런 다음, 애플리케이션의 main() 함수를 정의하자. 이 안에 모든 기능이 들어 있다.

```
int main()
{
  std::string raw_ip_address = "127.0.0.1";
  unsigned short port_num = 3333;

  try {
    asio::ip::tcp::endpoint
```

```
      ep(asio::ip::address::from_string(raw_ip_address),
        port_num);

  asio::io_service ios;

  std::shared_ptr<asio::ip::tcp::socket> sock(
    new asio::ip::tcp::socket(ios, ep.protocol()));

  sock->async_connect(ep,
    [sock](const boost::system::error_code& ec)
    {
    // 만약 비동기 연산이 취소되거나
    // 실행 중에 오류가 발생하면
    // 해당 오류 코드가 ec에 저장된다.
    if (ec != 0) {
      if (ec == asio::error::operation_aborted) {
        std::cout << "Operation cancelled!";
      }
      else {
        std::cout << "Error occured!"
          << " Error code = "
          << ec.value()
          << ". Message: "
          << ec.message();
      }

      return;
    }
    // 여기에 도착하면 소켓이 연결되어 있어
    // 원격 프로그램과의 통신에 쓸 수 있는 상태가 된다.
});

  // 스레드를 시작한다.
  // 비동기 연산이 끝났을 때 콜백을 호출하는 용도로 사용한다.
```

```cpp
  std::thread worker_thread([&ios](){
    try {
      ios.run();
    }
    catch (system::system_error &e) {
      std::cout << "Error occured!"
      << " Error code = " << e.code()
      << ". Message: " << e.what();
    }
  });

  // 지연 시간을 흉내 낸다.
  std::this_thread::sleep_for(std::chrono::seconds(2));

  // 시작하도록 한 연산을 취소한다.
  sock->cancel();

    // 작업자 스레드가 끝날 때까지 기다린다.
    worker_thread.join();
  }
  catch (system::system_error &e) {
    std::cout << "Error occured! Error code = " << e.code()
      << ". Message: " << e.what();

    return e.code().value();
  }

  return 0;
}
```

예제 분석

이제 애플리케이션이 어떻게 동작하는지 살펴보자.

예제 클라이언트 프로그램에는 `main()` 함수밖에 없다. 이 함수는 먼저 알고리즘의 2단계에 따라 TCP 소켓을 할당하고 연다.

그런 다음, 소켓에 대한 비동기 연결 연산을 시작한다. 메서드에 제공된 콜백은 람다^{lambda} 함수로 구현했다. 이 부분은 알고리즘의 3, 4단계에 해당한다. 연산이 어떻게 취소될지는 콜백 함수가 결정한다는 점을 기억하자. 비동기 연산이 취소되면 콜백이 호출되는데, 인자로 들어오는 오류 코드는 Boost.Asio에서 `asio::error::operation_aborted`로 정해진 운영체제 종속 오류 코드 값이다.

그런 다음, Boost.Asio 이벤트 루프에서 사용할 새로운 스레드인 `worker_thread`를 만든다. 이 스레드의 문맥 내에서 라이브러리에 따라 콜백 함수가 호출된다. `worker_thread`의 진입 함수는 꽤 간단하다. try-catch문이 있고 `asio::io_service` 객체의 `run()` 함수를 호출한다. 이 부분은 알고리즘의 5단계에 해당한다.

새로운 스레드를 만들고 난 후, 중심 스레드는 2초간 잠^{sleep}에 빠진다. 그 동안 연결 연산이 어느 정도 진행될 수 있고, 사용자와 실제 애플리케이션(예를 들어 웹 브라우저) 사이의 두 명령 간 지연 시간을 흉내 낼 수도 있다.

알고리즘의 마지막 단계인 6단계에 따라, 소켓 객체의 `cancel()` 메서드를 불러 시작하도록 한 연결 연산을 취소한다. 이때 연산을 아직 마치지 못했다면 취소되면서 콜백이 호출된다. 이때 인자로 연산이 취소됐다는 것을 나타내는 오류 코드인 `asio::error::operation_aborted`이 전달된다. 하지만 연산이 이미 끝났다면, `cancel()` 메서드를 불러도 아무런 소용이 없다.

콜백 함수가 반환되면 작업자 스레드^{worker thread}가 이벤트 루프에서 빠져 나온다. 더 이상 남아 있는 비동기 연산이 없기 때문이다. 그 결과 스레드는 자신의 진입 지점 함수에서 끝마친다. 그러면 중심 스레드도 함께 끝마치게 된다. 결국 애플리케이션 전체가 종료된다.

부연 설명

이전 예제에는 능동 TCP 소켓에서의 비동기 연결 연산을 취소하는 방법을 알아보았다. 하지만 TCP나 UDP 소켓과 관련된 어떠한 연산이든, 이와 비슷한 방식으로 취소할 수 있다. cancel() 메서드는 연산이 시작되고 난 후 해당 소켓 객체에서 호출되어야만 한다.

비동기적으로 DNS 이름을 해석하는 asio::ip::tcp::resolver나 asio::ip::udp::resolver 클래스의 async_resolve() 메서드도 해석기 객체의 cancel() 메서드를 통해 취소할 수 있다.

Boost.Asio가 제공하는 자유 함수에서 시작하도록 한 모든 비동기 연산은 자유 함수에 첫 번째 인자로 전달한 객체에 대해 cancel() 메서드를 호출하면 취소할 수 있다. 이 객체는 소켓(능동이나 수동)이거나 해석기일 수 있다.

참고 사항

▸ 3장 '비동기 TCP 클라이언트 구현하기' 예제에서 비동기 연산을 취소할 수 있는 좀 더 복잡한 클라이언트 예제를 설명한다.

▸ 1장에서 소켓을 동기적으로 여는 방법과 DNS 이름을 해석하는 방법을 설명한다.

소켓 종료하기와 닫기

TCP 프로토콜로 통신하는 어떤 분산 애플리케이션은 메시지의 크기가 고정되어 있지도 않고, 특정 바이트 순열로 메시지의 끝을 나타내는 것도 아닌 경우가 있다. 따라서 소켓에서 메시지를 읽어들이는 동안 어디서 메시지가 끝나는지 메시지 자체로는 알 수 없다.

논리적인 헤더 영역과 논리적인 본문 영역으로 메시지를 구성해 메시지의 끝을 알릴 수도 있다. 헤더 부분은 크기가 고정되어 있고 미리 정해진 구조를 따르면서 본문 부분의 크기를 알리는 것이다. 그러면 수신하는 측에서 헤더 부분만 먼저 읽어 분석하기만 하면 메시지 본문의 크기를 알 수 있고, 메시지의 나머지를 적절히 읽을 수 있다.

이 방법은 매우 간단하며 널리 사용되고 있다. 하지만 중복되는 부분도 있고 계산하는 데 드는 부하도 추가된다. 어떤 상황에서는 받아들이기 힘든 부하일 수 있다.

또 다른 방법은 애플리케이션이 각각의 상대와 통신할 때 매번 새로운 소켓을 사용하는 경우(매우 널리 쓰이는 방식)에 쓸 수 있다. 소켓에 메시지를 쓴 후 메시지를 전송한 측에서 소켓의 전송 부분을 **종료** shutdown 하는 방법이다. 그러면 특별한 서비스 메시지가 수신 측으로 전달되고, 수신 측에서는 메시지가 끝났으며 더 이상 상대가 현재 연결로는 아무것도 전송하지 않을 것이라는 점을 알 수 있다.

두 번째 방법은 TCP 프로토콜 소프트웨어에 정의된 것을 활용하는 것이라 이미 활용하기 쉽도록 제공되고 있다. 그래서 첫 번째 방식보다 유용한 점이 많다.

소켓에서 할 수 있는 또 다른 연산으로는 **닫기** close가 있다. 종료하기와 유사해 보이지만, 사실 매우 다르다. 소켓을 닫는다는 것은 소켓 및 소켓과 관련된 다른 자원들을 운영체제로 되돌려준다는 것을 의미한다. 메모리, 프로세스나 스레드, 파일 핸들 file handle, 뮤텍스 mutex 처럼 소켓도 운영체제의 자원이다. 다른 자원들처럼 할당하고 사용한 후, 쓰지 않는다면 운영체제로 되돌려줘야 한다. 그러지 않는다면 자원 누수가 일어나 결국에는 자원이 모자라게 되고, 애플리케이션이 잘못되거나 운영체제가 불안정해진다.

소켓을 닫지 않으면 매우 심각한 문제가 일어날 수 있기 때문에 닫는 연산은 매우 중요하다.

TCP 소켓 종료하기와 닫기의 가장 큰 차이는 닫기가 수립된 연결을 방해하고 결국은 소켓을 할당 해지하여 운영체제로 되돌려주는 데 반해, 종료하기는 그저 소켓에서 쓰기나 읽기 또는 둘 다를 못하게 막고 상대에게 그 사실을 알리는 서비스 메시지를 보낼 뿐이라는 점이다. 소켓을 종료하더라도 소켓이 할당 해지되지 않는다.

이번 예제에서는 TCP 소켓을 종료하고 닫는 방법을 알아보자.

예제 구현

여기서는 분산 애플리케이션 사이에서 임의 크기의 이진 메시지를 통해 통신하고 있을 때 소켓 종료 연산을 사용하면 애플리케이션 계층 프로토콜이 얼마나 효율적이고 명확해지는지를 알아보자. 이를 위해 클라이언트와 서버로 구성된 분산 애플리케이션을 살펴보자.

예제를 간단히 하기 위해, 클라이언트와 서버 프로그램에서의 모든 연산은 동기적으로 일어난다고 가정한다.

클라이언트 프로그램

클라이언트 프로그램의 목적은 소켓을 할당한 후 서버 프로그램과 연결하는 것이다. 연결이 수립되고 나면 이 프로그램은 서버로 메시지를 보낸 후 소켓을 종료시켜 메시지의 끝을 알리는 요청 메시지를 준비해 보낸다.

요청을 전송하고 나면 클라이언트 프로그램은 응답을 읽어야 한다. 응답 메시지의 크기는 알려지지 않았다. 따라서 서버가 소켓을 종료시켜 응답의 끝을 알릴 때까지 계속해서 읽어야만 한다.

include와 using 지시자를 명시하는 것으로 클라이언트 프로그램을 시작해보자.

```
#include <boost/asio.hpp>
#include <iostream>

using namespace boost;
```

다음으로 서버에 연결된 소켓 객체에 대한 참조자를 받아 그 소켓으로 서버와 통신하는 함수를 정의한다. 이 함수의 이름은 communicate()라고 부르도록 하자.

```
void communicate(asio::ip::tcp::socket& sock) {
    // 버퍼를 할당한 후 이진 데이터로 채운다.
    const char request_buf[] = { 0x48, 0x65, 0x0, 0x6c, 0x6c, 0x6f };

    // 요청 데이터를 보낸다.
    asio::write(sock, asio::buffer(request_buf));

    // 요청 데이터를 모두 다 보냈다는 것을
    // 서버에 알리기 위해
    // 소켓을 종료한다.
    sock.shutdown(asio::socket_base::shutdown_send);

    // 응답 메시지의 크기를 모르기 때문에
    // 응답을 받을 버퍼로 확장 가능한 버퍼를 사용한다.
    asio::streambuf response_buf;

    system::error_code ec;
    asio::read(sock, response_buf, ec);

    if (ec == asio::error::eof) {
        // 전체 응답 메시지를 받았다.
        // 여기에서 처리한다.
    }
```

```
    else {
      throw system::system_error(ec);
    }
  }
```

마지막으로 애플리케이션의 main() 함수를 정의한다. 이 함수는 소켓을 할당하고
연결시키며, 이전 단계에서 정의한 communicate() 함수를 호출한다.

```
int main()
{
  std::string raw_ip_address = "127.0.0.1";
  unsigned short port_num = 3333;

  try {
    asio::ip::tcp::endpoint
      ep(asio::ip::address::from_string(raw_ip_address),
      port_num);

    asio::io_service ios;

    asio::ip::tcp::socket sock(ios, ep.protocol());

    sock.connect(ep);

    communicate(sock);
    }
    catch (system::system_error &e) {
      std::cout << "Error occured! Error code = " << e.code()
        << ". Message: " << e.what();

      return e.code().value();
    }
```

```
        return 0;
    }
```

서버 프로그램

서버 프로그램은 수용자 소켓을 할당한 후 연결 요청을 수동적으로 기다려야 한다. 연결 요청이 들어오면, 이를 받아들인 후 클라이언트 프로그램이 그쪽에서 소켓을 종료하기 전까지는 클라이언트와 연결된 소켓으로부터 데이터를 읽어야 한다. 요청 메시지가 들어오면, 서버 프로그램은 자신의 소켓을 종료하여 메시지의 끝을 알리는 응답 메시지가 보내지도록 한다.

이제 include와 using 지시자를 사용해 서버 프로그램을 시작해보자.

```
#include <boost/asio.hpp>
#include <iostream>

using namespace boost;
```

다음으로 클라이언트 프로그램에 연결된 소켓 객체에 대한 참조자를 받아 그 소켓으로 클라이언트와 통신하는 함수를 정의한다. 이 함수의 이름은 processRequest() 라고 부르도록 하자.

```
void processRequest(asio::ip::tcp::socket& sock) {
    // 요청 메시지의 크기를 모르기 때문에
    // 확장 가능한 버퍼를 사용한다.
    asio::streambuf request_buf;

    system::error_code ec;

    // 요청 데이터를 받는다.
    asio::read(sock, request_buf, ec);
```

```
    if (ec != asio::error::eof)
      throw system::system_error(ec);

    // 요청을 받았다. 응답을 보낼 준비를 한다.
    // 버퍼를 할당한 후 이진 데이터로 채운다.
    const char response_buf[] = { 0x48, 0x69, 0x21 };

    // 응답 데이터를 보낸다.
    asio::write(sock, asio::buffer(response_buf));

    // 응답 데이터를 모두 보냈다는 것을
    // 클라이언트에게 알리기 위해
    // 소켓을 종료한다.
    sock.shutdown(asio::socket_base::shutdown_send);
}
```

마지막으로 서버 프로그램의 main() 함수를 정의하자. 이 함수는 수용자 소켓을 할당하고 들어오는 연결 요청이 있는지 기다린다. 연결 요청이 도착하면 능동 소켓을 만들어 클라이언트와 연결시키고, 이전 단계에서 정의한 processRequest() 함수에 연결된 소켓 객체를 전달한다.

```
int main()
{
    unsigned short port_num = 3333;

  try {
    asio::ip::tcp::endpoint ep(asio::ip::address_v4::any(),
      port_num);

    asio::io_service ios;

    asio::ip::tcp::acceptor acceptor(ios, ep);
```

```
        asio::ip::tcp::socket sock(ios);

        acceptor.accept(sock);

        processRequest(sock);
    }
    catch (system::system_error &e) {
      std::cout << "Error occured! Error code = " << e.code()
        << ". Message: " << e.what();

      return e.code().value();
    }

    return 0;
}
```

소켓 닫기

할당된 소켓을 닫으려면, `asio::ip::tcp::socket` 클래스 객체의 `close()` 메서드를
호출해야 한다. 하지만 대체로 일부러 닫기 연산을 호출하지 않더라도 소켓 객체의
소멸자가 닫기 때문에 굳이 이 함수를 명시적으로 부를 필요는 없다.

예제 분석

서버 프로그램이 먼저 시작된다. `main()` 함수에서 수용자 소켓을 할당하고, 열고,
포트 번호 3333에 바인딩한다. 그런 다음, 클라이언트로부터 들어오는 연결 요청이
있을 때까지 기다린다.

이제 클라이언트 프로그램을 시작한다. `main()` 함수에서 능동 소켓을 할당하고, 열
고, 서버에 연결한다. 연결이 수립되면 `communicate()` 함수를 호출한다. 이 함수에

서 재미있는 일들이 모두 일어난다.

클라이언트 프로그램은 소켓에 요청 메시지를 쓴 후 소켓의 `shutdown()` 메서드를 호출한다. 이때 상수인 `asio::socket_base::shutdown_send`를 인자로 전달한다. 이번 호출로 소켓의 전송 부분이 종료된다. 이 시점부터 소켓에 쓸 수 없으며, 다시 쓸 수 있도록 만들 수도 없다.

```
sock.shutdown(asio::socket_base::shutdown_send);
```

클라이언트에서 소켓을 종료시키면, 프로토콜 서비스 메시지가 서버 프로그램으로 전송되고 상대 애플리케이션이 소켓을 닫았다는 것을 알 수 있다. Boost.Asio는 `asio::read()`가 반환하는 오류 코드를 통해 애플리케이션에게 이 메시지를 전달한다. 서버 프로그램은 이 오류 코드를 통해 클라이언트가 요청 메시지를 보내는 것을 종료했다는 사실을 알게 된다.

서버 프로그램이 전체 요청 메시지를 받았다면, 서버와 클라이언트는 서로의 역할을 맞바꾼다. 이제 서버 프로그램이 데이터를 쓴다. 자기 쪽에서 소켓에 응답 메시지를 쓰고 클라이언트 프로그램이 이 메시지를 읽는다. 서버 프로그램이 응답 메시지를 모두 쓰고 나면, 소켓의 전송 부분을 종료시켜 상대에게 전체 메시지가 전송됐다는 것을 알린다.

그러는 동안, 클라이언트는 `asio::read()` 함수에 멈춰 있다가 서버가 응답 메시지를 모두 보냈다는 뜻의 `asio::error::eof` 오류 코드와 함께 이 함수가 반환될 때까지 서버가 보낸 응답을 읽는다. `asio::read()` 함수가 이 오류 코드를 반환하면, 클라이언트는 자신이 전체 응답 메시지를 읽었다는 것을 알 수 있으므로, 이제 받은 메시지를 처리할 수 있다.

```
system::error_code ec;
asio::read(sock, response_buf, ec);
```

```
if (ec == asio::error::eof) {
    // 전체 응답 메시지를 받았다.
    // 여기에서 처리한다.
}
```

클라이언트가 소켓의 전송 부분을 종료한 후에도 수신 부분은 열려 있기 때문에 소
켓에서 데이터를 읽을 수 있다는 점을 기억하자.

참고 사항

▶ 2장 'TCP 소켓에 동기적으로 쓰기' 예제에서 TCP 소켓에 데이터를 동기
적으로 쓰는 방법을 설명한다.

▶ 2장 'TCP 소켓에서 동기적으로 읽기' 예제에서 TCP 소켓에서 데이터를 동
기적으로 읽는 방법을 설명한다.

▶ 5장 'HTTP 클라이언트 애플리케이션 구현하기'와 'HTTP 서버 애플리케이
션 구현하기' 예제에서 HTTP 프로토콜을 구현할 때 소켓 종료하기를 사용
하는 방법을 설명한다.

3

클라이언트
애플리케이션 구현

이 장에서 다루는 내용
- 동기 TCP 클라이언트 구현하기
- 동기 UDP 클라이언트 구현하기
- 비동기 TCP 클라이언트 구현하기

소개

클라이언트는 **서버**라 불리는 분산 애플리케이션의 나머지 반쪽과 통신하는 애플리케이션이다. 클라이언트는 서버가 제공하는 서비스를 사용한다. 한편, 서버는 클라이언트로부터 들어오는 요청을 수동적으로 기다리는 분산 애플리케이션이다. 요청이 들어오면 서버는 필요한 연산을 실행해 그 결과를 응답의 형태로 클라이언트에게 되돌려준다.

클라이언트는 서버가 제공하는 서비스가 필요하다는 점과 그 서비스를 받기 위해 서버와의 통신 세션을 시작한다는 점이 가장 큰 특징이다. 이와 반대로 서버는 클라이언트가 요청한 서비스를 제공한다는 점이 특징이다.

서버는 다음 장에서 알아보기로 하고, 이번 장에서는 클라이언트 애플리케이션에 초점을 맞추어 여러 가지 형태의 클라이언트를 구체적으로 살펴보자.

클라이언트 애플리케이션의 종류

클라이언트 애플리케이션은 서버와 통신할 때 사용하는 전송 계층 프로토콜로 나눌 수 있다. UDP 프로토콜을 쓴다면 **UDP 클라이언트**다. TCP 프로토콜을 쓴다면 **TCP 클라이언트**다. 물론 클라이언트가 쓸 수 있는 전송 계층 프로토콜은 다른 것도 많다. 게다가 여러 가지 프로토콜을 사용해 통신할 수 있는 다중 프로토콜 클라이언트도 있다. 하지만 이 종류는 이 책에서 다루지 않는다. 이번 장에서는 일반적인 소프트웨어에서 가장 유명하고 가장 널리 쓰이는 UDP와 TCP 클라이언트만 알아보자.

프로그램을 명세에 따라 설계하는 초기 단계에서 통신 시 사용할 전송 계층 프로토콜을 결정해야 한다. TCP와 UDP 프로토콜은 개념적으로 다르기 때문에 한창 프로그램을 개발하고 난 후에 다른 프로토콜로 바꾸는 것은 꽤 어렵다.

클라이언트는 동기냐, 비동기냐에 따라서도 분류할 수 있다. **동기 클라이언트 애플리케이션**은 요청한 연산이 끝나거나 오류가 발생할 때까지 실행 중이던 스레드를 멈추는 방식의 동기 소켓 API를 사용한다. 일반적인 TCP 클라이언트는 `asio::ip::tcp::socket::write_some()` 메서드나 `asio::write()` 자유 함수를 사용해 서버로 요청을 보내고, `asio::ip::tcp::socket::read_some()` 메서드나 `asio::read()` 자유 함수를 사용해 응답을 받는다. 이 메서드와 함수들은 스레드를 기다리게 하는 방식으로 클라이언트를 동기화시킬 수 있다.

비동기 클라이언트 애플리케이션은 동기 방식과 달리 비동기 소켓 API를 사용한다. 예를 들어, 비동기 TCP 클라이언트는 `asio::ip::tcp::socket::async_write_some()` 메서드나 `asio::async_write()` 자유 함수를 사용해 서버로 요청을 보내고, `asio::ip::tcp::socket::async_read_some()` 메서드나 `asio::async_read()` 자유 함수를 사용해 응답을 받는다.

동기 클라이언트와 비동기 클라이언트의 구조는 매우 다르기 때문에 둘 중 어떤 방법을 선택할지는 프로그램의 초기 설계 단계에 결정해야 한다. 이때 프로그램의 요구사항에 대해 세밀히 분석하여 결정해야 한다. 또한 프로그램이 앞으로 어떻게 발전해 나갈 것인지, 앞으로 어떤 새로운 요구사항이 들어올 수 있을지를 모두 고려해 결정해야 한다.

동기 대 비동기

언제나 그렇듯이 각각의 방식에는 장점도 있고, 단점도 있다. 동기화 방식이 어떤 상황에서는 결과가 더 좋지만, 절대 쓰일 수 없는 상황도 있다. 그럴 때는 비동기 방식을 써야 한다. 어떤 상황에서 무엇을 사용하는 것이 더 좋은지 두 방식을 비교해보자.

동기 방식의 가장 큰 장점은 간단하다는 것이다. 동기 클라이언트는 개발하기도, 디버깅하기도 쉽고, 비동기 방식에 비해 기능적으로 동일한 것을 지원하는 것도 쉽다. 비동기 연산은 연산이 처음에 시작된 곳과는 완전히 다른 부분(대체로 콜백)에서 완료된다는 점 때문에 비동기 클라이언트는 동기 클라이언트보다 복잡하다. 대체로 요청과 콜백 함수의 문맥을 유지하기 위해 자유 메모리상에 데이터 구조체를 유지해야 하고, 스레드도 동기화해야 하며, 프로그램 구조를 복잡하게 만들고 오류도 나기 쉬운 여러 가지 것들을 추가해야 한다. 이 밖에도 비동기 방식은 계산상으로나 메모리상으로 부하가 좀 더 있어 어떤 상황에서는 동기 방식보다 덜 효율적이다.

하지만 동기 방식은 기능상으로 한계가 있다. 이 점 때문에 동기 방식을 선택할 수 없기도 하다. 일단 동기 연산은 시작하면 취소할 수 없거나 원하는 시간보다 오래 실행 중이면 중단하도록 타이머를 설정할 수도 없다. 동기 연산과 달리 비동기 연산은 연산을 시작한 후부터 끝나기 전까지는 언제라도 취소할 수 있다.

일반적인 현대 웹 브라우저를 생각해보자. 웹 브라우저에서 요청을 취소한다는 것은 매우 중요한 기능이다. 사용자는 특정 웹 사이트를 읽어들이라는 명령을 내린 후 아직 페이지가 나오지도 않았는데 마음을 바꿀 수도 있다. 사용자의 입장에서는 '페이지를 완전히 읽지 못했으므로 명령을 취소할 수 없다'라는 것은 꽤 이상한 일일 것이다. 따라서 여기서는 동기 방식을 사용하기 어렵다.

앞에서 이야기한 복잡도와 기능상의 차이말고도, 여러 요청이 동시에 들어올 때의 효율성 면에서도 차이가 있다.

웹 크롤러 web crawler 를 개발 중이라고 가정해보자. 웹 크롤러는 웹 사이트의 페이지를 돌아다니면서 재미있는 정보를 추출하는 프로그램이다. 웹 사이트 목록으로 가득 찬(수백 만이라고 가정해보자) 파일을 주면 이 프로토콜은 각 사이트를 돌아다니면서 매 페이지를 처리한다. 이 프로그램에서 가장 중요한 것은 최대한 빨리 작업을 끝마치는 것이다. 이러한 상황에서는 동기와 비동기 중 어느 방식을 취해야 할까?

질문에 답하기 전에 클라이언트의 요청이 처리되는 단계와 시점을 클라이언트의 입장에서 살펴보자. 요청이 처리되는 단계는 다섯 가지로 분류할 수 있다.

1. **요청 준비:** 이 단계는 요청 메시지를 준비 위한 연산들을 모두 포함한다. 애플리케이션이 해결해야 하는 문제에 따라 이 준비 단계에 걸리는 시간이 달라진다. 이 예제에는 입력 파일에서 웹 사이트 주소를 읽고 HTTP 프로토콜에 맞춘 요청 문자열을 만드는 작업이 해당한다.

2. **서버로 요청 전송:** 이 단계에서는 클라이언트가 네트워크 너머에 있는 서버로 요청 데이터를 전송한다. 이 단계에 걸리는 시간은 클라이언트 프로그램과는 관계없다. 네트워크의 특성과 현재 상태에 따라 달라질 것이다.

3. **서버에서 요청 처리:** 이 단계에서 걸리는 시간은 서버의 특성과 현재 부하 상태에 따라 달라진다. 우리 예제에서 서버 프로그램은 웹 서버다. 따라서 요청을 처리하려면 그에 해당하는 웹 페이지를 생성해야 한다. 파일을 읽거나 데이터베이스에서 데이터를 읽는 등의 I/O 연산이 필요하다.

4. **클라이언트로 응답 전송:** 두 번째 단계에서처럼 데이터를 네트워크 너머로 보낸다고 가정한다. 하지만 이번에는 서버에서 클라이언트로 보낸다. 이 단계에 걸리는 시간은 클라이언트나 서버와는 관계없다. 오로지 네트워크의 특성과 상태에 따라 바뀐다.

5. **클라이언트에서 응답 처리:** 이 단계에서 걸리는 시간은 클라이언트가 수행해야 하는 작업에 따라 달라진다. 이번 예제에서는 웹 페이지를 훑으면서 관심 있는 정보를 추출하여 데이터베이스에 저장한다.

예제를 간략하게 하기 위해 연결 수립과 연결 종료와 같이 TCP 프로토콜에서는 중요하지만, 요청 처리 단계에 대한 개념적 모델에는 큰 의미가 없는 하위 단계들은 생략했다는 것에 주의하자.

위에서 살펴보았듯이 클라이언트가 요청과 관련된 작업을 수행하는 게 첫 번째와 다섯 번째 단계뿐이다. 첫 번째 단계의 끝에서 요청 데이터를 전송하기 시작한 후부터 클라이언트는 다음 세 단계(2, 3, 4단계)가 끝나기를 기다려야만 하고, 응답을 받으면 처리한다.

이제 요청 처리 단계를 기억하면서 예제로 든 웹 크롤러를 구현할 때 동기 방식과 비동기 방식을 적용하면 어떤 일이 벌어질지 알아보자.

동기 방식을 사용하면 하나의 요청을 동기적으로 처리하고 있던 스레드는 두 번째에서 네 번째까지의 단계 동안 멈추고 기다린다. 그리고 첫 번째와 다섯 번째 단계에서만 의미 있는 작업을 한다(간단히 말해, 첫 번째와 다섯 번째 작업에서만 스레드를 막지 않는 명령을 수행한다는 뜻이다). 즉, 스레드는 운영체제의 자원이 비효율적으로 사용된다. 스레드가 할 일이 있는 데도 (요청하고 처리할 다른 페이지가 수백만 개나 더 있다) 아무것도 하지 않고 보내는 시간이 매우 많다. 이러한 상황에서는 비동기 방식이 더 효율적이다. 비동기 방식을 사용하면 스레드가 두 번째에서 네 번째 단계에서 멈춰 있지 않고 다른 요청의 첫 번째나 다섯 번째 단계를 실행할 수 있다.

그러면 한 스레드를 사용해 서로 다른 요청의 여러 가지 단계를 처리할 수 있다(오버래핑이라고 부른다). 그러면 한 스레드를 더욱 효과적으로 사용해 애플리케이션의 전반적인 성능을 향상시킬 수 있다.

하지만 비동기 방식이 항상 동기 방식보다 효율적인 것은 아니다. 앞에서 얘기했듯이 비동기 연산에는 계산 부하가 좀 더 든다. 다시 말해 비동기 연산에 드는 전체 시간은(시작부터 완료까지) 동기 연산에 비해 약간 더 크다. 만약, 두 번째부터 네 번째 단계까지 걸리는 평균 시간이 비동기 방식을 취했을 때의 부하보다 작다면, 동기 방식을 선택하는 것이 더 효율적일 것이다.

두 번째에서 네 번째 단계까지 걸리는 평균 시간과 비동기 방식에 드는 부하는 일반적으로 실험을 통해 측정한다. 측정된 시간은 매우 다를 수 있으며, 요청과 응답이 전송되는 네트워크의 특성과 상태에 따라, 요청을 처리하는 서버의 부하 상태에 따라 달라질 수 있다.

예제 프로토콜

이번 장에서는 클라이언트 프로그램을 구현하는 세 가지 방식(동기 UDP, 동기 TCP, 비동기 TCP 클라이언트)을 알아보자. 모든 예제에서 클라이언트 프로그램은 다음과 같은 간단한 애플리케이션 계층 프로토콜을 사용한다고 가정한다.

서버 프로그램은 ASCII 문자열로 표현된 요청을 받는다. 요청 문자열의 형식은 다음과 같다.

```
EMULATE_LONG_COMP_OP [s]<LF>
```

여기서 [s]는 양수를, <LF>는 ASCII로 개행 문자를 나타낸다.

서버는 이 문자열을 [s]초 동안 무의미한 연산을 실행해달라는 요청으로 해석한다. 예를 들어, 다음과 같은 요청 문자열이 들어왔다고 가정해보자.

```
"EMULATE_LONG_COMP_OP 10\n"
```

그러면 서버는 클라이언트가 10초 동안 무의미한 연산을 한 후 응답을 보내달라고 요청한 것으로 생각한다.

요청과 마찬가지로, 서버가 보내는 응답도 ASCII 문자열로 표현된다. 연산이 성공한다면 OK<LF>를, 실패한다면 ERROR<LF>를 보낸다.

동기 TCP 클라이언트 구현하기

동기 TCP 클라이언트는 다음과 같은 사항을 만족시키는 분산 애플리케이션이다.

- 클라이언트 서버 통신 모델에서 클라이언트로 동작한다.
- TCP 프로토콜을 사용해 서버 프로그램과 통신한다.
- I/O 및 제어 연산(적어도 서버와의 통신과 관련된 I/O 연산)을 하는 동안에는 연

산이 끝나거나 오류가 발생할 때까지 실행 스레드를 멈춘다.

일반적인 동기 TCP 클라이언트는 다음과 같은 알고리즘에 따라 동작한다.

1. 서버 프로그램의 IP 주소와 프로토콜 포트 번호를 알아낸다.
2. 능동 소켓을 할당한다.
3. 서버 프로그램과 연결을 수립한다.
4. 서버와 메시지를 주고받는다.
5. 연결을 종료한다.
6. 소켓을 할당 해지한다.

이번 예제에서는 Boost.Asio를 사용해 동기 TCP 클라이언트를 만드는 방법을 알아보자.

예제 구현

Boost.Asio를 사용해 동기 TCP 클라이언트 프로그램을 만드는 방법 중 하나가 다음 예제 코드에 나와 있다. 클라이언트는 이번 장의 소개란에서 설명한 애플리케이션 계층 프로토콜을 사용한다.

```
#include <boost/asio.hpp>
#include <iostream>

using namespace boost;

class SyncTCPClient {
public:
  SyncTCPClient(const std::string& raw_ip_address,
    unsigned short port_num) :
    m_ep(asio::ip::address::from_string(raw_ip_address),
```

```cpp
    port_num),
    m_sock(m_ios) {

    m_sock.open(m_ep.protocol());
  }

  void connect() {
    m_sock.connect(m_ep);
  }

  void close() {
    m_sock.shutdown(
      boost::asio::ip::tcp::socket::shutdown_both);
    m_sock.close();
  }

  std::string emulateLongComputationOp(
    unsigned int duration_sec) {

  std::string request = "EMULATE_LONG_COMP_OP "
      + std::to_string(duration_sec)
      + "\n";

  sendRequest(request);
  return receiveResponse();
  };

private:
  void sendRequest(const std::string& request) {
    asio::write(m_sock, asio::buffer(request));
  }

  std::string receiveResponse() {
    asio::streambuf buf;
```

```cpp
    asio::read_until(m_sock, buf, '\n');

    std::istream input(&buf);

    std::string response;
    std::getline(input, response);

    return response;
  }

private:
  asio::io_service m_ios;

  asio::ip::tcp::endpoint m_ep;
  asio::ip::tcp::socket m_sock;
};

int main()
{
  const std::string raw_ip_address = "127.0.0.1";
  const unsigned short port_num = 3333;

  try {
    SyncTCPClient client(raw_ip_address, port_num);

    // 동기적으로 연결을 맺는다.
    client.connect();

    std::cout << "Sending request to the server... "
      << std::endl;

    std::string response =
      client.emulateLongComputationOp(10);
```

```
    std::cout << "Response received: " << response
      << std::endl;

    // 연결을 닫고 자원을 놓아준다.
    client.close();
  }
  catch (system::system_error &e) {
    std::cout << "Error occured! Error code = " << e.code()
      << ". Message: " << e.what();

    return e.code().value();
  }

  return 0;
}
```

예제 분석

예제 클라이언트 프로그램은 SyncTCPClient 클래스와 이 클래스를 사용해 서버 프로그램과 통신하는 main()으로 구성된다. 각 부분을 각각 살펴보자.

SyncTCPClient 클래스

SyncTCPClient 클래스는 이번 예제에서 중요한 부분이다. 이 클래스가 통신 기능을 제공한다.

이 클래스는 세 가지 전용 멤버를 갖는다.

- asio::io_service m_ios: 운영체제의 통신 서비스로 접근할 수 있도록 하는 객체로, 소켓 객체에서 사용
- asio::ip::tcp::endpoint m_ep: 서버 프로그램을 가리키는 종료점

- `asio::ip::tcp::socket m_sock`: 통신에서 사용하는 소켓

클래스의 객체 각각은 단 하나의 서버 프로그램과 통신할 수 있다. 따라서 클래스의
생성자는 서버의 IP 주소와 프로토콜 포트 번호를 인자로 받는다. 이 값들로 생성자
의 초기화 목록에 있는 `m_ep` 객체를 인스턴스화한다. 소켓 객체인 `m_sock`도 인스
턴스화하고 연다.

`SyncTCPClient` 클래스의 인터페이스로 3개의 공개 메서드가 제공된다. 첫 번째 메
서드인 `connect()`는 꽤 간단하다. 이 함수는 서버로 소켓을 연결시킨다. `close()`
메서드는 연결을 종료시키고 소켓을 닫아 운영체제의 소켓과 그 밖의 관련 자원들
을 할당 해지한다.

세 번째 공개 메서드는 `emulateLongComputationOp(unsigned int duration_sec)`이
다. 이 메서드에서 I/O 연산을 수행한다. 이 메서드는 먼저 프로토콜에 따라 요
청 문자열을 준비한다. 그런 다음, 클라이언트의 전용 메서드인 `sendRequest(const
std::string& request)`를 사용해 요청 문자열을 서버로 전송한다. 요청을 전송하고
난 후 `sendRequest()` 메서드가 끝나면, `receiveResponse()` 메서드를 호출해 서버
에서 오는 응답을 수신한다. 응답을 수신하면 `receiveResponse()` 메서드는 응답을
포함한 문자열을 반환한다. 그런 다음, `emulateLongComputationOp()` 메서드가 호
출자에게 응답을 반환한다.

이제 `sendRequest()`와 `receiveResponse()` 메서드를 좀 더 자세히 알아보자. 다음
은 `sendRequest()` 메서드의 프로토타입이다.

```
void sendRequest(const std::string& request)
```

이 메서드는 인자로 받은 문자열을 서버로 전송한다. 서버로 데이터를 보내기 위
해 `asio::write()` 동기 함수를 사용한다. 이 함수는 요청을 전송한 후에 반환한다.
`sendRequest()` 메서드가 하는 일은 여기까지다. 기본적으로 자신이 해야 하는 일은

모두 asio::write() 자유 함수를 통해 구현한다.

요청을 전송하고 난 후 서버로부터 응답을 받아보자. SyncTCPClient 클래스의 receiveResponse() 메서드에서 이 작업을 맡는다. 이를 위해 asio::read_until() 자유 함수를 사용한다. 애플리케이션 계층 프로토콜에 따르면 응답 메시지의 길이는 달라질 수도 있지만, 항상 \n 기호로 끝난다. 따라서 이 함수를 부를 때는 \n 기호를 구분자로 쓰자.

```
asio::streambuf buf;
asio::read_until(m_sock, buf, '\n' );
```

이 함수는 서버로부터 받은 메시지 내에 \n 기호가 있을 때까지 실행 스레드를 멈춘다. 함수가 반환되면, 스트림 버퍼인 buf에 응답 메시지가 저장되어 있을 것이다. 그곳의 데이터를 response 문자열로 복사해 호출자로 되돌려준다. 그러면 emulateLongComputationOp() 메서드가 자신의 호출자인 main() 함수로 이 문자열을 반환한다.

SyncTCPClient 클래스는 오류 처리를 하는 코드가 없다는 점을 알아두자. 이 클래스는 Boost.Asio 함수를 사용할 뿐이므로, 이 클래스의 메서드들은 실패하면 예외를 던진다. 클래스의 사용자가 예외를 붙잡아 처리해야 한다.

main( ) 함수

이 함수가 SyncTCPClient 클래스를 사용한다. 알아둔 서버 IP 주소와 프로토콜 포트 번호를 (이 과정은 예제에서 빠져 있다) 사용해 SyncTCPClient 클래스의 객체를 인스턴스화하고, 그 객체를 사용해 서버와 통신하여 서버의 서비스를 이용한다. 여기서는 서버가 10초 동안 무의미한 연산을 하는 것으로 서비스를 흉내 낸다. 이 함수의 코드는 간단하고 그 의미도 명확하기 때문에 따로 설명하지는 않는다.

> ▶ 2장 'I/O 연산'에서 동기 I/O를 하는 방법을 자세히 설명한다.

동기 UDP 클라이언트 구현하기

동기 UDP 클라이언트는 다음과 같은 사항을 만족시키는 분산 애플리케이션이다.

- 클라이언트 서버 통신 모델에서 클라이언트로 동작한다.
- UDP 프로토콜을 사용해 서버 프로그램과 통신한다.

I/O 및 제어 연산(적어도 서버와의 통신과 관련된 I/O 연산)을 하는 동안에는 연산이 끝나거나 오류가 발생할 때까지 실행 스레드를 멈춘다.

일반적인 동기 UDP 클라이언트는 다음과 같은 알고리즘에 따라 동작한다.

1. 클라이언트 프로토콜이 통신할 각 서버 프로그램의 IP 주소와 프로토콜 포트 번호를 알아낸다.
2. UDP 소켓을 할당한다.
3. 서버들과 메시지를 주고받는다.
4. 소켓을 할당 해지한다.

이번 예제에서는 Boost.Asio를 사용해 동기 UDP 클라이언트를 만드는 방법을 알아보자.

예제 구현

Boost.Asio를 사용해 동기 UDP 클라이언트 프로그램을 만드는 방법 중 한 가지가 다음 예제 코드에 나와 있다. 클라이언트는 IPv4와 UDP 프로토콜을 사용한다고 가정한다.

```cpp
#include <boost/asio.hpp>
#include <iostream>

using namespace boost;

class SyncUDPClient {
public:
  SyncUDPClient() :
    m_sock(m_ios) {

    m_sock.open(asio::ip::udp::v4());
  }

  std::string emulateLongComputationOp(
    unsigned int duration_sec,
    const std::string& raw_ip_address,
    unsigned short port_num) {

    std::string request = "EMULATE_LONG_COMP_OP "
      + std::to_string(duration_sec)
      + "\n";

    asio::ip::udp::endpoint ep(
      asio::ip::address::from_string(raw_ip_address),
      port_num);

    sendRequest(ep, request);
    return receiveResponse(ep);
  };

private:
  void sendRequest(const asio::ip::udp::endpoint& ep,
```

```cpp
                 const std::string& request) {

          m_sock.send_to(asio::buffer(request), ep);
      }

      std::string receiveResponse(asio::ip::udp::endpoint& ep) {
          char response[6];
          std::size_t bytes_recieved =
            m_sock.receive_from(asio::buffer(response), ep);

        m_sock.shutdown(asio::ip::udp::socket::shutdown_both);
        return std::string(response, bytes_recieved);
     }

private:
   asio::io_service m_ios;

   asio::ip::udp::socket m_sock;
};

int main()
{
     const std::string server1_raw_ip_address = "127.0.0.1";
     const unsigned short server1_port_num = 3333;

     const std::string server2_raw_ip_address = "192.168.1.10";
     const unsigned short server2_port_num = 3334;

     try {
        SyncUDPClient client;

        std::cout << "Sending request to the server #1 ... "
          << std::endl;
```

```cpp
    std::string response =
      client.emulateLongComputationOp(10,
      server1_raw_ip_address, server1_port_num);

    std::cout << "Response from the serever #1 received: "
      << response << std::endl;

    std::cout << "Sending request to the server #2... "
      << std::endl;

    response =
      client.emulateLongComputationOp(10,
      server2_raw_ip_address, server2_port_num);

    std::cout << "Response from the server #2 received: "
      << response << std::endl;
  }
  catch (system::system_error &e) {
    std::cout << "Error occured! Error code = " << e.code()
      << ". Message: " << e.what();

    return e.code().value();
  }

  return 0;
}
```

예제 분석

예제 클라이언트 프로그램은 SyncUDPClient 클래스와 이 클래스를 사용해 2개의
서버 프로그램과 통신하는 main()으로 구성된다. 각 부분을 각각 살펴보자.

SyncUDPClient 클래스

SyncUDPClient 클래스는 이번 예제에서 중요한 부분이다. 이 클래스가 통신 기능을 제공한다.

이 클래스에는 2개의 전용 멤버가 있다.

- asio::io_service m_ios: 운영체제의 통신 서비스로 접근할 수 있도록 하는 객체로 소켓 객체에서 사용
- asio::ip::udp::socket m_sock: 통신에 사용하는 UDP 소켓

클래스의 생성자에서 소켓 객체인 m_sock를 인스턴스화하고 연다.

클라이언트가 IPv4를 사용하기 때문에 asio::ip::udp::v4() 정적 메서드가 반환한 객체를 소켓의 open() 메서드로 전달한다.

SyncUDPClient 클래스는 연결을 맺지 않는 프로토콜인 UDP 프로토콜을 사용하므로, 이 클래스의 객체 하나만으로도 여러 서버와 통신할 수 있다. 클라이언트의 인터페이스로는 단 하나의 메서드인 emulateLongComputationOp()가 제공된다. SyncUDPClient 클래스가 인스턴스화되면 바로 이 메서드를 사용해 서버와 통신할 수 있다.

```
std::string emulateLongComputationOp(
        unsigned int duration_sec,
        const std::string& raw_ip_address,
        unsigned short port_num)
```

요청 파라미터를 나타내는 duration_sec 인자 외에도, 이 메서드는 서버의 IP 주소와 프로토콜 포트 번호를 받는다. 여러 서버와 통신하려면 이 메서드를 여러 번 불러야 한다.

이 메서드는 먼저 프로토콜에 따라 요청 문자열을 준비하고 대상 서버 애플리케

이션을 가리키는 종료점 객체를 만든다. 그런 다음, 요청 문자열과 종료점 객체를 클라이언트의 전용 메서드인 sendRequest(const std::string& request)로 전달한다. 이 메서드가 지정된 서버로 요청 메시지를 보낸다. 요청을 전송하고 난 후 sendRequest() 메서드가 반환되면, receiveResponse() 메서드를 호출해 서버에서 오는 응답을 수신한다. 응답을 수신하면 receiveResponse() 메서드는 응답을 포함한 문자열을 반환한다. 그런 다음, emulateLongComputationOp() 메서드가 응답을 호출자에게 반환한다. sendRequest(), 메서드는 소켓의 send_to() 메서드를 사용해 특정 서버로 요청 메시지를 보낸다. 이 메서드의 선언을 한번 살펴보자.

```
template <typename ConstBufferSequence>
std::size_t send_to(const ConstBufferSequence& buffers,
    const endpoint_type& destination)
```

이 메서드는 요청을 담은 버퍼와 버퍼의 내용을 보낼 서버를 나타내는 종료점을 인자로 받는다. 그런 다음, 버퍼 내용 전체를 보낼 때까지 또는 오류가 발생할 때까지 스레드를 멈춘다. 그러나 메서드가 오류 없이 반환된다 하더라도 요청이 전송됐다는 뜻일 뿐, 서버에 그 요청이 도착했다는 뜻은 아니다. UDP 프로토콜은 메시지가 잘 도착하는지를 보장하지 않으며, 데이터그램^{datagram} 이 서버에 잘 수신됐는지, 가는 길에 사라졌는지를 확인할 방법도 없다.

요청을 전송하고 난 후 서버로부터 응답을 받아보자. SyncUDPClient 클래스의 receiveResponse() 메서드에서 수신 작업을 맡는다. 이 메서드는 응답 메시지를 받을 버퍼부터 할당한다. 애플리케이션 계층 프로토콜에 따라 서버가 보낼 수 있는 가장 긴 메시지도 저장할 수 있을 만큼 큰 버퍼를 만든다. 가장 긴 메시지는 ERROR\n 문자열이므로 총 ASCII 기호 6개다. 따라서 버퍼의 크기도 6으로 하자. 버퍼가 제법 작아 스택에 만들었다.

서버에서 오는 응답 메시지를 읽기 위해 소켓 객체의 receive_from() 메서드를 사용한다. 이 메서드의 프로토타입은 다음과 같다.

```
template <typename MutableBufferSequence>
std::size_t receive_from(const MutableBufferSequence& buffers,
    endpoint_type& sender_endpoint)
```

이 메서드는 sender_endpoint 객체가 가리키는 서버에서 온 데이터그램을 buffers 인자가 가리키는 버퍼에 복사한다.

소켓 객체의 receive_from() 메서드를 사용할 때는 다음과 같은 점에 주의해야 한다. 첫 번째는 이 메서드가 동기 메서드이기 때문에 특정 서버로부터 데이터그램이 도착할 때까지 실행 스레드가 멈출 것이라는 점이다. 만약, 데이터그램이 도착하지 않는다면(예를 들어, 클라이언트로 오는 길에 사라져 버린다던지) 이 메서드는 절대 되돌아오지 않을 것이고, 전체 애플리케이션이 응답하지 않게 된다. 두 번째는 서버에서 오는 데이터그램이 제공한 버퍼보다 크다면 메서드가 실패한다는 것이다.

응답을 수신하면 std::string 객체를 만들어 응답 문자열로 초기화한 후 호출자인 emulateLongComputationOp() 메서드로 반환한다. 그러면 이 메서드는 그 응답을 자신의 호출자인 main() 함수로 반환한다.

SyncUDPClient 클래스는 오류 처리를 하는 코드가 없다는 점을 알아두자. 이 클래스는 Boost.Asio 함수를 사용할 뿐이므로, 이 클래스의 메서드들은 실패하면 예외를 던진다. 클래스의 사용자가 예외를 붙잡아 처리해야 한다.

main( ) 함수

이 함수가 SyncUDPClient 클래스를 사용해 두 서버와 통신한다. 먼저 서버 IP 주소 2개와 서버 프로그램의 프로토콜 포트 번호들을 알아낸다. 그런 다음, SyncUDPClient 클래스의 객체를 인스턴스화하고, 이 객체의 emulateLongComputationOp() 메서드를 두 번 불러 동기적으로 두 서버의 서비스를 받는다.

> ▶ 2장 'I/O 연산'에서 동기 I/O를 하는 방법을 자세히 설명한다.

비동기 TCP 클라이언트 구현하기

이번 장의 소개란에서 말했듯이, 가장 간단한 비동기 클라이언트라 하더라도 동기 클라이언트에 비해 구조적으로 복잡하다. 비동기 클라이언트에 요청 취소와 같은 기능을 추가하려면 좀 더 복잡해진다.

이번 예제에서는 요청을 비동기적으로 처리하고, 취소도 할 수 있는 비동기 TCP 클라이언트 애플리케이션을 살펴보자. 다음에 이 프로그램이 갖춰야 할 사항들이 나와 있다.

- 서버에서 오는 입력을 처리하는 스레드를 따로 둔다. 이를 사용자 인터페이스 스레드라고 가정하자. 이 스레드는 눈에 띄게 긴 시간 동안 멈추는 일이 없어야 한다.
- 사용자가 다양한 서버로 여러 요청을 보낼 수 있어야 한다.
- 사용자가 요청을 보낸 후 완료되기 전에 취소할 수 있어야 한다.

예제 구현

이번 애플리케이션은 요청을 취소할 수 있어야 한다. 따라서 윈도우에서 요청 취소를 할 수 있도록 다음 설정을 명시하자.

```
#include <boost/predef.h> // Tools to identify the OS.

// 윈도우 XP와 윈도우 서버 2003과 그 이전 버전에서도
// I/O 연산을 취소할 수 있게 하고 싶다.
// 자세한 것은 "http://www.boost.org/doc/libs/1_58_0/
```

```
// doc/html/boost_asio/reference/basic_stream_socket/
// cancel/overload1.html"을 참고하자.
#ifdef BOOST_OS_WINDOWS
#define _WIN32_WINNT 0x0501

#if _WIN32_WINNT <= 0x0502 // 윈도우 서버 2003과 그 이전 버전
  #define BOOST_ASIO_DISABLE_IOCP
  #define BOOST_ASIO_ENABLE_CANCELIO
#endif
#endif
```

그런 다음, 필요한 헤더를 불러들이고 코드를 간결하게 하기 위해 using 지시자를
명시한다.

```
#include <boost/asio.hpp>

#include <thread>
#include <mutex>
#include <memory>
#include <iostream>

using namespace boost;
```

콜백 함수에 대한 포인터를 나타내는 데이터형을 정의하자. 이번 클라이언트 프로
그램은 비동기 방식을 사용하기 때문에 요청이 완료됐다는 것을 콜백을 사용해 알
리는 메커니즘을 활용한다. 나중에 보면 왜 이게 필요하고 어떻게 사용하는 것인지
나와 있다.

```
// 요청이 완료되면 호출되는 콜백 함수를 가리키는 함수 포인터 형
typedef void(*Callback) (unsigned int request_id,
  const std::string& response,
  const system::error_code& ec);
```

다음으로 특정 요청을 전송하는 중 이 요청과 관련된 데이터를 저장하는 데이터 구조체를 정의한다. 이 구조체의 이름은 Session이라고 가정하자.

```cpp
// 단일 요청의 문맥을 나타내는 구조체
struct Session {
  Session(asio::io_service& ios,
  const std::string& raw_ip_address,
  unsigned short port_num,
  const std::string& request,
  unsigned int id,
  Callback callback) :
  m_sock(ios),
  m_ep(asio::ip::address::from_string(raw_ip_address),
  port_num),
  m_request(request),
  m_id(id),
  m_callback(callback),
  m_was_cancelled(false) {}

  asio::ip::tcp::socket m_sock; // 통신에 사용하는 소켓
  asio::ip::tcp::endpoint m_ep; // 원격 종료점
  std::string m_request;        // 요청 문자열

  // 응답을 저장하는 streambuf
  asio::streambuf m_response_buf;
  std::string m_response; // 문자열로 표현되는 응답

  // 요청의 처리 과정 동안 오류가 발생한다면 그에 대한 정보를 담는다.
  system::error_code m_ec;

  unsigned int m_id; // 요청에 할당된 고유한 ID

  // 요청이 완료되면 호출되는 함수에 대한 포인터
```

```
        Callback m_callback;

        bool m_was_cancelled;
        std::mutex m_cancel_guard;
    };
```

세션 데이터 구조체 내의 데이터들이 어떤 의미인지는 나중에 알아보자.

이제 비동기 통신 기능을 제공하는 클래스를 정의해보자. 이 클래스의 이름은
AsyncTCPClient이다.

```
    class AsyncTCPClient : public boost::noncopyable {
    public:
        AsyncTCPClient(unsigned char num_of_threads){

        m_work.reset(new boost::asio::io_service::work(m_ios));

        m_thread.reset(new std::thread([this](){
            m_ios.run();
        }));
    }

        void emulateLongComputationOp(
        unsigned int duration_sec,
        const std::string& raw_ip_address,
        unsigned short port_num,
        Callback callback,
        unsigned int request_id) {

        // 요청 문자열 준비
        std::string request = "EMULATE_LONG_CALC_OP "
          + std::to_string(duration_sec)
          + "\n";
```

```cpp
std::shared_ptr<Session> session =
    std::shared_ptr<Session>(new Session(m_ios,
    raw_ip_address,
    port_num,
    request,
    request_id,
    callback));

session->m_sock.open(session->m_ep.protocol());

// 능동 세션의 목록에 새 세션을 추가한다.
// 요청이 완료되기 전에 취소하기로 할 때 이 목록을 통해 접근할 수 있다.
// 능동 세션 목록은 여러 스레드에서 접근할 수도 있기 때문에
// 데이터가 망가지지 않도록 뮤텍스로 보호한다.
std::unique_lock<std::mutex>
    lock(m_active_sessions_guard);
m_active_sessions[request_id] = session;
lock.unlock();

session->m_sock.async_connect(session->m_ep,
    [this, session](const system::error_code& ec)
    {
    if (ec != 0) {
        session->m_ec = ec;
        onRequestComplete(session);
        return;
    }

    std::unique_lock<std::mutex>
        cancel_lock(session->m_cancel_guard);

    if (session->m_was_cancelled) {
        onRequestComplete(session);
```

```
        return;
    }

        asio::async_write(session->m_sock,
                    asio::buffer(session->m_request),
[this, session](const boost::system::error_code& ec,
                    std::size_t bytes_transferred)
{
if (ec != 0) {
    session->m_ec = ec;
    onRequestComplete(session);
    return;
}

std::unique_lock<std::mutex>
    cancel_lock(session->m_cancel_guard);

if (session->m_was_cancelled) {
    onRequestComplete(session);
    return;
}

        asio::async_read_until(session->m_sock,
                        session->m_response_buf,
                        '\n',
[this, session](const boost::system::error_code& ec,
    std::size_t bytes_transferred)
{
if (ec != 0) {
  session->m_ec = ec;
} else {
    std::istream strm(&session->m_response_buf);
    std::getline(strm, session->m_response);
}
```

```cpp
    onRequestComplete(session);
  });});});
};

// 요청을 취소한다.
void cancelRequest(unsigned int request_id) {
    std::unique_lock<std::mutex>
        lock(m_active_sessions_guard);

  auto it = m_active_sessions.find(request_id);
  if (it != m_active_sessions.end()) {
    std::unique_lock<std::mutex>
        cancel_lock(it->second->m_cancel_guard);

    it->second->m_was_cancelled = true;
    it->second->m_sock.cancel();
  }
}

  void close() {
    // 작업 객체를 소멸시킨다.
    // 그러면 더 이상 남은 비동기 연산이 없을 때
    // I/O 스레드가 이벤트 루프에서 나올 수 있다.
    m_work.reset(NULL);

  // I/O 스레드가 끝나기를 기다린다.
  for (auto& thread : m_threads) {
  thread->join();
  }


private:
    void onRequestComplete(std::shared_ptr<Session> session) {
      // 연결을 종료시킨다.
```

```cpp
    // 소켓이 연결되어 있지 않다면 이 메서드는 실패한다.
    // 이 함수가 실패하더라도 오류 코드에 신경 쓰지 않는다.
    boost::system::error_code ignored_ec;

  session->m_sock.shutdown(
    asio::ip::tcp::socket::shutdown_both,
    ignored_ec);

  // 능동 세션 목록에서 해당 세션을 지운다.
  std::unique_lock<std::mutex>
    lock(m_active_sessions_guard);

  auto it = m_active_sessions.find(session->m_id);
  if (it != m_active_sessions.end())
   m_active_sessions.erase(it);

  lock.unlock();

  boost::system::error_code ec;

  if (session->m_ec == 0 && session->m_was_cancelled)
    ec = asio::error::operation_aborted;
  else
    ec = session->m_ec;

  // 사용자가 제공한 콜백을 호출한다.
  session->m_callback(session->m_id,
    session->m_response, ec);
  };

private:
  asio::io_service m_ios;
  std::map<int, std::shared_ptr<Session>> m_active_sessions;
  std::mutex m_active_sessions_guard;
```

```
        std::unique_ptr<boost::asio::io_service::work> m_work;
        std::list<std::unique_ptr<std::thread>> m_threads;
    };
```

이 클래스는 이번 예제에서 가장 중요한 부분이다. 애플리케이션에 필요한 대부분의 기능을 제공한다. 사용자는 다음과 같은 세 가지 공개 메서드라는 인터페이스를 통해 이 기능들을 활용할 수 있다.

- void emulateLongComputationOp(unsigned int duration_sec, const std::string& raw_ip_address, unsigned short port_num, Callback callback, unsigned int request_id): 서버로 요청 보내기를 시작한다.
- void cancelRequest(unsigned int request_id): request_id 인자로 지정된 요청을 취소한다.
- void close(): 현재 실행 중인 요청이 모두 종료될 때까지 호출한 스레드를 멈추고, 모두 종료되었다면 클라이언트를 정리한다. 이 메서드가 반환되면 해당 AsyncTCPClient 클래스의 인스턴스는 더 이상 쓸 수 없다.

이제 AsyncTCPClient::emulateLongComputationOp() 메서드에 인자로 전달할 콜백 함수를 정의하자. 이번 경우, 콜백 함수는 매우 간단하다. 요청이 성공적으로 끝난다면, 요청 실행의 결과와 응답 메시지를 표준 출력 스트림으로 출력한다.

```
void handler(unsigned int request_id,
        const std::string& response,
            const system::error_code& ec)
{
    if (ec == 0) {
        std::cout << "Request #" << request_id
            << " has completed. Response: "
            << response << std::endl;
    } else if (ec == asio::error::operation_aborted) {
```

```
        std::cout << "Request #" << request_id
    << " has been cancelled by the user."
                << std::endl;
    } else {
      std::cout << "Request #" << request_id
    << " failed! Error code = " << ec.value()
        << ". Error message = " << ec.message()
                << std::endl;
    }

    return;
  }
```

handler() 함수의 서명은 앞에서 설명한 Callback 함수 포인터 형과 일치해야 한다.

이제 모든 재료가 갖춰졌으므로 애플리케이션의 main() 함수를 정의해보자. 앞에서 정의한 재료들을 사용해 서버와 통신하는 방법을 살펴볼 수 있다. main() 함수는 마치 사용자가 세 가지 요청을 시작하도록 한 후, 그중 하나를 취소하는 것처럼 동작한다.

```
    int main()
    {
        try {
            AsyncTCPClient client;

            // 사용자의 행동을 흉내 낸다.

            // ID 1을 주며 요청을 시작한다.
            client.emulateLongComputationOp(10, "127.0.0.1", 3333,
            handler, 1);
            // 그런 다음, 5초 동안 아무것도 하지 않는다.
            std::this_thread::sleep_for(std::chrono::seconds(5));
            // ID 가 2인 또 다른 요청을 시작한다.
```

```
        client.emulateLongComputationOp(11, "127.0.0.1", 3334,
        handler, 2);
        // 그리고 ID가 1인 요청을 취소한다.
        client.cancelRequest(1);
        // 6초 동안 아무것도 하지 않는다.
        std::this_thread::sleep_for(std::chrono::seconds(6));
        // ID 가 3인 요청을 하나 더 시작한다.
        client.emulateLongComputationOp(12, "127.0.0.1", 3335,
        handler, 3);
        // 15초 동안 아무것도 하지 않는다.
        std::this_thread::sleep_for(std::chrono::seconds(15));
        // 애플리케이션을 종료한다.
        client.close();
    }
    catch (system::system_error &e) {
    std::cout << "Error occured! Error code = " << e.code()
    << ". Message: " << e.what();

    return e.code().value();
    }

    return 0;
};
```

예제 분석

예제 클라이언트 프로그램은 2개의 실행 스레드를 사용한다. 첫 번째는 UI 스레드로 사용자 입력을 처리하고 요청을 시작하도록 한다. 두 번째 스레드인 I/O 스레드는 이벤트 루프를 돌면서 비동기 연산의 콜백 함수를 호출한다. 이렇게 둘로 분리해두면 사용자에게 즉각 반응할 수 있다.

애플리케이션 시작하기 – main( ) 함수

main() 함수는 UI 스레드를 시작하도록 한다. 이 함수는 무언가를 요청하고, 또 취소시키는 사용자의 동작을 흉내 낸다. 가장 먼저, AsyncTCPClient 클래스의 인스턴스를 만든 후 각각 다른 서버에 대해 emulateLongComputationOp() 메서드를 세 번 호출한다. 그러면 비동기 요청도 그에 맞춰 세 번 시작된다. 첫 번째 요청(ID가 1임)은 시작된 후 몇초 후에 cancelRequest() 메서드를 사용해 취소시킨다.

요청 완료 – handler( ) 콜백 함수

main() 함수에서 시작된 세 요청에 대한 콜백으로 handler()가 사용된다. 요청이 성공적으로 끝나든, 오류가 발생하든 이 함수가 호출된다. 또한 사용자가 요청을 취소하더라도 이 함수가 호출된다. 함수의 인자를 알아보자.

- unsigned int request_id: 요청의 고유 식별자를 나타낸다. 시작된 요청에 부여된 것과 같은 식별자다.
- std::string& response: 응답 데이터를 나타낸다. 요청이 취소되지도, 오류가 발생하지도 않아 성공적으로 처리됐을 때에만 제대로 된 값을 갖는다고 간주한다.
- system::error_code& ec: 요청을 처리하는 동안 오류가 발생했다면, 여기에 해당 오류 정보가 담긴다. 요청이 취소됐다면 asio::error::operation_ aborted를 저장한다.

예제에서 사용한 handler() 함수는 매우 간단하다. 전달된 파라미터 값에 따라 요청이 잘 끝났는지 출력한다.

AsyncTCPClient 클래스 – 초기화

앞에서 언급했듯이 서버 프로그램과 통신하는 부분은 모두 AsyncTCPClient 클래스로 감싸놓았다. 이 클래스의 생성자는 인자를 받지 않으며, 두 가지 일을 한다. 먼저 asio::io_service::work 클래스의 객체를 만드는 데 이 클래스의 생성자에 대한 인자로 asio::io_service 클래스의 인스턴스인 m_ios를 전달한다. 그런 다음, m_ios 객체의 run() 메서드를 호출하는 스레드를 만든다. asio::io_service::work 클래스의 객체가 있으므로 남은 비동기 연산이 없더라도 새로 만든 스레드들은 이벤트 루프를 끝내지 않는다. 이번 예제에서 새로 만든 스레드는 I/O용이다. 비동기 연산에 대한 콜백이 호출될 때 이 스레드의 문맥 안에서 실행된다.

AsyncTCPClient 클래스 – 요청 시작하기

emulateLongComputationOp() 메서드는 비동기 요청을 시작하도록 한다. 인자는 총 5개다. 첫 번째는 duration_sec으로 애플리케이션 계층 프로토콜에서 필요한 요청 파라미터를 나타낸다. raw_ip_address와 port_num은 요청을 전송할 서버를 나타낸다. 다음 인자는 요청이 완료되면 호출될 콜백 함수를 가리키는 포인터다. 콜백 함수에 대해서는 나중에 알아보자. 마지막 인자는 request_id로 이번 요청에 부여된 고유 식별자다. 요청을 취소하는 등의 작업에 쓸 수 있다.

emulateLongComputationOp() 메서드는 먼저 요청 문자열을 준비하고 요청과 관련된 데이터를 저장하는 Session 구조체의 인스턴스를 할당한다. 서버와 통신할 때 쓸 소켓 객체로 여기에 저장된다.

그런 다음, 소켓을 열고 세션 객체에 대한 포인터를 m_active_sessions 맵에 추가한다. 이 맵에는 실행 중인 요청과 관련된 모든 Session 객체의 포인터가 저장되어 있다. 요청이 완료되면 콜백을 호출하기 전에 그 요청에 대한 Session 객체 포인터부터 맵에서 삭제한다.

request_id 인자를 맵에 추가된 Session 객체에 대한 키^{key}처럼 사용한다. 시작된 요청을 취소하고 싶다면, 그 요청에 해당하는 Session 객체를 얻어야 한다. 그래서 이 Session 객체를 따로 등록해두어야 한다. 요청을 취소하는 기능을 제공하지 않으려면 m_active_sessions 맵을 쓰지 않아도 된다.

Session 객체에 대한 포인터를 등록했으므로 이제 소켓을 서버로 연결하자. 소켓의 async_connect() 메서드를 호출한다.

```
session->m_sock.async_connect(session->m_ep,
    [this, session](const system::error_code& ec)
    {
          // ...
    };
```

종료점 객체(연결하려는 서버를 가리키는 종료점)와 콜백 함수(연결 수립을 완료하거나 오류가 발생했을 때 호출할 함수)를 이 메서드의 인자로 전달한다. 이번 예제에서는 콜백 함수로 람다 함수를 사용했다. 소켓의 async_connect() 메서드를 호출하는 것으로 emulateLongComputationOp() 메서드가 끝난다. async_connect()가 반환되면, emulateLongComputationOp()도 호출자로 반환된다. 이제 요청이 시작되었다.

async_connect()에 콜백으로 전달한 람다 함수를 좀 더 자세히 살펴보자.

```
[this, session](const system::error_code& ec)
{
    if (ec != 0) {
    session->m_ec = ec;
    onRequestComplete(session);
    return;
    }

    std::unique_lock<std::mutex>
      cancel_lock(session->m_cancel_guard);
```

```
    if (session->m_was_cancelled) {
      onRequestComplete(session);
      return;
    }

    asio::async_write(session->m_sock,
    asio::buffer(session->m_request),
        [this, session](const boost::system::error_code& ec,
            std::size_t bytes_transferred)
            {
                            //...
        });
}
```

이 콜백 함수는 먼저 ec라는 이름으로 전달된 오류 코드를 검사한다. 이 값이 0이 아니라면 해당 비동기 연산이 실패했다는 뜻이다. 실패했다면 Session 객체에 이 ec 값을 저장한 후, 클래스의 전용 메서드인 onRequestComplete()를 호출하면서 인자로 이 Session 객체를 전달한다. 그런 다음, 바로 함수를 끝낸다.

만약 ec 값으로 연산이 성공적으로 끝났다는 것을 알았다면, m_cancel_guard 뮤텍스(mutex, 요청 기술자 request descriptor 객체의 멤버)를 잠근다. 그런 다음, 요청이 취소되지 않았는지 확인한다. 요청을 취소하는 방법은 좀 더 뒤에서 cancelRequest() 메서드를 통해 알아보자.

요청이 아직 취소되지 않았다면, 서버로 요청 데이터를 보내기 위해 Boost.Asio의 자유 함수인 async_write()를 부르는 또 다른 비동기 연산을 시작한다. 여기서도 콜백 함수로 람다 함수를 사용했다. 이번 콜백 함수는 비동기 연결 연산에 사용하는 anync_connect() 메서드에 전달한 함수와 비슷하다. 오류 코드를 검사한 후 성공이라면 요청이 취소되지는 않았는지 확인한다. 그것도 아니라면 서버로부터 응답을 받기 위해 다음 비동기 연산인 async_read_until()을 실행시킨다.

```
[this, session](const boost::system::error_code& ec,
```

```
                std::size_t bytes_transferred) {
    if (ec != 0) {
     session->m_ec = ec;
     onRequestComplete(session);
     return;
    }

    std::unique_lock<std::mutex>
     cancel_lock(session->m_cancel_guard);

    if (session->m_was_cancelled) {
     onRequestComplete(session);
     return;
    }

    asio::async_read_until(session->m_sock,
     session->m_response_buf, '\n',
     [this, session](const boost::system::error_code& ec,
             std::size_t bytes_transferred)
       {
     // ...
        });
  }
```

async_read_until() 자유 함수에도 콜백 함수로 람다 함수를 전달한다. 이번에는
조금 간단하다.

```
[this, session](const boost::system::error_code& ec,
    std::size_t bytes_transferred)
{
    if (ec != 0) {
        session->m_ec = ec;
    }
    else {
        std::istream strm(&session->m_response_buf);
```

```
        std::getline(strm, session->m_response);
    }

    onRequestComplete(session);
}
```

오류 코드를 확인했다면 수신한 응답 데이터를 Session 객체에 저장한다. 그런 다음, AsyncTCPClient 클래스의 전용 메서드인 onRequestComplete()를 호출하고, Session 객체를 인자로 전달한다.

onRequestComplete() 메서드는 요청이 어떤 식으로든 종료됐을 때 호출된다. 요청이 성공적으로 끝나더라도, 요청을 처리하다가 실패하더라도, 사용자가 취소하더라도 이 함수가 불린다. 이 메서드는 필요한 정리 작업을 한 후 emulate LongComputationOp() 메서드를 호출해 요청을 시작하도록 한 호출자가 제공한 콜백을 부른다.

onRequestComplete() 메서드는 먼저 소켓을 종료시킨다. 여기서는 예외를 던지지 않는 버전의 소켓 shutdown() 메서드를 사용했다. 소켓을 잘 종료시키는 것은 이번 예제에서 그리 중요하지 않다. 그러니 그 결과에도 크게 신경 쓰지 않는다. 그런 다음, 요청이 끝났고 더 이상 유효하지도 않으므로 m_active_sessions 맵에서 해당하는 Session 객체를 제거한다. 마지막으로 사용자가 제공한 콜백 함수를 호출한다. 콜백 함수의 동작이 끝나면, 요청의 처리 단계가 모두 끝난다.

AsyncTCPClient 클래스 – 요청 취소하기

이제 AsyncTCPClient 클래스의 cancelRequst() 메서드를 한번 살펴보자. 이 메서드는 취소할 요청을 가리키는 식별자를 인자로 받는다. 그런 다음, 그 값이 가리키는 Session 객체가 m_active_sessions 맵에 있는지 찾아본다. 맞는 값을 찾았다면, Session 객체에 있는 소켓 객체의 cancel() 메서드를 호출한다. 그러면 이 소켓 객체와 관련되어 있고, 현재 실행 중인 비동기 연산이 취소된다.

어떨 때는 한 비동기 연산이 완료됐지만, 아직 다음 연산이 시작되지 못한 중간 단계에 cancelRequest() 메서드가 호출될 때도 있을 것이다. 예를 들어, I/O 스레드가 이제 막 특정 소켓에 대한 async_connect() 연산의 콜백을 실행하고 있을 수 있다. 이때에는 이 소켓을 쓰는 어떠한 비동기 연산도 실행 중이 아니다(아직 다음 비동기 연산인 async_write()이 시작되지 않았으므로). 그러면 소켓에 대해 cancel()을 부르더라도 아무런 효과도 없다. 그래서 요청이 취소됐다는(더 정확히 말하면 사용자가 cancelRequest() 메서드를 호출했다는) 플래그^{flag}인 Session::m_was_cancelled를 사용하는 것이다. 비동기 연산의 콜백 함수에서 다음 비동기 연산을 시작하기 전에 이 플래그의 값을 확인한다. 만약, 플래그가 설정되어 있다면(요청이 취소됐다는 의미), 다음 비동기 연산을 시작시키지 않고 바로 요청 실행을 중단하고, onRequestComplete() 메서드를 호출한다.

cancelRequest() 메서드나 async_connect(), async_write()와 같은 비동기 연산의 콜백 함수에서는 연산의 순서를 지키기 위해 Session::m_cancel_guard 뮤텍스를 사용한다. 콜백 함수에서 Session::m_was_cancelled 플래그를 검사하기 전에 요청이 취소되거나, 다음 비동기 연산이 시작된 후에 요청을 취소하도록 순서를 강제하는 것이다. 이러한 순서가 되어야만 사용자가 언제 cancelRequest() 메서드를 호출하더라도 요청을 제대로 취소할 수 있다.

AsyncTCPClient 클래스 - 클라이언트 닫기

클라이언트를 사용한 후 더 이상 쓰지 않는다면 적절히 닫아야 한다. AsyncTCP Client 클래스의 close() 메서드에서 닫기 작업을 처리한다. close() 메서드는 먼저 m_work 객체를 없앤다. 그러면 모든 비동기 연산이 종료됐을 때 I/O 스레드는 이벤트 메시지 루프를 벗어날 수 있다. 그 후 close() 메서드는 I/O 스레드와 조인^{join}하여 I/O 스레드가 종료될 때까지 기다린다.

close() 메서드가 반환되고 나면, AsyncTCPClient 클래스의 해당 객체는 더 이상 쓸 수 없다.

부연 설명

이번 예제에서 살펴본 AsyncTCPClient 클래스는 비동기 **단일 스레드** TCP 클라이언트다. 즉, 이벤트 루프를 돌면서 요청을 처리하는 스레드가 하나뿐이라는 것이다. 요청이 자주 들어오지도 않고, 응답도 그리 크지 않으며, 처리하기가 복잡하고, 시간이 많이 드는 연산을 수행하지 않는다면 스레드가 하나뿐이라도 충분하다.

하지만 클라이언트가 수백 만 개의 요청을 만들 수 있고, 최대한 빠르게 처리하고 싶다면, **다중 스레드**를 지원하도록 바꿔야 한다. 그러면 여러 개의 스레드가 진짜로 동시에 여러 요청을 처리할 수 있다. 물론, 클라이언트가 실행되는 컴퓨터에 프로세서가 여러 개 있어야 한다. 만약, 컴퓨터에 설치된 프로세서의 수보다 더 많은 스레드를 동시에 실행시키면 스레드 교환에 따른 부하 때문에 애플리케이션의 속도가 오히려 떨어질 수도 있다.

다중 스레드 TCP 클라이언트 애플리케이션 구현하기

단일 스레드 클라이언트 프로그램을 다중 스레드로 바꾸기 위해 몇 가지를 수정해 보자. 일단 AsyncTCPClient 클래스에서 단일 I/O 스레드를 나타내는 m_thread 멤버를 I/O 스레드의 모음을 나타내는 std::thread 객체의 포인터 목록으로 바꿔야 한다.

```
std::list<std::unique_ptr<std::thread>> m_threads;
```

그런 다음, 클래스의 생성자에서 I/O 스레드를 몇 개나 생성할지를 인자로 받는다. 생성자는 그만큼의 스레드를 만들어 이벤트 루프를 도는 스레드의 풀에 추가한다.

```
AsyncTCPClient(unsigned char num_of_threads){

  m_work.reset(new boost::asio::io_service::work(m_ios));

  for (unsigned char i = 1; i <= num_of_threads; i++) {
        std::unique_ptr<std::thread> th(
    new std::thread([this](){
   m_ios.run();
  }));

  m_threads.push_back(std::move(th));
  }
}
```

단일 스레드 버전에서처럼, 각 스레드는 m_ios 객체의 run() 메서드를 호출한다. 스레드 풀에 모든 스레드가 추가되고, m_ios 객체로 제어할 수 있다. 풀에 있는 모든 스레드는 비동기 연산이 완료되어 콜백을 호출할 때 사용된다. 코어나 프로세서가 여러 개 있는 컴퓨터에서는 여러 스레드가 각각의 프로세서 위에서 진짜로 동시에 콜백을 실행할 수도 있다는 것이다. 단일 스레드 버전에서는 한 번에 하나씩 순서대로 실행됐다.

각 스레드를 생성한 후에는 스레드를 가리키는 포인터를 m_threads에 저장한다. 그러면 다음 번에 해당 스레드 객체에 접근할 수 있다.

마지막으로 close() 메서드를 수정해보자. 여기서는 목록에 있는 모든 스레드와 조인해야 한다. 메서드를 어떻게 바꿔야 하는지가 다음에 나와 있다.

```
void close() {
   // 작업 객체를 소멸시킨다.
```

```
    // 그러면 더 이상 남은 비동기 연산이 없을 때
    // I/O 스레드가 이벤트 루프에서 나올 수 있다.
    m_work.reset(NULL);

    // I/O 스레드가 끝나기를 기다린다.
    for (auto& thread : m_threads) {
      thread->join();
    }
  }
```

work 객체를 없앤 후 I/O 스레드의 목록을 돌면서 조인함으로써 각각의 스레드가 제대로 종료한다는 것을 보장한다.

이제 다중 스레드 TCP 클라이언트 프로그램이 준비됐다. 이제 다중 스레드 버전의 AsyncTCPClient 클래스 객체를 생성할 때에는 요청을 처리할 때 몇 개의 스레드를 사용할 것인지 명시해주어야 한다. 그 밖에는 단일 스레드 버전과 완전히 동일하게 사용할 수 있다.

참고 사항

▶ 2장 'I/O 연산'에서 TCP 소켓으로 비동기 I/O 연산을 수행하고 취소하는 방법을 설명한다.

▶ 6장 '기타의 타이머 사용하기' 예제에서 Boost.Asio에서 제공하는 타이머 timer 를 사용하는 방법을 설명한다. 타이머는 비동기 연산에 제한 시간 timeout 을 두고 싶을 때 사용할 수 있다.

4

서버 애플리케이션 구현

소개

서버는 분산 애플리케이션의 반대쪽 부분인 클라이언트에게 받을 서비스를 제공하는 역할을 맡는다. 그리고 클라이언트는 서버가 제공하는 서비스를 받기 위해 서버와 통신한다.

일반적으로 서버 프로그램은 클라이언트-서버 통신 과정에서 수동적인 역할을 한다. 시작할 때 서버 애플리케이션은 호스트의 잘 알려진 포트(잠재적인 클라이언트에게 알려져 있거나 적어도 잘 알려진 레지스트리를 통해서라도 클라이언트가 실행 중일 때 알려줄 수 있는)에 붙는다. 그런 다음, 그 포트로 클라이언트가 요청을 보내지 않는지 기다린다. 요청이 도착하면 서버는 자신이 제공하는 서비스에 맞춰 동작한다.

서버가 제공하는 서비스에 따라 요청 처리 과정도 매우 다르다. 예를 들어 HTTP 서버라면 대체로 요청 메시지에서 원한 파일 내용을 읽어 클라이언트로 보낸다. 프록시 proxy 서버라면 클라이언트의 요청을 실제로 처리할 다른 서버(또는 또다시 메시지를 다른 곳으로 보낼)로 전달한다. 좀 더 구체적인 서버들이라면 클라이언트가 제공한 데이터에 대해 복잡한 계산을 거쳐 그 결과를 클라이언트로 되돌려 보낸다.

모든 서버가 수동적인 역할만 하는 것은 아니다. 일부 서버 프로그램은 클라이언트가 요청을 보내기를 기다리지 않고 바로 메시지를 보낼 수도 있다. 대체로 그런 서버들은 알리미 notifier 처럼 동작하면서 유용한 이벤트가 발생했을 때 클라이언트에게 알려준다. 이 경우, 클라이언트는 서버에게 데이터를 전송할 필요가 전혀 없다. 그 대신 클라이언트 측이 수동적으로 서버가 알림을 보내기를 기다리며 데이터가 오면 그에 맞춰 동작한다. 이러한 통신 모델은 푸시 push 스타일 통신이라고 한다. 좀 더 유연하게 동작할 수 있기 때문에 현대 애플리케이션에서는 이러한 모델이 점점 인기를 얻고 있다.

그럼 먼저 서버 프로그램이 실행하는 기능 또는 클라이언트에게 제공하는 서비스로 서버를 분류해보자.

아니면 서버가 클라이언트와 통신할 때 사용하는 전송 계층 프로토콜을 따라 분류하기도 한다.

TCP 프로토콜은 매우 유명하며, 많은 일반 목적^{general purpose} 서버 애플리케이션에서 사용하고 있다. 이 밖에도 좀 더 구체적인 목표가 있는 서버들은 UDP 프로토콜을 쓸 수도 있다. 한 번에 TCP와 UDP 프로토콜을 함께 사용하고, 서비스를 제공하는 혼합 서버 프로그램도 있는데, 이를 '**다중 프로토콜 서버**'라고 부른다. 이번 장에서는 다양한 TCP 서버를 알아보자.

또 한 가지 서버를 분류하는 방법으로, 클라이언트를 지원하는 방식을 생각해볼 수 있다. **반복적 서버**의 경우, 클라이언트를 한 번에 하나씩 서비스한다. 다시 말해 현재 서비스하고 있는 클라이언트를 처리하기 전에는 다음 클라이언트에 대한 서비스를 시작하지 않는다. 병렬 서버는 병렬적으로 여러 클라이언트를 서비스한다. 단일 프로세서만 가진 컴퓨터라면, **병렬 서버**는 여러 클라이언트와의 통신 단계들을 서로 끼워 넣어^{interleave} 1개의 프로세서에서 처리한다. 예를 들어, 연결을 맺은 클라이언트로부터 들어오는 요청 메시지를 기다리는 동안, 서버는 다음 클라이언트와 연결을 맺으려고 할 수도 있고, 세 번째 클라이언트에서 보낸 요청을 읽을 수도 있다. 그런 다음, 첫 번째 클라이언트로 되돌아가 계속 서비스를 할 수 있다. 이러한 종류의 병렬 처리를 '의사^{pseudo} 병렬'이라고 부르며, 프로세서는 여러 클라이언트 사이를 계속해서 돌아다니지만, 진짜로 한꺼번에 서비스하지는 못한다. 프로세서가 하나뿐이라면 이런 일은 불가능하다.

다중 프로세서가 있는 컴퓨터라면 진짜로 병렬 처리가 가능하다. 서버가 한 번에 하나 이상의 클라이언트를 여러 개의 하드웨어 스레드를 사용해 서비스하는 것이다.

반복적 서버는 상대적으로 구현하기 쉽다. 그래서 요청이 자주 들어오지 않아서 다음 요청이 들어오기 전에 서버가 충분히 처리할 수 있다면 써볼 만하다. 반복적 서버는 확실히 확장성이 떨어진다. 이러한 서버에는 프로세서를 더 추가하더라도 서버의 처리량^{throughput}을 늘릴 수 없다. 그에 반해 병렬 서버는 훨씬 자주 요청이 들어오더라도 처리할 수 있다. 적절히 구현만 한다면 확장성이 뛰어날 것이다. 진짜로 병렬적인 서버라면, 다중 프로세서 컴퓨터에서 실행시킬 때 단일 프로세서 컴퓨터에서 실행시키는 것보다 좀 더 자주 요청이 들어와도 처리할 수 있다.

서버 프로그램은 구현의 관점에서, 즉 동기냐 비동기이냐에 따라서도 분류할 수 있다. **동기 서버 프로그램**은 요청한 연산이 끝나거나 오류가 발생할 때까지 실행 중이던 스레드를 멈추는 방식의 동기 소켓 API를 사용한다. 일반적인 TCP 서버는 `asio::ip::tcp::acceptor::accept()`와 같은 메서드로 클라이언트 연결 요청을 받아들이고, `asio::ip::tcp::socket::read_some()`를 사용해 클라이언트가 보낸 요청 메시지를 받으며, 클라이언트로 응답 메시지를 보낼 때는 `asio::ip::tcp::socket::write_some()`을 사용한다. 이 세 메서드는 모두 관련 연산이 끝나거나 오류가 발생할 때까지 실행 중이던 스레드를 기다리게 하여 서버를 동기화한다.

비동기 서버 애플리케이션은 동기 방식과 달리 비동기 소켓 API를 사용한다. 예를 들어, 비동기 TCP 서버는 비동기적으로 클라이언트 연결 요청을 처리하기 위해 `asio::ip::tcp::acceptor::async_accept()` 메서드를, 클라이언트로부터 온 요청 메시지를 비동기적으로 받기 위해 `asio::ip::tcp::socket::async_read_some()` 메서드나 `asio::async_read()` 자유 함수를, 클라이언트로 응답 메시지를 비동기적으로 보내기 위해 `asio::ip::tcp::socket::async_write_some()` 메서드나 `asio::async_write()` 자유 함수를 사용한다.

동기 서버와 비동기 서버의 구조는 매우 다르기 때문에 둘 중 어떤 방법을 선택할 것인지는 프로그램의 초기 설계 단계에 프로그램의 요구사항에 대해 세밀히 분석하여 결정해야 한다. 또한 프로그램이 앞으로 어떻게 발전해 나갈 것인지, 앞으로 어떤 새로운 요구사항이 들어올 수 있을지를 고려해야 한다.

언제나 그렇듯이 각각의 방식에는 장점도 있고, 단점도 있다. 동기화 방식이 어떤 상황에서는 결과가 더 좋지만, 다른 상황에서는 절대 쓰일 수 없을 때도 있다. 그럴 때는 비동기 방식을 써야 한다. 어떤 상황에서 무엇을 사용하는 것이 더 좋은지 두 방식을 비교해보자.

동기 방식의 가장 큰 장점은 간단하다는 것이다. 동기 서버는 개발하기도, 디버깅하기도 쉽고 비동기 방식에 비해 같은 기능을 지원하기도 쉽다. 비동기 서버는 비동기 연산은 연산을 시작한 곳과는 완전히 다른 부분(대체로 콜백)에서 완료된다는 점 때문에 좀 더 복잡하다. 대체로 요청과 콜백 함수의 문맥을 유지하기 위해 자유 메모리상에 데이터 구조체를 추가로 할당해야 하고 스레드를 동기화해야 하며, 프로그램 구조를 복잡하게 만들고 오류도 나기 쉽게 하는 여러 가지 것들을 추가해야 한다. 이 밖에도 비동기 방식은 계산상으로나 메모리상으로 부하가 좀 더 있어 일부 상황에서는 동기 방식보다 덜 효율적이다.

하지만 동기 방식은 기능상 한계가 있다. 이 점 때문에 동기 방식을 선택할 수 없는 경우도 있다. 일단 동기 연산은 시작하면 취소할 수 없거나 원하는 시간보다 오래 실행 중이면 중단하도록 타이머를 설정할 수 없다. 동기 연산과 달리, 비동기 연산은 연산을 시작한 후부터 끝나기 전까지는 언제라도 취소할 수 있다.

동기 연산은 취소할 수 없기 때문에 동기 서버를 적용할 수 있는 영역은 매우 좁다. 일반에게 공개되어 있는 서버가 동기 연산을 사용한다면 범죄자들의 공격에 매우 취약하다. 그런 서버가 단일 스레드를 사용한다면, 악의적인 클라이언트 혼자서도 서버를 멈추게 만들고 다른 클라이언트와는 통신하지 못하게 만들 수 있다. 악의적인 클라이언트가 서버에 연결한 후 데이터를 보내지 않는다면 서버의 동기 읽기 함수나 메서드는 그 상태에서 그대로 멈추며, 다른 클라이언트는 전혀 서비스할 수 없다.

동기 서버는 안전하게 보호받을 수 있는 내부 네트워크나 프로세스 간의 통신에 사용되는 서버에서 주로 사용된다. 또는 시험 삼아 프로토타입 prototype 을 만들어 볼 때에도 동기 서버를 써볼 수 있다.

앞에서 이야기한 복잡도와 기능상의 차이말고도, 매우 많은 요청이 동시에 들어올 때의 처리 효율성 면에서도 차이가 있다. 비동기 연산을 사용하는 서버가 동기 서버보다 효율적이고 확장성도 좋지만, 특히 운영체제가 비동기 네트워크 I/O를 지원하는 다중 프로세서 컴퓨터라면 더욱 효과가 좋다.

예제 프로토콜

이번 장에서는 클라이언트 프로그램을 구현하는 세 가지 방식(반복적 TCP 서버, 동기 병렬 TCP 서버, 비동기 TCP 서버)을 알아보자. 모든 예제에서 서버와 클라이언트가 통신할 때는 다음과 같이 의도적으로 간략하게 만든 애플리케이션 계층 프로토콜을 사용한다고 가정한다.

서버 프로그램은 ASCII 기호들로 이루어져 있고, ASCII 개행 문자로 끝나는 문자열을 요청 메시지로 받는다. 개행 문자 다음에 있는 기호들은 모두 무시한다.

요청을 받으면, 서버는 무의미한 연산을 수행한 후, 다음과 같은 고정된 메시지를 응답으로 보낸다.

```
"Response\n"
```

애플리케이션 계층 프로토콜을 간단하게 만들어 서버가 제공하는 서비스가 아니라 서버 자체의 구현에 집중하도록 하자.

반복적 동기 TCP 서버 구현하기

반복적 동기 TCP 서버는 다음과 같은 사항을 만족시키는 분산 애플리케이션이다.

- 클라이언트 서버 통신 모델에서 서버로 동작한다.
- TCP 프로토콜을 사용해 클라이언트 프로그램과 통신한다.

- I/O 및 제어 연산(적어도 서버와의 통신과 관련된 I/O 연산)을 하는 동안에는 연산이 끝나거나 오류가 발생할 때까지 실행 스레드를 멈춘다.
- 클라이언트를 한 번에 하나씩 처리한다.

일반적인 동기 TCP 서버는 다음과 같은 알고리즘에 따라 동작한다.

1. 수용자 소켓을 할당하고 특정 TCP 포트에 묶는다.
2. 서버가 중단될 때까지 루프를 돈다.
    A. 클라이언트로부터 연결 요청이 오기를 기다린다.
    B. 연결 요청이 오면 받아들인다.
    C. 클라이언트로부터 요청 메시지가 오기를 기다린다.
    D. 요청 메시지를 읽는다.
    E. 요청을 처리한다.
    F. 클라이언트에게 응답 메시지를 보낸다.
    G. 클라이언트와의 연결을 닫고 소켓을 할당 해지한다.

이번 예제에서는 Boost.Asio를 사용해 반복적 동기 TCP 서버를 구현하는 방법을 알아보자.

예제 구현

서버 프로그램에서 사용할 클래스를 구현하는 것부터 시작해보자. 이 클래스는 요청 메시지를 읽고, 처리한 후 응답 메시지를 보내는 방식으로 하나의 클라이언트를 책임진다. 이 클래스는 서버 프로그램이 제공하는 단일 서비스를 나타내므로, 이름을 Service라고 부르도록 하자.

```
#include <boost/asio.hpp>
```

```cpp
#include <thread>
#include <atomic>
#include <memory>
#include <iostream>

using namespace boost;

class Service {
public:
  Service(){}

  void HandleClient(asio::ip::tcp::socket& sock) {
    try {
      asio::streambuf request;
      asio::read_until(sock, request, '\n');

      // 요청 처리를 흉내 낸다.
      int i = 0;
      while (i != 1000000)
          i++;
      std::this_thread::sleep_for(
  std::chrono::milliseconds(500));

        // 응답을 보낸다.
        std::string response = "Response\n";
        asio::write(sock, asio::buffer(response));
  }
    catch (system::system_error &e) {
        std::cout << "Error occured! Error code = "
  << e.code() << ". Message: "
            << e.what();
    }
    }
};
```

서버 프로그램에서는 사실 의미 있는 서비스를 하지 않는다. 그냥 어떤 연산을 하는 것처럼 보이게 할 뿐이다. 요청 처리 부분에서는 CPU 집중 연산을 하는 것처럼 보이기 위해 무의미한 증가 연산을 하며, 파일을 읽거나 동기적으로 주변 기기와 통신하는 연산을 흉내 내기 위해 잠시 잠들기도 한다.

 Service 클래스는 매우 간단하고 메서드도 하나밖에 없다. 하지만 실제로 사용하는 애플리케이션들은 대부분 매우 복잡하고 기능도 더욱 풍부하다. 그렇기는 해도 통신 관련된 주요 부분은 비슷하다.

다음으로 고수준 high-level 수용자라는 개념을 나타내는 또 다른 클래스(asio::ip::tcp::acceptor 클래스가 나타내는 저수준 개념과 다름)를 정의한다. 이 클래스는 클라이언트로부터 들어오는 연결 요청을 받아들이고 연결된 클라이언트에 대해 서비스를 제공할 Service 클래스를 인스턴스화하는 작업까지 책임진다. 이 클래스의 이름은 Acceptor라고 가정하자.

```cpp
class Acceptor {
public:
  Acceptor(asio::io_service& ios, unsigned short port_num) :
    m_ios(ios),
    m_acceptor(m_ios,
        asio::ip::tcp::endpoint(
            asio::ip::address_v4::any(),
            port_num))
  {
    m_acceptor.listen();
  }

  void Accept() {
    asio::ip::tcp::socket sock(m_ios);
```

```
      m_acceptor.accept(sock);

      Service svc;
      svc.HandleClient(sock);
    }

  private:
    asio::io_service& m_ios;
    asio::ip::tcp::acceptor m_acceptor;
};
```

이 클래스는 asio::ip::tcp::acceptor 클래스의 객체인 m_acceptor를 갖는다. 연결 요청을 동기적으로 처리할 때 사용한다.

서버 자체를 표현하는 클래스도 정의하자. 이 클래스는 Server라고 부른다.

```
class Server {
public:
  Server() : m_stop(false) {}

  void Start(unsigned short port_num) {
    m_thread.reset(new std::thread([this, port_num]() {
      Run(port_num);
    }));
  }

  void Stop() {
    m_stop.store(true);
    m_thread->join();
  }

private:
  void Run(unsigned short port_num) {
```

```
        Acceptor acc(m_ios, port_num);

        while (!m_stop.load()) {
          acc.Accept();
        }
    }

    std::unique_ptr<std::thread> m_thread;
    std::atomic<bool> m_stop;
    asio::io_service m_ios;
};
```

이 클래스는 서버를 시작시키거나 멈출 때 사용하는 Start()와 Stop() 메서드를 인터페이스로 제공한다. Start() 메서드에서는 스레드를 새로 생성하여 루프를 실행시킨다. Start() 메서드는 스레드를 막지 않지만, Stop() 메서드는 서버가 멈출 때까지 호출자 스레드를 막는다.

Server 클래스를 자세히 살펴보면 이번 구현에 심각한 단점이 있다는 것을 알 수 있다. 특정 상황에서는 Stop() 메서드가 절대 끝나지 않을 수 있다. 이 문제 자체와 해결하는 방법에 대해서는 이번 예제의 후반부에서 알아보자.

마지막으로 Server 클래스를 사용해 main() 함수를 구현해보자.

```
    int main()
    {
        unsigned short port_num = 3333;

        try {
         Server srv;
         srv.Start(port_num);

         std::this_thread::sleep_for(std::chrono::seconds(60));
```

```
        srv.Stop();
    }
    catch (system::system_error &e) {
        std::cout << "Error occured! Error code = "
                  << e.code() << ". Message: "
                  << e.what();
    }

    return 0;
}
```

예제 분석

예제 서버 프로그램은 Server, Acceptor와 Service 클래스 그리고 main() 함수로 구성되어 있다. 이제 각각을 살펴보자.

Service 클래스

Service 클래스는 이번 예제에서 핵심적인 역할을 맡는다. 다른 부분들은 구조적인 역할을 맡는 데 반해, 이 클래스는 서버가 클라이언트에게 제공하는 실제 기능(또는 서비스)를 구현한다.

이 클래스는 간단히 HandleClient() 메서드 하나로만 구성되어 있다. 이 메서드는 클라이언트에 연결된 소켓 객체를 입력 인자로 받아 해당 클라이언트를 처리한다.

이번 예제에서는 전형적인 처리만 할 뿐이다. 먼저 소켓에서 요청 메시지를 동기적으로 읽되, ASCII의 개행 문자인 \n을 만날 때까지만 읽는다. 그런 다음, 요청을 처리한다. 이번 예제에서는 서버의 서비스 처리를 흉내 내기 위해 백만 번 동안 증가 연산을 한 후 0.5초 동안 스레드를 잠재웠다. 그런 다음, 응답 메시지를 준비해 동기적으로 클라이언트에게 전송한다.

Boost.Asio I/O 함수와 메서드가 예외를 던진다면 HandleClient() 메서드에서 붙잡아 처리하고 더 상위 호출자에게 전파하지는 않는다. 그래서 한 클라이언트를 처리하다 문제가 생기더라도 서버는 계속 일할 수 있다.

애플리케이션의 특성에 따라 Service 클래스를 확장해 필요한 서비스를 구현할 수 있다.

Acceptor 클래스

Acceptor 클래스는 서버 프로그램 구조를 이루는 한 부분이다. 이 클래스의 객체는 수용자 소켓 객체인 m_acceptor를 인스턴스화한 후 클라이언트로부터 둘어오는 연결 요청을 듣기 위해 listen() 메서드를 호출한다.

이 클래스는 Accept() 메서드만을 공개하고 있다. 이 메서드는 능동 소켓을 나타내는 asio::ip::tcp::socket 클래스의 객체를 인스턴스화하여 이름을 sock이라 붙인다. 지연되어 있는 연결 요청이 있다면 능동 소켓 sock을 새 클라이언트와 연결시킨다. 연결 요청이 아직 들어오지 않았다면 새 요청이 들어올 때까지 기다렸다가 요청을 처리한다.

그런 다음, Service 객체를 생성하고 HandleClient() 메서드를 호출한다. sock 객체는 이 메서드로 전달된 클라이언트와 연결된다. HandleClient() 메서드는 요청 처리가 완료되거나 오류가 발생할 때까지 클라이언트와의 통신을 시작하지 않고 멈춰 있다. HandleClient() 메서드가 끝나 반환되면, Acceptor 클래스의 Accept() 메서드도 반환된다. 이제 수용자[Acceptor]가 다음 요청을 처리할 준비가 되었다.

클래스의 Accept() 메서드가 한 번 실행되고 끝나면, 한 클라이언트의 처리 주기가 끝난 것이다.

Server 클래스

Server 클래스는 이름에서 알 수 있듯이 서버를 나타내며, 클래스의 인터페이스로는 Start()와 Stop()을 제공한다.

Start() 메서드는 서버를 시작하도록 한다. 새로운 스레드를 만들어 Server 클래스의 전용 메서드인 Run()을 실행시키고 반환한다. Run() 메서드는 수용자 소켓이 연결 요청이 오는지 듣고 있어야만 하는 프로토콜 포트 번호를 나타내는 port_num을 인자로 받는다. 이 메서드가 호출되면 Acceptor 클래스의 객체를 먼저 인스턴스화하고 Acceptor 객체의 Accept() 메서드를 호출하는 루프를 돌기 시작한다. m_stop이라는 원자 변수^{atomic variable}가 참이 되면, Server 클래스 객체에 대해 Stop() 메서드가 불렸다는 뜻이므로 루프를 끝낸다.

Stop() 메서드는 동기적으로 서버를 중단시킨다. Run() 메서드에서 시작한 루프가 중단되고, Start() 메서드에서 만든 스레드가 실행을 끝낼 때까지 기다린다. 루프를 끝내려면, 원자 변수인 m_stop이 참이 돼야 한다. 그런 다음, Stop() 메서드는 Run() 메서드의 루프를 돌고 있는 스레드를 나타내는 m_thread 객체에 대해 join() 메서드를 불러 이 스레드가 루프에서 빠져 나오고 실행을 끝낼 때까지 기다린다.

여기서 알아본 구현에는 상당히 큰 문제가 있다. 바로 서버가 중단되지 않을 수 있다는 점이다. 서버가 아예 반응하지 않고 Stop() 메서드가 영원히 끝나지 않을 수도 있다. 서버를 중단시키는 과정이 클라이언트의 동작에 크게 영향을 받기 때문이다.

Stop() 메서드가 호출되어 원자 변수인 m_stop을 참으로 바꾼 직후 Run() 메서드에서 루프를 종료해야 하는지 m_stop 변수 값을 막 검사했다고 생각해보자. 그러면 서버는 문제 없이 거의 바로 끝난다. 하지만 만약 서버의 스레드가 클라이언트로부터 들어오는 요청을 기다린다고 acc.Accept() 메서드에서 멈춰 있거나, 연결된 클라이언트로부터 요청 메시지가 올 때까지 기다리는 동기 I/O 연산을 하고 있거나, 클라이언트가 응답 메시지를 받도록 기다리는 동안에는 연산이 완료되지 않은 것이므로 서버도 끝날 수 없다. 예를 들어, Stop() 메서드가 불렸을 때 대기 중인 연결 요청이 없다면, 서버는 새로운 클라이언트 요청이 들어와 처리될 때까지 서버가 끝날 수 없다. 사실 클라이언트의 연결 요청은 계속 안 들어올 수도 있다. 그러면 서버도 영원히 끝나지 않을 것이다.

뒤에서 이 문제를 어떻게 해결할지 알아보자.

main( ) 함수

이 함수로 서버를 사용하는 방법을 알아보자. srv라는 이름의 Server 클래스 객체를 만들고, Start() 메서드를 호출해 서버를 시작한다. 서버는 자신의 스레드를 사용해 실행되는 능동적인 객체를 나타내므로, Start() 메서드는 바로 반환되며 main() 함수를 실행하는 스레드는 자신이 해야 할 일을 계속한다. 서버가 어느 정도는 실행되고 있도록 main()의 스레드를 60초간 잠재운다. 이 중심 스레드가 잠에서 깨어나면, Stop() 메서드를 불러 서버를 끝낸다. Stop() 메서드가 반환되면, main() 함수도 같이 반환되어 이번 예제 프로그램이 완전히 끝난다.

물론, 실제 애플리케이션에서는 사용자 입력이나 그 외 적절한 이벤트가 있을 때 서버를 끝낼 거란 점을 알아두자.

단점 없애기

앞에서 알아보았듯이, 예제에 제시한 방법에는 큰 문제가 두 가지 있어 실제로 사용하는 데는 큰 어려움이 있다. 첫 번째 문제는 Stop() 메서드가 불리더라도 서버 스레드가 요청 처리를 기다리고 있는 동안에는 서버를 중단할 수 없다는 점이다. 두 번째 문제는 단 한 명의 악의를 가진(또는 버그가 있는) 클라이언트만 있어도 서버가 그에 매달려 다른 클라이언트를 서비스할 수 없다는 점이다. 클라이언트가 서버에 연결한 후 요청을 보내지 않는다면 바로 서버는 응답 없는 상태[hang]에 빠져 다른 입력을 영원히 받을 수 없다.

이 두 문제의 근원 원인은 서버를 멈추게 하는 연산(동기 연산)을 사용한다는 점이다.

합리적이면서도 간단한 해결책은 멈추는 연산들에 시간 제한을 거는 것이다. 주기적으로 서버를 풀어주어 종료 명령이 들어오지 않았는지를 확인하고, 오랫동안 요청을 보내지 않는 클라이언트를 버리는 등의 일을 할 수 있다. 하지만 Boost.Asio에서는 동기 연산을 취소하는 방법이나 시간 제한 걸기 등을 지원하지 않는다. 따라서 동기 서버가 좀 더 응답을 잘하고 안정적으로 운용되려면 다른 방법을 찾아야 한다.

어떤 방식으로 이 두 문제를 해결할지 알아보자.

어느 정도 시간이 지난 후 서버 끝내기

수용자 소켓의 동기 메서드인 `accept()`를 합법적으로 멈춤 상태에서 풀어주는 방법은 수용자 소켓이 듣고 있는 포트로 무의미한 연결 요청을 보내는 것뿐이다. 그러니 이 방법을 사용해보자.

`Server` 클래스의 `Stop()` 메서드에서 원자 변수인 `m_stop`를 참으로 설정한 후 능동 소켓을 만들고, 같은 서버에 연결한 후 무의미한 요청을 보낸다. 그러면 서버 스레드는 수용자 소켓의 `accept()` 메서드에서 빠져 나와 드디어 `m_stop`의 값을 검사할 것이다. 이 값이 지금 참이 되어 있으므로 루프를 빠져 나오고 `Acceptor::Accept()` 메서드를 끝낸다.

앞에서 설명한 방식에서는 자기 자신에게 메시지를 보내 서버를 중단시킨다고 가정했다(실제로는 I/O 스레드에서 작업자 스레드로 메시지를 보낸다). 또 다른 방법으로는 특별한 클라이언트를 만들어(다른 애플리케이션) 서버를 종료시키라는 메시지를 담은 특별한 서비스 메시지(예를 들어 `stop\n`)를 보내도록 할 수도 있다. 이 경우, 서버의 동작을 외부(다른 애플리케이션)에서 제어하기 때문에 `Server` 클래스에 `Stop()` 메서드를 둘 필요가 없다.

서버의 취약점 해결하기

안타깝게도, 시간 제한이 없는 동기식 I/O 연산의 특성상 반복적 서버는 응답 없음^{hang} 상태가 되기 쉽다. 그러면 클라이언트가 서버에 접속하기 힘들어진다.

이러한 서버의 취약점을 없애려면 서버가 I/O 연산 때문에 멈추는 일이 없게 다시 설계해야 한다. 멈추지 않는 소켓(그러면 서버의 응답성이 높아진다)을 사용하거나 비동기 I/O 연산을 사용해야 한다. 두 방법 모두 서버가 동기 방식을 포기해야 한다는 뜻이다. 이 두 방법 모두 다음 예제에서 살펴보자.

결과 분석하기

Boost.Asio를 사용해 구현한 반복적 동기 서버는 태생적으로 앞에서 언급한 취약점을 갖는다. 그래서 공개 네트워크에서는 사용할 수 없다. 악의적 사용자가 언제든지 서버를 잘못 사용할 수 있기 때문이다. 대체로 동기 서버는 닫혀 있고 보호받는 환경에서 서버를 곤란에 빠뜨리지 않도록 잘 설계된 클라이언트와 함께 사용한다.

반복적 동기 서버의 또 다른 한계로 확장성이 떨어지고 다중 프로세서의 장점을 활용하지 못한다는 점을 들 수 있다. 하지만 구현이 간단하다는 점 때문에 여러 가지 경우에 자주 사용된다.

참고 사항

▶ 2장 'I/O 연산'에서 동기 I/O를 하는 방법을 설명한다.

병렬 동기 TCP 서버

병렬 동기 서버는 다음과 같은 사항을 만족시키는 분산 애플리케이션이다.

- 클라이언트 서버 통신 모델에서 서버로 동작한다.
- TCP 프로토콜을 사용해 클라이언트 프로그램과 통신한다.
- I/O 및 제어 연산(적어도 서버와의 통신과 관련된 I/O 연산)을 하는 동안에는 연산이 끝나거나 오류가 발생할 때까지 실행 스레드를 멈춘다.
- 클라이언트를 한 번에 하나 이상 처리할 수 있다.

일반적인 병렬 동기 TCP 서버는 다음과 같은 알고리즘에 따라 동작한다.

1. 수용자 소켓을 할당하고 특정 TCP 포트에 묶는다.
2. 서버가 중단될 때까지 루프를 돈다.

   A. 클라이언트로부터 연결 요청이 오기를 기다린다.

   B. 연결 요청이 오면 받아들인다.

   C. 스레드를 새로 생성하고 새 스레드에서 다음과 같은 작업을 한다.

   * 클라이언트로부터 요청 메시지가 오기를 기다린다.

   * 요청 메시지를 읽는다.

   * 요청을 처리한다.

   * 클라이언트에게 응답 메시지를 보낸다.

   * 클라이언트와의 연결을 닫고 소켓을 할당 해지한다.

이번 예제에서는 Boost.Asio를 사용해 병렬 동기 TCP 서버를 구현하는 방법을 알아보자.

예제 구현

서버 프로그램에서 사용할 클래스를 구현하는 것부터 시작해보자. 이 클래스는 요청 메시지를 읽고, 처리한 후 응답 메시지를 보내는 방식으로 하나의 클라이언트를 책임진다. 이 클래스는 서버 프로그램이 제공하는 단일 서비스를 나타내므로 이름을 Service라고 부르도록 하자.

```cpp
#include <boost/asio.hpp>

#include <thread>
#include <atomic>
#include <memory>
#include <iostream>

using namespace boost;

class Service {
public:
    Service(){}

    void StartHandligClient(
            std::shared_ptr<asio::ip::tcp::socket> sock) {

        std::thread th(([this, sock]() {
            HandleClient(sock);
        }));

        th.detach();
    }

private:
void HandleClient(std::shared_ptr<asio::ip::tcp::socket> sock) {
        try {
            asio::streambuf request;
            asio::read_until(*sock.get(), request, '\n');

            // 요청 처리를 흉내 낸다.
            int i = 0;
            while (i != 1000000)
```

```
            i++;

        std::this_thread::sleep_for(
 std::chrono::milliseconds(500));

        // 응답을 보낸다.
        std::string response = "Response\n";
        asio::write(*sock.get(), asio::buffer(response));
    }
    catch (system::system_error &e) {
        std::cout << "Error occured! Error code = "
 << e.code() << ". Message: "
                << e.what();
    }

    // 정리
    delete this;
  }
};
```

예제를 간단하게 하려고 서버 프로그램에서는 사실 의미 있는 서비스를 하지 않
는다. 그냥 어떤 연산을 하는 것처럼 보이게 할 뿐이다. 요청 처리 부분에서는 CPU
집중 연산을 하는 것처럼 보이기 위해 무의미한 증가 연산을 하며, 그런 다음 파일
을 읽거나 동기적으로 주변 기기와 통신하는 연산을 흉내 내기 위해 잠시 잠들기
도 한다.

 Service 클래스는 매우 간단하고 메서드도 하나밖에 없다. 하지만 실제 세상에서 사
용하는 애플리케이션들은 대부분 몹시 복잡하고 기능도 더 풍부하다. 그렇긴 해도 통
신 관련된 주요 부분은 비슷하다.

다음으로 고수준^{high-level} 수용자라는 개념을 나타내는 또 다른 클래스(`asio::ip::`

`tcp::acceptor` 클래스가 나타내는 저수준 개념과 다름)를 정의한다. 이 클래스는 클라이언트로부터 들어오는 연결 요청을 받아들이고 연결된 클라이언트에 대해 서비스를 제공할 Service 클래스를 인스턴스화하는 작업까지 책임진다. 이 클래스의 이름을 Acceptor라고 하자.

```cpp
class Acceptor {
public:
    Acceptor(asio::io_service& ios, unsigned short port_num) :
        m_ios(ios),
        m_acceptor(m_ios,
            asio::ip::tcp::endpoint(
asio::ip::address_v4::any(),
port_num))
    {
        m_acceptor.listen();
    }

    void Accept() {
        std::shared_ptr<asio::ip::tcp::socket>
sock(new asio::ip::tcp::socket(m_ios));

        m_acceptor.accept(*sock.get());

        (new Service)->StartHandligClient(sock);
    }

private:
    asio::io_service& m_ios;
    asio::ip::tcp::acceptor m_acceptor;
}
```

이 클래스는 `asio::ip::tcp::acceptor` 클래스의 객체인 `m_acceptor`를 갖는다. 연

결 요청을 동기적으로 처리할 때 사용한다.

서버 자체를 표현하는 클래스도 정의하자. 이 클래스는 Server라고 부른다.

```cpp
class Server {
public:
    Server() : m_stop(false) {}

    void Start(unsigned short port_num) {
      m_thread.reset(new std::thread([this, port_num]() {
        Run(port_num);
      }));
    }

    void Stop() {
      m_stop.store(true);
      m_thread->join();
    }

private:
    void Run(unsigned short port_num) {
      Acceptor acc(m_ios, port_num);

      while (!m_stop.load()) {
        acc.Accept();
      }
    }

    std::unique_ptr<std::thread> m_thread;
    std::atomic<bool> m_stop;
    asio::io_service m_ios;
};
```

이 클래스는 서버를 시작시키거나 멈출 때 사용하는 Start()와 Stop() 메서드를 인터페이스로 제공한다. Start() 메서드에서는 스레드를 새로 생성하여 루프를 실행 시킨다. Start() 메서드는 스레드를 막지 않지만, Stop() 메서드는 서버가 멈출 때 까지 호출자 스레드를 막는다.

Server 클래스를 자세히 살펴보면 이번 구현의 심각한 단점을 찾아낼 수 있다. 특 정 상황에서는 Stop() 메서드가 절대 끝나지 않을 수 있다. 이 문제 자체와 해결하 는 방법에 대해서는 이번 예제의 후반부에서 알아보자.

마지막으로 Server 클래스를 사용해 main() 함수를 구현해보자.

```cpp
int main()
{
  unsigned short port_num = 3333;

  try {
    Server srv;
    srv.Start(port_num);

    std::this_thread::sleep_for(std::chrono::seconds(60));

    srv.Stop();
  }
  catch (system::system_error &e) {
    std::cout << "Error occured! Error code = "
<< e.code() << ". Message: "
        << e.what();
  }

  return 0;
}
```

예제 분석

예제 서버 프로그램은 Server, Acceptor와 Service 클래스 그리고 main() 함수로 구성되어 있다. 이제 각각을 하나씩 살펴보자.

Service 클래스

Service 클래스는 이번 예제에서 핵심적인 역할을 맡는다. 다른 부분들은 구조적인 역할을 맡는 데 반해, 이 클래스는 서버가 클라이언트에게 제공하는 실제 기능(또는 서비스)을 구현한다.

이 클래스는 간단히 StartHandlingClient() 메서드 하나로만 구성되어 있다. 이 메서드는 클라이언트에 연결된 소켓 객체를 입력 인자로 받아 해당 클라이언트를 처리한다.

이 메서드는 스레드를 새로 만들어 클래스의 전용 메서드인 HandleClient()를 실행시킨다. 이 메서드가 실제로 동기 처리를 실행한다. 스레드를 만든 후 std::thread 객체를 나타내는 것에서부터 스레드를 분리하여 그 스레드가 "알아서 하도록" 내버려둔다. 그런 다음, StartHandlingClient() 메서드는 반환한다.

HandleClient() 전용 메서드는 이름에서 알 수 있듯이, 클라이언트를 처리한다. 이번 예제에서는 전형적인 처리만 할 뿐이다. 먼저 소켓에서 요청 메시지를 동기적으로 읽는다. 이때 ASCII의 개행 문자인 \n을 만날 때까지 읽는다. 그런 다음, 요청을 처리한다. 이번 예제에서는 서버의 서비스 처리를 흉내 내기 위해 백만 번 동안 증가 연산을 한 후 0.5초 동안 스레드를 잠재웠다. 그런 다음, 응답 메시지를 준비해 동기적으로 클라이언트에게 전송한다.

응답 메시지를 전송하고 나면, 현재 실행 중인 HandleClient() 메서드의 Service 클래스 객체는 delete 연산자로 삭제한다. 물론, 클래스를 설계할 때 이 객체를 스택이 아니라 new 연산자를 써서 자유 메모리에 할당했다고 가정한다.

애플리케이션의 특성에 따라 Service 클래스를 확장해 필요한 서비스를 구현할 수 있다.

Acceptor 클래스

Acceptor 클래스는 서버 프로그램 구조를 이루는 한 부분이다. 이 클래스의 객체는 수용자 소켓 객체인 m_acceptor를 인스턴스화한 후 클라이언트로부터 들어오는 연결 요청을 듣기 위해 listen() 메서드를 호출한다.

이 클래스는 Accept() 메서드만을 공개한다. 이 메서드가 불리면 능동 소켓을 나타내는 asio::ip::tcp::socket 클래스의 객체를 인스턴스화하여 이름을 sock이라고 붙인다. 지연되어 있는 연결 요청이 있다면 능동 소켓 sock을 새 클라이언트와 연결시킨다. 연결 요청이 아직 들어오지 않았다면 새 요청이 들어올 때까지 기다렸다가 요청을 처리한다.

그런 다음, Service 객체를 자유 메모리에 할당하고 StartHandlingClient() 메서드를 호출한다. sock 객체는 이 메서드로 전달된 클라이언트와 연결된다. Start HandlingClient() 메서드는 클라이언트를 처리할 새로운 스레드를 만든 후 바로 반환한다. StartHandlingClient() 메서드가 끝나면, Acceptor 클래스의 Accept() 메서드도 반환된다. 이제 수용자 Acceptor가 다음 요청 처리를 처리할 준비가 끝났다.

클래스의 Accept() 메서드가 한 번 실행되고 끝나면 한 클라이언트의 처리 주기가 끝난 것이다.

Acceptor는 Service 클래스 객체를 소유하지 않는다는 점을 눈여겨보자. Service 클래스의 객체는 자기가 할 일을 끝나면 스스로 자신을 소멸시킨다.

Server 클래스

Server 클래스는 이름에서 알 수 있듯이 서버를 나타내며 클래스의 인터페이스로는

Start()와 Stop()을 제공한다.

Start() 메서드는 서버를 시작하도록 한다. 새로운 스레드를 만들어 Server 클래스의 전용 메서드인 Run()을 실행시키고 반환한다. Run() 메서드는 수용자 소켓이 연결 요청이 들어오는지 들어야만 하는 프로토콜 포트 번호를 나타내는 port_num을 인자로 받는다. 이 메서드가 호출되면 Acceptor 클래스의 객체를 먼저 인스턴스화하고 Acceptor 객체의 Accept() 메서드를 호출하는 루프를 돌기 시작한다. m_stop이라는 원자 변수atomic variable가 참이 되면, Server 클래스 객체에 대해 Stop() 메서드가 불렸단 뜻이므로 루프를 끝낸다.

Stop() 메서드는 동기적으로 서버를 중단시킨다. Run() 메서드에서 시작한 루프가 중단되고, Start() 메서드에서 만든 스레드가 실행을 끝낼 때까지 기다린다. 루프를 끝내려면, 원자 변수인 m_stop이 참이 돼야 한다. 그런 다음, Stop() 메서드는 Run() 메서드의 루프를 돌고 있는 스레드를 나타내는 m_thread 객체에 대해 join() 메서드를 불러 이 스레드가 루프에서 빠져 나오고 실행을 끝낼 때까지 기다린다.

여기서 알아본 구현에는 매우 큰 문제가 있다. 서버가 바로 중단되지 않을 수 있다는 점이다. 서버가 아예 반응하지 않고 Stop() 메서드가 영원히 끝나지 않을 수 있다. 서버를 중단시키는 과정이 클라이언트의 동작에 크게 영향을 받기 때문이다.

Stop() 메서드가 호출되어 원자 변수인 m_stop을 참으로 바꾼 직후 Run() 메서드에서 루프를 종료해야 하는지 m_stop 변수 값을 막 검사했다고 생각해보자. 그러면 서버는 문제 없이 거의 바로 끝난다. 하지만 만약 서버의 스레드가 클라이언트로부터 들어오는 요청을 기다리기 위해 acc.Accept() 메서드에서 막혀있거나, 연결된 클라이언트로부터 요청 메시지가 올 때까지 기다리는 동기 I/O 연산을 하고 있거나 클라이언트가 응답 메시지를 받도록 기다리는 동안에는 연산이 완료되지 않은 것이므로 서버도 끝날 수 없다. 예를 들어, Stop() 메서드가 불렸을 때 대기 중인 연결 요청이 없다면, 서버는 새로운 클라이언트 요청이 들어와 처리될 때까지 서버가 끝날 수 없다. 사실 클라이언트의 연결 요청은 계속해서 안 들어올 수도 있다. 그러면 서버도 영원히 끝나지 않을 것이다.

이번 장의 후반부에서 이 문제를 어떻게 해결할지 알아보자.

main( ) 함수

이 함수로 서버를 사용하는 방법을 알아보자. srv라는 이름의 Server 클래스 객체를 만들고, Start() 메서드를 호출해 서버를 시작하도록 한다. 서버는 자신의 스레드를 사용해 실행되는 능동적인 객체를 나타내므로, Start() 메서드는 바로 반환되며 main() 함수를 실행하는 스레드는 자신이 해야 할 일을 계속해 간다. 서버가 어느 정도는 실행되고 있도록 main()의 스레드를 60초간 잠재운다. 이 중심 스레드가 잠에서 깨어나면, Stop() 메서드를 불러 서버를 끝낸다. Stop() 메서드가 반환되면, main() 함수도 같이 반환되어 이번 예제 프로그램이 완전히 끝난다.

물론, 실제 애플리케이션에서는 사용자 입력이나 그 외 적절한 이벤트가 있을 때 서버를 끝낼 거란 점을 알아두자.

단점 없애기

Boost.Asio 라이브러리를 사용해 병렬 동기 서버 프로그램을 구현하면 갖게 되는 문제는 앞에서 알아본 반복적 동기 서버 프로그램의 문제와 동일하다. 단점에 대한 자세한 설명과 해결하는 방법은 반복적 동기 TCP 서버 구현 예제를 참고하자.

참고 사항

▶ 4장, '반복적 동기 TCP 서버 구현' 예제에서 반복적 동기와 병렬 동기 서버에 내재된 단점과 해결 방법을 설명한다.

▶ 2장 'I/O 연산'에서 동기 I/O를 하는 방법을 설명한다.

비동기 TCP 서버 구현하기

비동기 TCP 서버는 다음과 같은 사항을 만족시키는 분산 애플리케이션이다.

- 클라이언트 서버 통신 모델에서 서버로 동작한다.
- TCP 프로토콜을 사용해 클라이언트 프로그램과 통신한다.
- 비동기 I/O 및 제어 연산을 한다.
- 한 번에 여러 클라이언트를 처리할 수 있다.

일반적인 비동기 TCP 서버는 다음과 같은 알고리즘에 따라 동작한다.

1. 수용자 소켓을 할당하고 특정 TCP 포트에 묶는다.
2. 비동기 수용 연산을 시작하도록 한다.
3. 하나 이상의 스레드를 만들어 Boost.Asio 이벤트 루프를 실행시키는 스레드 풀에 추가한다.
4. 비동기 수용 연산이 끝나면, 다음 연결 요청을 받아들이는 새로운 연산을 시작하도록 한다.
5. 비동기 읽기 연산을 시작시켜 연결된 클라이언트로부터 들어오는 요청을 읽는다.
6. 비동기 읽기 연산이 끝나면, 요청을 처리하고 응답 메시지를 준비한다.
7. 응답 메시지를 클라이언트로 보낼 비동기 쓰기 연산을 시작하도록 한다.
8. 비동기 쓰기 연산이 끝나면, 연결을 닫고 소켓을 할당 해지한다.

시작에서부터 4단계까지는 실제 애플리케이션의 실제 비동기 연산이 실행되는 시간에 따라 순서가 뒤바뀔 수 있다는 점에 주의하자. 서버의 컴퓨터에 프로세서가 하나뿐이라 해도 서버가 비동기 모델을 사용하기 때문에 실행되는 순서는 위와 같지 않을 수 있다.

이번 예제에서는 Boost.Asio를 사용해 비동기 TCP 서버를 구현하는 방법을 알아보자.

예제 구현

서버 프로그램에서 사용할 클래스를 구현하는 것부터 시작해보자. 이 클래스는 요청 메시지를 읽고, 처리한 후 응답 메시지를 보내는 방식으로 하나의 클라이언트를 책임진다. 이 클래스는 서버 프로그램이 제공하는 단일 서비스를 나타내므로 이름을 Service라고 부르도록 하자.

```cpp
#include <boost/asio.hpp>
#include <thread>
#include <atomic>
#include <memory>
#include <iostream>
using namespace boost;

class Service {
public:
    Service(std::shared_ptr<asio::ip::tcp::socket> sock) :
        m_sock(sock)
    { }

    void StartHandling() {

      asio::async_read_until(*m_sock.get(),
            m_request,
            '\n',
            [this](
                    const boost::system::error_code& ec,
                    std::size_t bytes_transferred)
                    {
```

```cpp
                              onRequestReceived(ec,
                              bytes_transferred);
            });
    }


private:
    void onRequestReceived(const boost::system::error_code& ec,
                std::size_t bytes_transferred) {
        if (ec != 0) {
            std::cout << "Error occured! Error code = "
                << ec.value()
                << ". Message: " << ec.message();

            onFinish();
            return;
        }

        // 요청 처리
        m_response = ProcessRequest(m_request);

        // 비동기 쓰기 연산을 시작하도록 한다.
        asio::async_write(*m_sock.get(),
            asio::buffer(m_response),
            [this](
                        const boost::system::error_code& ec,
                        std::size_t bytes_transferred)
                        {
                    onResponseSent(ec,
                                bytes_transferred);
            });
    }

    void onResponseSent(const boost::system::error_code& ec,
                std::size_t bytes_transferred) {
```

```cpp
    if (ec != 0) {
        std::cout << "Error occured! Error code = "
            << ec.value()
            << ". Message: " << ec.message();
    }

    onFinish();
}

// 여기서 정리한다.
void onFinish() {
    delete this;
}

std::string ProcessRequest(asio::streambuf& request) {

    // 이 메서드에서 요청을 분석하고, 처리한 후 응답을 준비한다.

    // CPU를 많이 소모하는 것처럼 꾸민다.
    int i = 0;
    while (i != 1000000)
        i++;

    // 스레드를 멈추게 하는 연산을 흉내 낸다.
    // (예를 들어 동기 I/O 연산처럼).
    std::this_thread::sleep_for(
                std::chrono::milliseconds(100));

    // 응답 메시지를 준비한 후 반환한다.
    std::string response = "Response\n";
    return response;
}

private:
```

```
    std::shared_ptr<asio::ip::tcp::socket> m_sock;
    std::string m_response;
    asio::streambuf m_request;
};
```

예제를 간단하게 하려고 서버 프로그램에서는 사실 의미 있는 서비스를 하지 않는
다. 그냥 어떤 연산을 하는 것처럼 보이게 할 뿐이다. 요청 처리 부분에서는 CPU 집
중 연산을 하는 것처럼 보이기 위해 증가 연산을 많이 하며, 그런 다음, 파일을 읽거
나 동기적으로 주변 기기와 통신하는 연산을 흉내 내기 위해 잠시 잠들기도 한다.

Service 클래스의 각 객체는 연결된 하나의 클라이언트에서 요청 메시지를 읽고, 처
리하고 난 후 응답 메시지를 되돌려 보내는 역할을 한다.

다음으로 고수준^{high-level} 수용자라는 개념을 나타내는 또 다른 클래스(asio::ip::
tcp::acceptor 클래스가 나타내는 저수준 개념과 다름)를 정의한다. 이 클래스는 클라이
언트로부터 들어오는 연결 요청을 받아들이고 연결된 클라이언트에 대해 서비스를
제공할 Service 클래스를 인스턴스화하는 작업까지 책임진다. 이 클래스의 이름은
Acceptor라고 하자.

```
class Acceptor {
public:
    Acceptor(asio::io_service& ios, unsigned short port_num) :
      m_ios(ios),
      m_acceptor(m_ios,
        asio::ip::tcp::endpoint(
                asio::ip::address_v4::any(),
                port_num)),
      m_isStopped(false)
    {}

    // 들어오는 연결 요청을 받기 시작한다.
    void Start() {
```

```cpp
  m_acceptor.listen();
  InitAccept();
}

// 들어오는 연결 요청을 더 이상 받지 않는다.
void Stop() {
  m_isStopped.store(true);
}

private:
  void InitAccept() {
    std::shared_ptr<asio::ip::tcp::socket>
            sock(new asio::ip::tcp::socket(m_ios));

    m_acceptor.async_accept(*sock.get(),
      [this, sock](
                const boost::system::error_code& error)
         {
        onAccept(error, sock);
      });
}

void onAccept(const boost::system::error_code& ec,
            std::shared_ptr<asio::ip::tcp::socket> sock)
{
    if (ec == 0) {
      (new Service(sock))->StartHandling();
    }
    else {
      std::cout << "Error occured! Error code = "
        << ec.value()
        << ". Message: " << ec.message();
    }
}

// 아직 수용자 소켓이 멈추지 않았다면,
// 다음 비동기 수락 연산을 시작하도록 한다.
```

```cpp
    if (!m_isStopped.load()) {
      InitAccept();
    }
    else {
      // 들어오는 연결 요청을 더 이상 받지 않고
      // 할당 받은 자원을 되돌려준다.
      m_acceptor.close();
    }
  }

private:
  asio::io_service& m_ios;
  asio::ip::tcp::acceptor m_acceptor;
  std::atomic<bool> m_isStopped;
};
```

이 클래스는 비동기적으로 연결 요청을 받아들일 때 사용할 asio::ip::tcp::
acceptor 클래스의 객체인 m_acceptor를 갖는다.

서버 자체를 표현하는 클래스도 정의하자. 이 클래스는 Server라고 부른다.

```cpp
    class Server {
    public:
      Server() {
        m_work.reset(new asio::io_service::work(m_ios));
      }

      // 서버를 시작한다.
      void Start(unsigned short port_num,
    unsigned int thread_pool_size) {

        assert(thread_pool_size > 0);

        // 수용자를 생성하고 시작하도록 한다.
        acc.reset(new Acceptor(m_ios, port_num));
```

```cpp
        acc->Start();

        // 명시한 수만큼의 스레드를 만들고
        // 풀에 넣는다.
        for (unsigned int i = 0; i < thread_pool_size; i++) {
            std::unique_ptr<std::thread> th(
                    new std::thread([this]()
                    {
                            m_ios.run();
                    }));

            m_thread_pool.push_back(std::move(th));
        }
    }

    // 서버를 끝낸다.
    void Stop() {
        acc->Stop();
        m_ios.stop();

        for (auto& th : m_thread_pool) {
            th->join();
        }
    }

private:
    asio::io_service m_ios;
    std::unique_ptr<asio::io_service::work> m_work;
    std::unique_ptr<Acceptor> acc;
    std::vector<std::unique_ptr<std::thread>> m_thread_pool;
};
```

이 클래스는 인터페이스로 Start()와 Stop() 메서드를 제공한다. Start() 메서드는 서버가 연결 요청이 들어오는지 들어야 하는 프로토콜 포트 번호와 풀에서 유지할 스레드의 수를 인자로 받고, 서버를 시작하도록 한다. Stop() 메서드는 서버를 중단시킨다. Start() 메서드는 스레드를 막지 않지만, Stop() 메서드는 호출자 스레드를 막는다. 서버가 중단되고 이벤트 루프에 있는 스레드가 모두 루프를 빠져 나올 때까지 호출자 스레드를 막는다.

마지막으로 Server 클래스를 사용해 main() 함수를 구현해보자.

```cpp
const unsigned int DEFAULT_THREAD_POOL_SIZE = 2;

int main()
{
  unsigned short port_num = 3333;

  try {
    Server srv;

    unsigned int thread_pool_size =
        std::thread::hardware_concurrency() * 2;

    if (thread_pool_size == 0)
      thread_pool_size = DEFAULT_THREAD_POOL_SIZE;

    srv.Start(port_num, thread_pool_size);

    std::this_thread::sleep_for(std::chrono::seconds(60));

    srv.Stop();
  }
  catch (system::system_error &e) {
    std::cout << "Error occured! Error code = "
              << e.code() << ". Message: "
              << e.what();
  }

  return 0;
}
```

예제 분석

예제 서버 프로그램은 Server, Acceptor와 Service 클래스 그리고 main() 함수로 구성되어 있다. 이제 하나씩 살펴보자.

Service 클래스

Service 클래스는 이번 예제에서 핵심적인 역할을 맡는다. 다른 부분들은 구조적인 역할을 맡는 데 반해, 이 클래스는 서버가 클라이언트에게 제공하는 실제 기능(또는 서비스)를 구현한다.

Service 클래스의 객체는 연결된 하나의 클라이언트에서 요청 메시지를 읽고, 처리하고 난 후 응답 메시지를 되돌려 보내는 역할을 한다.

생성자는 클라이언트와 연결된 소켓을 나타내는 객체에 대한 공유 포인터를 인자로 받고 그 포인터를 따로 저장해둔다. 뒤에 클라이언트 프로그램과 통신할 때 이 소켓을 사용한다.

Service 클래스의 공개 인터페이스는 StartHandling() 뿐이다. 이 메서드는 클라이언트로부터 들어오는 요청 메시지를 읽는 비동기 읽기 연산을 시작하도록 한다. 이때 콜백으로 onRequestReceived() 메서드를 명시한다. 비동기 읽기 연산을 시작하도록 한 후 StartHandling()은 바로 반환된다.

요청한 읽기 연산이 완료되거나 오류가 발생하면, 콜백인 onRequestReceived()가 호출된다. 이 메서드는 먼저 인자인 ec에 연산 완료 상태 코드가 있는지 검사하여 읽기 연산이 성공했는지 알아본다. 오류 때문에 읽기 연산이 중단됐다면, 해당 메시지를 표준 출력 스트림으로 내보내고 onFinish() 메서드를 부른다. 그런 다음, onRequestReceived()가 반환되어 클라이언트 처리 과정이 도중에 끝난다.

반대로 요청 메시지를 성공적으로 읽으면, ProcessRequest() 메서드를 호출해 요청 받은 연산을 실행하고 응답 메시지를 준비한다. ProcessRequest() 메서드가 끝나 응답 메시지를 담은 문자열이 반환되면, 비동기 쓰기 연산을 시작시켜 응답 메시지를 클라이언트에게 보낸다. 그리고 onResponseSent() 메서드를 콜백으로 등록한다.

쓰기 연산이 완료되면(아니면 오류가 발생하면), onResponseSent() 메서드가 호출된다. 이 메서드는 먼저 연산이 성공했는지 확인한다. 실패했다면, 해당 메시지를 표준 출력 스트림으로 내보낸다. 그 다음으로 성공 여부와 관계없이 사용한 자원을 정리하기 위해 onFinish() 메서드를 부른다. onFinish() 메서드가 반환되면, 클라이언트 처리의 전체 과정이 완료된다.

ProcessRequest() 메서드가 바로 서비스를 구현하는 부분이며, 이 클래스의 중심이다. 우리 서버 프로그램은 백만 번의 증가 연산을 실행하는 무의미한 루프를 돈 후 100밀리초 동안 잠들게 하는 방식으로 서비스를 흉내 낸다. 그런 다음, 아무 의미 없는 응답 메시지를 만들어 호출자에게 반환한다.

애플리케이션의 특성에 따라 Service 클래스와 특히 ProcessRequest() 메서드를 확장해 필요한 서비스를 구현할 수 있다.

Service 클래스는 객체가 자신이 할 일이 끝나면 자기 자신을 삭제하도록 설계되었다. 클래스의 onFinish() 전용 메서드에서 삭제 작업을 한다. 클라이언트 처리가 성공했든, 오류가 있었든 이 처리 단계의 마지막에서는 onFinish() 메서드가 불린다.

```
void onFinish() {
  delete this;
}
```

Acceptor 클래스

Acceptor 클래스는 서버 프로그램 구조를 이루는 한 부분이다. 생성자에서는 연결 요청을 받기 위해 들어야 하는 포트 번호를 인자로 받는다. 이 클래스의 객체는 m_acceptor라는 이름의 asio::ip::tcp::acceptor 클래스의 객체를 멤버로 갖는 데, Acceptor 클래스의 생성자에서 만드는 것이다.

Acceptor 클래스는 Start()와 Stop()이라는 2개의 공개 메서드를 제공한다. Start() 메서드가 불리면 Acceptor 클래스의 객체는 들어오는 연결 요청을 받아들이기 위해 포트를 듣기 시작한다. m_acceptor 수용자 소켓을 듣기 모드로 전환시키고, 클래스의 전용 메서드인 InitAccept()를 호출한다. InitAccept() 메서드는 그 안에서 능동 소켓 객체를 만든다. 그리고 수용자 소켓 객체의 async_accept() 메서드를 호출하여 비동기 수용 연산을 시작하는데, 이때 앞에서 만든 능동 소켓 객체를 인자로 전달한다. Acceptor 클래스의 onAccept() 메서드를 콜백으로 명시한다.

연결 요청이 수락되거나 오류가 발생했을 때 콜백인 onAccept()가 호출된다. 이 메서드는 먼저 비동기 연산 도중 오류가 일어났는지를 알아보기 위해 입력 인자인 ec를 확인한다. 연산이 성공적으로 끝났다면, Service 클래스의 인스턴스를 만들고 StartHandling() 메서드를 호출한다. 이 메서드에서 연결된 클라이언트를 처리한다. 오류가 발생했다면, 해당 메시지를 표준 출력 스트림으로 내보낸다.

다음으로 중단 명령이 들어왔는지 확인하기 위해 원자 변수인 m_isStopped을 검사한다. 값이 참이라면(Acceptor 객체에 대해 Stop() 메서드가 불렸다는 뜻), 새로운 비동기 수락 연산을 시작하지 않으며 저수준 수용자 객체도 닫는다. 이때 Acceptor 객체는 요청이 들어오는지 듣지도 않고 클라이언트로부터의 연결 요청 수락도 중단한다. 그 값이 참이 아니라면, InitAccept() 메서드를 호출하여 다음으로 들어오는 연결 요청을 받아들이는 새로운 비동기 수락 연산을 시작한다.

앞에서 알아보았듯이, Stop() 메서드를 호출하고 나면, Acceptor 객체는 현재 처리 중인 수락 연산이 끝난 후 새로운 비동기 수락 연산을 시작하지 않는다. 하지만 현재 진행 중인 연산은 취소시키지 않는다.

Server 클래스

Server 클래스는 이름에서 알 수 있듯이 서버를 나타내며 클래스의 인터페이스로는 Start()와 Stop()을 제공한다.

Start() 메서드는 서버를 시작하도록 한다. 인자는 두 가지를 받는다. 첫 번째 인자는 서버가 연결 요청이 있는지 들어야 하는 프로토콜 포트 번호이다. 두 번째 인자는 이벤트 루프를 돌면서 비동기 연산이 끝났을 때 이벤트를 처리할 스레드 풀의 크기를 나타낸다.

Start() 메서드는 먼저 들어오는 연결을 받아들이는 Acceptor 클래스의 객체를 인스턴스화하고 그 객체의 Start() 메서드를 불러 시작하도록 한다. 그런 다음, 작업자 스레드를 여러 개 만들고 asio::io_service 객체의 run() 메서드를 불러 각각의 스레드를 풀에 추가한다. 또한 모든 std::thread 객체는 m_thread_pool 벡터에 저장한다. 그래야만 서버를 끝내려 할 때 모두 조인시킬 수 있다.

Stop() 메서드는 먼저 Acceptor 객체인 acc의 Stop() 메서드를 불러 중단시킨다. 그런 다음, asio::io_service 객체인 m_ios의 stop() 메서드를 호출하면 대기중인 비동기 연산은 버려진다. 그래야 m_ios.run()로 풀에 추가한 스레드들이 최대한 빨리 끝날 수 있다. 그런 다음, Stop() 메서드는 풀에 있는 모든 스레드가 끝날 때까지 기다리기 위해 m_thread_pool 벡터에 등록된 모든 std::thread 객체를 돌면서 조인한다.

모든 스레드가 끝나면, Stop() 메서드도 반환한다.

main() 함수

이 함수로 서버를 사용하는 방법을 알아보자. 먼저 srv라는 이름의 Server 클래스 객체를 만든다. Server 클래스의 Start() 메서드를 호출하려면 풀의 크기를 알려줘야 하므로, 서버를 시작시키기 전에 풀의 최적 크기를 계산해야 한다. 대체로는 컴퓨터의 프로세서의 수 *2를 병렬 프로그램이 사용할 최적의 크기로 본다. 여기서는 프로세서의 수를 알아내기 위해 정적 메서드인 std::thread::hardware_concurrency()를 사용했다. 하지만 이 메서드가 실패해 0을 돌려줄 수도 있기 때문에, 그럴 때는 상수 값인 DEFAULT_THREAD_POOL_SIZE를 기본값으로 쓴다(이번 예제에서는 값이 2임).

스레드의 풀 크기를 계산한 후, Start() 메서드를 불러 서버를 시작하도록 한다. Start() 메서드는 스레드를 멈추게 하지 않는다. 이 함수가 반환되면, main() 메서드를 실행하던 스레드가 계속해서 실행된다. 서버가 어느 정도 살아 있도록 중심 스레드를 60초간 잠재운다. 중심 스레드가 깨어나면, 서버를 중단시키기 위해 srv 객체의 Stop() 메서드를 호출한다. Stop() 메서드가 반환되면, main() 함수도 반환되며 우리 예제 프로그램도 끝난다.

물론, 실제 애플리케이션에서는 사용자 입력이나 그 외 적절한 이벤트가 있을 때 서버를 끝낼 거란 점을 알아두자.

참고 사항

▶ 2장 'I/O 연산'에서 비동기 I/O를 하는 방법을 설명한다.

▶ 6장 '타이머 사용하기' 예제에서 Boost.Asio에서 제공하는 타이머^{timer}를 사용하는 방법을 설명한다. 타이머는 비동기 연산에 제한 시간^{timeout}을 두고 싶을 때 사용할 수 있다.

5

HTTP와 SSL/TLS

이 장에서 다루는 내용

- HTTP 클라이언트 애플리케이션 구현하기
- HTTP 서버 애플리케이션 구현하기
- 클라이언트 애플리케이션에 SSL/TLS 지원 추가하기

소개

이번 장에서는 HTTP 프로토콜 구현과 SSL/TLS 프로토콜 사용법이라는 두 가지 큰 주제를 살펴보자. 가볍게 이 두 프로토콜이 뭔지부터 알아보자.

HTTP 프로토콜이라는 TCP 프로토콜 위에서 사용되는 애플리케이션 프로토콜 중하나다. 인터넷에서 널리 사용되며, 클라이언트는 특정 자원을 달라는 서버에 요청을 보내고, 서버는 그에 맞춰 자원을 전송해준다. 이 밖에도 HTTP에서는 클라이언트가 서버로 데이터를 전송하거나 명령을 보낼 수도 있다.

HTTP 프로토콜은 통신과 관련된 여러 가지 모델이나 **메서드**를 가정한다. 각각은 특별한 목적에 사용된다. 가장 간단한 메서드는 GET으로 아래와 같은 이벤트가 일어난다.

1. HTTP 클라이언트 애플리케이션(예를 들어 웹브라우저)은 원하는 특정 자원(서버가 가진)에 대한 정보를 포함하는 요청 메시지를 생성하여 HTTP 서버애플리케이션(예를 들어, 웹 서버)으로 전송한다. 이때 전송 계층 프로토콜로는 TCP를 쓴다.

2. HTTP 서버 애플리케이션이 클라이언트로부터 요청을 받으면 분석한 후, 요청받은 자원을 저장소(이를 테면 파일 시스템이나 데이터베이스)에서 찾아내면 HTTP 응답 메시지에 실어 클라이언트로 보낸다.

요청과 응답 메시지의 형식은 HTTP 프로토콜에 정의되어 있다.

HTTP 프로토콜에서 정의하는 메서드에는 이 밖에도 여러 가지가 있다. 클라이언트가 능동적으로 데이터를 보낼 수도, 서버로 자원을 보내줄 수도 있으며, 서버에 있는 자원을 지울 수도, 그 외 다른 연산을 실행할 수 있다. 이번 장에서는 GET 메서드를 구현하는 방법을 알아보자. HTTP 프로토콜은 원칙적으로는 다들 비슷하기 때문에 하나만 구현해봐도 나머지는 어떻게 구현하면 될지 감을 잡을 수 있을 것이다.

이번 장에서 다룰 또 다른 주제는 바로 **SSL과 TLS 프로토콜**이다. **보안 소켓 계층**(SSL, Secure Socket Layer)과 **전송 계층 보안**(TLS, Transport Layer Security) 프로토콜은 TCP 프로토콜을 기반으로 동작하며 다음의 두 가지 목표를 지향한다.

- 디지털 인증서^{certificate}를 사용해 통신 참여자간의 신분을 인증할 수 있다.
- TCP 프로토콜로 데이터를 안전하게 전송할 수 있게 한다.

SSL과 TLS 프로토콜은 널리 사용되며 특히 웹에서 많이 사용된다. 클라이언트가 민감 데이터(비밀번호, 신용카드번호, 개인 정보 등등)을 보낼 수 있는 웹 서버에서는 대부분 SSL/TLS가 가능한 통신을 지원한다. HTTPS(SSL을 사용하는 HTTP) 프로토콜을 사용해 서버를 인증할 수 있도록 하고(때로는 서버가 클라이언트를 인증하기를 원할 때도 있지만 매우 드물다), 데이터를 암호화하여 전송함으로써 악의적 사용자가 데이터를 가로채더라도 데이터를 가지고 아무것도 하지 못하도록 한다.

 Boost.Asio에는 SSL/TLS 프로토콜 구현이 포함되어 있지 않다. 대신 OpenSSL 라이브러리를 사용한다. Boost.Asio는 OpenSSL에서 제공하는 기능을 활용할 수 있는 클래스, 함수 그리고 데이터 구조체들을 제공하여 애플리케이션의 코드가 좀 더 균일하고 객체지향적이 될 수 있도록 한다.

이번 장에서 OpenSSL 라이브러리나 SSL/TLS 프로토콜에 대해 자세히 다루진 않을 생각이다. 이 책의 범위를 넘어서는 일이니까 말이다. 대신 OpenSSL 라이브러리를 활용하는 Boost.Asio의 툴^{tool}들을 살펴보고, 그 툴을 사용해 SSL/TLS를 지원하는 네트워크 애플리케이션을 구현하는 방법을 살펴보자.

SSL/TLS 프로토콜을 사용해 안전하게 통신하는 클라이언트와 서버 프로그램을 만드는 방법은 2개의 예제로 나눠 알아보자. 프로그램에서 SSL/TLS 관련 부분을 더욱 선명하게 보여주기 위해 나머지 부분은 최대한 간단하게 바꿨다. 클라이언트와 서버 프로그램은 비동기 방법을 사용하는 데, 이 책의 다른 장에서 설명한 예제를 활용했다. 그러니 기본 TCP 클라이언트/서버와 SSL/TLS를 지원하는 고급 버전이 이전 예제와 어떻게 다른지 비교해볼 수 있을 것이다. 그리고 분산 애플리케이션에서 SSL/TLS를 지원하려면 뭐가 필요한 지도 더 잘 이해할 수 있을 것이다.

HTTP 클라이언트 애플리케이션 구현하기

HTTP 클라이언트는 많은 애플리케이션이 존재하는 중요한 분산 소프트웨어이다. 그중에서도 가장 독보적인 존재는 웹 브라우저이다. 웹 브라우저는 HTTP 프로토콜을 사용해 웹 서버에서 웹 페이지를 요청한다. 현대의 HTTP 클라이언트는 웹에서만 쓰이는 것이 아니다. 많은 분산 애플리케이션에서 어떠한 종류든 데이터를 주고받을 때 이 프로토콜을 쓴다. 분산 애플리케이션을 설계할 때 새로이 통신 프로토콜을 만드는 것보다는 HTTP를 사용하는 편이 훨씬 나을 것이다.

이번 예제에서는 Boost.Asio를 사용하여 다음을 만족시키는 HTTP 클라이언트를 구현해보자.

- HTTP GET 요청 메서드 지원
- 비동기적으로 요청 실행하기
- 요청 취소하기

이제 구현하러 가보자.

예제 구현

클라이언트 프로그램은 시작시켰지만 아직 완료되지 않은 요청을 취소하는 기능도 제공해야 한다. 모든 플랫폼에서 취소를 할 수 있어야 할 것이다. 그러니 요청 취소가 활성화되도록 Boost.Asio 라이브러리를 구성하자. 자세한 것은 2장의 '비동기 연산' 예제를 참고하자.

```
#include <boost/predef.h> // OS를 알아내기 위한 헤더

// 윈도우 XP와 윈도우 서버 2003과 그 이전 버전에서도
// I/O 연산을 취소할 수 있게 하고 싶다.
// 자세한 것은 "http://www.boost.org/doc/libs/1_58_0/
// doc/html/boost_asio/reference/basic_stream_socket/
// cancel/overload1.html"을 참고하자.

#ifdef BOOST_OS_WINDOWS
#define _WIN32_WINNT 0x0501

#if _WIN32_WINNT <= 0x0502 // 윈도우 서버 2003과 그 이전 버전
#define BOOST_ASIO_DISABLE_IOCP
#define BOOST_ASIO_ENABLE_CANCELIO
#endif
#endif
```

다음으로 구현할 때 필요한 Boost.Asio 라이브러리 헤더와 표준 C++ 라이브러리
의 헤더를 불러들이자.

```
#include <boost/asio.hpp>

#include <thread>
#include <mutex>
#include <memory>
#include <iostream>

using namespace boost;
```

클라이언트 애플리케이션을 이루는 클래스와 함수를 구현하기 전에 오류를 표현하고 처리하는 방법에 대해 좀 더 준비해두도록 하자.

HTTP 클라이언트 애플리케이션을 구현할 때는 세 종류의 오류를 처리해야 한다. 첫 번째는 Boost.Asio 함수와 클래스의 메서드를 실행할 때 일어날 수 있는 오류 값으로 숫자다. 예를 들어, 아직 열리지 않은 소켓 객체에 대해 `write_some()` 메서드를 호출한다면 시스템에 따라 다른 오류 코드를 반환한다(또는 사용한 오버로딩 버전에 따라 예외를 던지거나 인자에 값을 실어 보낼 수도 있다). 열리지 않은 소켓에서 지원할 수 없는 연산을 했다고 알리는 오류이다.

두 번째 오류 종류는 HTTP 프로토콜에 정의된 오류와 비오류 상태 코드이다. 예를 들어, 클라이언트가 보낸 요청에 대한 응답으로 서버가 상태 코드 200을 보낸다면, 클라이언트의 요청이 잘 처리됐다는 뜻이다. 그와 달리 요청된 연산을 하는 동안 발생한 상태 코드 500은 서버에 오류가 발생해 요청을 제대로 처리하지 못했다는 것을 뜻한다.

세 번째 오류 종류는 HTTP 프로토콜 자체와 관계가 있다. 서버가 클라이언트가 보낸 요청을 수정하기 위해 응답 메시지를 보낸다면, 제대로 된 HTTP 응답이라고 보기는 어렵다. 그러니 클라이언트는 이 사실을 오류 코드로 바꿔 표현해야만 한다.

첫 번째 종류에 속하는 오류들은 Boost.Asio 라이브러리의 코드에 오류 코드가 정의되어 있다. 두 번째 종류들은 HTTP 프로토콜의 상태 코드로 정의되어 있다. 세 번째 클래스는 어디에도 정의가 되어 있지 않기 때문에 각자 자신의 애플리케이션에서 적절한 오류 코드를 정의해야 한다.

서버가 올바르지 않은 HTTP 응답 메시지를 보내서 클라이언트가 분석할 수 없다는 사실을 알리는 일반적인 오류를 나타내는 오류 코드를 하나 정의하자. 이 오류 코드의 이름은 `invalid_response`라고 하자.

```
namespace http_errors {
  enum http_error_codes
  {
  invalid_response = 1
  };
```

그런 다음, 앞에서 정의한 invalid_response 오류 코드가 포함된 오류 카테고리를 나타내는 클래스를 정의하자. 이 카테고리는 http_errors_category라고 하자.

```
class http_errors_category
  : public boost::system::error_category
{
public:
  const char* name() const BOOST_SYSTEM_NOEXCEPT
  { return "http_errors"; }

  std::string message(int e) const {
    switch (e) {
    case invalid_response:
      return "Server response cannot be parsed.";
      break;
    default:
      return "Unknown error.";
      break;
    }
  }
};
```

그런 다음, 이 클래스의 정적 객체를 정의하고, 그 객체를 반환하는 함수, 그리고 우리가 정한 데이터형인 http_error_codes형의 오류 코드를 받는 make_error_code() 함수를 정의한다.

```
const boost::system::error_category&
get_http_errors_category()
{
    static http_errors_category cat;
    return cat;
}

boost::system::error_code
  make_error_code(http_error_codes e)
{
    return boost::system::error_code(
        static_cast<int>(e), get_http_errors_category());
}
} // 네임스페이스 http_errors
```

마지막으로 `http_error_codes` 열거형^{enumeration}에 포함된 값들을 오류 코드로 생각해야 한다는 것을 Boost 라이브러리에게 알려야 애플리케이션에서 새 오류 코드를 사용할 수 있다. 그러기 위해 다음 구조체의 정의를 `boost::system` 네임스페이스에 추가하자.

```
namespace boost {
  namespace system {
    template<>
struct is_error_code_enum
<http_errors::http_error_codes>
{
    BOOST_STATIC_CONSTANT(bool, value = true);
  };
  } // 네임스페이스 system
} // 네임스페이스 boost
```

HTTP 클라이언트 애플리케이션은 비동기로 만들 생각이므로 클라이언트의 사용자가 요청을 시작시키려면 콜백 함수에 대한 포인터를 전달해야 한다. 이 콜백은 요청이 처리되고 난 후 호출된다. 콜백 함수에 대한 포인터를 나타내는 데이터형을 정의하자.

콜백 함수가 호출되면 다음 세 가지를 나타내는 인자를 받아야 한다.

- 어떤 요청이 끝났는가?
- 어떤 응답이 왔는가?
- 요청이 성공적으로 처리됐는가? 아니라면 발생한 오류를 나타내는 오류 코드는 무엇인가?

앞으로 HTTP 요청과 응답을 나타내는 HTTPRequest와 HTTPResponse 클래스를 정의할 생각이라는 것을 알아두자. 아직은 정의하지 않았으므로 전방 선언^{forward declaration}을 해두자. 다음에 콜백 함수 포인터형에 대한 선언이 나와 있다.

```
class HTTPClient;
class HTTPRequest;
class HTTPResponse;

typedef void(*Callback) (const HTTPRequest& request,
  const HTTPResponse& response,
  const system::error_code& ec);
```

HTTPResponse 클래스

이제 클라이언트에게 요청에 대한 응답으로 보낼 HTTP 응답 메시지를 나타내는 클래스를 정의하자.

```
class HTTPResponse {
  friend class HTTPRequest;
    HTTPResponse() :
```

```cpp
        m_response_stream(&m_response_buf)
      {}
  public:

    unsigned int get_status_code() const {
      return m_status_code;
    }

    const std::string& get_status_message() const {
      return m_status_message;
    }

    const std::map<std::string, std::string>& get_headers() {
      return m_headers;
    }

    const std::istream& get_response() const {
      return m_response_stream;
    }

private:
    asio::streambuf& get_response_buf() {
      return m_response_buf;
    }

    void set_status_code(unsigned int status_code) {
      m_status_code = status_code;
    }

    void set_status_message(const std::string& status_message) {
      m_status_message = status_message;
    }

    void add_header(const std::string& name,
```

238

```
  const std::string& value)
  {
    m_headers[name] = value;
  }

private:
  unsigned int m_status_code; // HTTP 상태 코드
  std::string m_status_message; // HTTP 상태 메시지

  // 응답 헤더
  std::map<std::string, std::string> m_headers;
  asio::streambuf m_response_buf;
  std::istream m_response_stream;
};
```

HTTPResponse 클래스는 매우 간단하다. 전용 데이터 멤버들은 응답 상태 코드와 상태 메시지, 그리고 응답 헤더와 본문^{body}과 같이 HTTP 응답을 구성하는 부분들을 각각 맡고 있다. 공개 인터페이스를 통해 이 데이터 멤버의 값을 알아올 수 있으나 그 값을 설정하려면 전용 메서드를 써야 한다.

HTTP 요청을 나타내는 HTTPRequest 클래스가 HTTPResponse의 친구^{friend}로 선언됐다. 응답 메시지가 도착하면 HTTPRequest 객체가 HTTPResponse 클래스의 전용 메서드를 사용해 데이터 멤버 값을 설정할 것이다. 자세한 것은 나중에 알아보자.

HTTPRequest 클래스

다음으로 사용자가 제공한 정보로 HTTP 요청 메시지를 만들어 서버로 보내고, HTTP 응답 메시지를 받아 분석하는 기능을 제공하는 클래스를 정의해보자.

이 클래스에서 거의 대부분의 기능을 제공하므로 이번 애플리케이션의 핵심이라 할 수 있다.

이후에 HTTP 클라이언트를 나타내는 `HTTPClient` 클래스를 정의할 것인데, 모든 `HTTPRequest` 객체에 공통으로 쓰이는 `asio::io_service` 인스턴스 하나를 소유하며, `HTTPRequest` 객체를 생산하는 공장factory 역할을 맡는다. 그래서 `HTTPClient` 클래스를 `HTTPRequest` 클래스의 친구로 선언하고 `HTTPRequest` 클래스의 생성자를 전용으로 선언한다.

```cpp
class HTTPRequest {
    friend class HTTPClient;

    static const unsigned int DEFAULT_PORT = 80;

    HTTPRequest(asio::io_service& ios, unsigned int id) :
      m_port(DEFAULT_PORT),
      m_id(id),
      m_callback(nullptr),
      m_sock(ios),
      m_resolver(ios),
      m_was_cancelled(false),
      m_ios(ios)
    {}
```

생성자는 인자를 2개 받는다. 첫 번째는 `asio::io_service` 클래스이고, 두 번째는 부호 없는 정수인 `id`이다. `id`는 요청의 고유 식별자 값으로 클래스의 사용자가 할당하며, 요청 객체들을 구별하는 데 사용한다.

이제 이 클래스의 공개 인터페이스를 정의하자.

```cpp
public:
  void set_host(const std::string& host) {
    m_host = host;
  }
```

```cpp
void set_port(unsigned int port) {
  m_port = port;
}

void set_uri(const std::string& uri) {
  m_uri = uri;
}

void set_callback(Callback callback) {
  m_callback = callback;
}

std::string get_host() const {
  return m_host;
}

unsigned int get_port() const {
  return m_port;
}

const std::string& get_uri() const {
  return m_uri;
}

unsigned int get_id() const {
  return m_id;
}

void execute() {
  // 전체 조건이 성립하는지 확인한다.
  assert(m_port > 0);
  assert(m_host.length() > 0);
  assert(m_uri.length() > 0);
  assert(m_callback != nullptr);
```

```cpp
  // 해석 질의를 준비한다.
  asio::ip::tcp::resolver::query resolver_query(m_host,
    std::to_string(m_port),
    asio::ip::tcp::resolver::query::numeric_service);

  std::unique_lock<std::mutex>
    cancel_lock(m_cancel_mux);

  if (m_was_cancelled) {
    cancel_lock.unlock();
    on_finish(boost::system::error_code(
    asio::error::operation_aborted));
    return;
  }

  // 호스트 이름을 해석한다.
  m_resolver.async_resolve(resolver_query,
      [this](const boost::system::error_code& ec,
      asio::ip::tcp::resolver::iterator iterator)
  {
      on_host_name_resolved(ec, iterator);
  });
}

  void cancel() {
    std::unique_lock<std::mutex>
      cancel_lock(m_cancel_mux);

  m_was_cancelled = true;

  m_resolver.cancel();

  if (m_sock.is_open()) {
```

```
        m_sock.cancel();
    }
}
```

공개 인터페이스를 사용하면 클래스 사용자는 서버가 실행 중인 호스트의 DNS 이름, 프로토콜 포트 번호, 원하는 자원의 URI 등과 같은 GET HTTP 요청의 파라미터parameter를 설정할 수 있다. 이 밖에도 공개 메서드를 사용해 요청이 완료되고 난 후 호출할 콜백 함수에 대한 포인터도 설정할 수 있다.

요청을 실행하기 원한다면 execute() 메서드를 쓰자. 또한 요청이 시작된 후 아직 끝나지 않았다면 cancel() 메서드로 취소할 수 있다. 각각에 대해서는 조금 뒤에 알아보자.

이제 세부 사항을 구현한 전용 메서드를 구현해보자. 먼저 비동기 DNS 이름 해석 연산에 대한 콜백으로 사용할 메서드를 구현하자.

```
private:
    void on_host_name_resolved(
        const boost::system::error_code& ec,
        asio::ip::tcp::resolver::iterator iterator)
{
        if (ec != 0) {
         on_finish(ec);
         return;
        }

      std::unique_lock<std::mutex>
        cancel_lock(m_cancel_mux);

    if (m_was_cancelled) {
    cancel_lock.unlock();
     on_finish(boost::system::error_code(
```

```
        asio::error::operation_aborted));
        return;
    }

    // 호스트에 연결한다.
    asio::async_connect(m_sock,
        iterator,
        [this](const boost::system::error_code& ec,
        asio::ip::tcp::resolver::iterator iterator)
    {
        on_connection_established(ec, iterator);
    });

}
```

그런 다음, 비동기 연결 요청에 대한 콜백으로 쓸 메서드를 정의하자. 비동기 연결 요청은 방금 전 정의한 on_host_name_resolved()에서 시작하도록 한다.

```
    void on_connection_established(
        const boost::system::error_code& ec,
        asio::ip::tcp::resolver::iterator iterator)
{

        if (ec != 0) {
          on_finish(ec);
          return;
        }

        // 요청 메시지를 구성한다.
        m_request_buf += "GET " + m_uri + " HTTP/1.1\r\n";

        // 헤더 추가는 필수다.
        m_request_buf += "Host: " + m_host + "\r\n";
```

```cpp
    m_request_buf += "\r\n";

    std::unique_lock<std::mutex>
      cancel_lock(m_cancel_mux);

    if (m_was_cancelled) {
      cancel_lock.unlock();
      on_finish(boost::system::error_code(
      asio::error::operation_aborted));
      return;
    }

    // 요청 메시지를 보낸다.
    asio::async_write(m_sock,
      asio::buffer(m_request_buf),
      [this](const boost::system::error_code& ec,
      std::size_t bytes_transferred)
    {
      on_request_sent(ec, bytes_transferred);
    });
}
```

서버로 요청 메시지를 보내고 난 후 호출되는 콜백인 on_request_sent() 메서드
를 정의하자.

```cpp
    void on_request_sent(const boost::system::error_code& ec,
      std::size_t bytes_transferred)
{
    if (ec != 0) {
      on_finish(ec);
      return;
    }
```

```cpp
    m_sock.shutdown(asio::ip::tcp::socket::shutdown_send);

    std::unique_lock<std::mutex>
      cancel_lock(m_cancel_mux);

    if (m_was_cancelled) {
      cancel_lock.unlock();
      on_finish(boost::system::error_code(
      asio::error::operation_aborted));
      return;
    }


    // 상태 행을 읽는다.
    asio::async_read_until(m_sock,
      m_response.get_response_buf(),
      "\r\n",
      [this](const boost::system::error_code& ec,
      std::size_t bytes_transferred)
    {
      on_status_line_received(ec, bytes_transferred);
    });
  }
```

이제 응답 메시지의 첫 번째 부분인 **상태 행** status line 이 서버에 도착했을 때 호출될 또 다른 콜백 메서드가 필요하다.

```cpp
    void on_status_line_received(
      const boost::system::error_code& ec,
      std::size_t bytes_transferred)
    {
      if (ec != 0) {
        on_finish(ec);
      return;
```

```
}

// 상태 행을 분석한다.
std::string http_version;
std::string str_status_code;
std::string status_message;

std::istream response_stream(
&m_response.get_response_buf());
response_stream >> http_version;

if (http_version != "HTTP/1.1"){
  // 응답이 올바르지 않다.
  on_finish(http_errors::invalid_response);
  return;
}

response_stream >> str_status_code;

// 상태 코드를 정수로 바꾼다.
unsigned int status_code = 200;

try {
  status_code = std::stoul(str_status_code);
}
catch (std::logic_error&) {
  // 응답이 올바르지 않다.
  on_finish(http_errors::invalid_response);
  return;
}

std::getline(response_stream, status_message, '\r');
// 버퍼에서 '\n' 기호를 제거한다.
response_stream.get();
```

```
m_response.set_status_code(status_code);
m_response.set_status_message(status_message);

std::unique_lock<std::mutex>
  cancel_lock(m_cancel_mux);

if (m_was_cancelled) {
  cancel_lock.unlock();
  on_finish(boost::system::error_code(
  asio::error::operation_aborted));
  return;
}

// 여기에 이르면 상태 행을 무사히 받아 분석한 것이다.
// 이제 응답 헤더를 읽는다.
asio::async_read_until(m_sock,
  m_response.get_response_buf(),
  "\r\n\r\n",
  [this](
  const boost::system::error_code& ec,
  std::size_t bytes_transferred)
{
  on_headers_received(ec,
    bytes_transferred);
});
}
```

이제 응답 메시지의 다음 부분인 **응답 헤더 블록**이 도착하면 호출할 콜백을 정의하
자. 이 메서드는 on_headers_received() 라고 부르도록 하자.

```
void on_headers_received(const boost::system::error_code& ec,
  std::size_t bytes_transferred)
```

```
{
  if (ec != 0) {
    on_finish(ec);
    return;
  }

  // 헤더를 분석한 후 저장한다.
  std::string header, header_name, header_value;
  std::istream response_stream(
  &m_response.get_response_buf());

  while (true) {
    std::getline(response_stream, header, '\r');

    // 스트림에서 '\n' 기호를 제거한다.
    response_stream.get();

    if (header == "")
     break;

  size_t separator_pos = header.find(':');
  if (separator_pos != std::string::npos) {
    header_name = header.substr(0,
     separator_pos);

    if (separator_pos < header.length() - 1)
      header_value =
      header.substr(separator_pos + 1);
    else
      header_value = "";

  m_response.add_header(header_name,
    header_value);
    }
```

```
    }

    std::unique_lock<std::mutex>
      cancel_lock(m_cancel_mux);

    if (m_was_cancelled) {
      cancel_lock.unlock();
      on_finish(boost::system::error_code(
      asio::error::operation_aborted));
      return;
    }

    // 응답 본문을 읽는다.
    asio::async_read(m_sock,
      m_response.get_response_buf(),
      [this](
      const boost::system::error_code& ec,
      std::size_t bytes_transferred)
    {
      on_response_body_received(ec,
        bytes_transferred);
    });

    return;
  }
```

이 밖에도 응답의 마지막 부분인 **응답 본문**을 처리할 메서드가 필요하다. 이 메서드 역시 콜백으로 사용되는데, 서버에서 응답 본문이 모두 도착하고 나면 이 메서드를 호출한다.

```
    void on_response_body_received(
    const boost::system::error_code& ec,
      std::size_t bytes_transferred)
```

```cpp
{
    if (ec == asio::error::eof)
        on_finish(boost::system::error_code());
    else
        on_finish(ec);
}
```

끝으로 execute() 메서드에서 시작한 모든 실행 경로가 마지막으로 거쳐야 하는 on_finish() 메서드를 정의하자. 이 메서드는 요청이 완료됐을 때(성공했든 아니든) 호출되며, HTTPRequest 클래스의 사용자에게 요청에 대한 처리가 완료됐음을 알리는 역할을 맡는다.

```cpp
void on_finish(const boost::system::error_code& ec)
{
    if (ec != 0) {
        std::cout << "Error occured! Error code = "
            << ec.value()
            << ". Message: " << ec.message();
    }

    m_callback(*this, m_response, ec);

    return;
}
```

HTTPRequest 클래스의 개별 인스턴스에 대한 데이터를 나타내는 변수도 필요하다. 여기서는 클래스의 데이터 멤버로 선언한다.

```cpp
private:
    // 요청 파라미터
    std::string m_host;
    unsigned int m_port;
```

```cpp
std::string m_uri;

// 객체 고유 식별자
unsigned int m_id;

// 요청이 완료되면 부를 콜백
Callback m_callback;

// 요청 행을 저장할 버퍼
std::string m_request_buf;

asio::ip::tcp::socket m_sock;
asio::ip::tcp::resolver m_resolver;

HTTPResponse m_response;

bool m_was_cancelled;
std::mutex m_cancel_mux;

asio::io_service& m_ios;
```

이제 닫는 괄호를 써넣어 `HTTPRequest` 클래스 정의를 끝내자.

HTTPClient 클래스

이번 애플리케이션에서 필요한 마지막 클래스는 다음 세 가지 기능을 제공해야
한다.

- 스레드 사용 정책을 갖는다.
- Boost.Asio 이벤트 루프를 돌면서 비동기 연산이 완료됐을 때 이벤트를 처
  리하는 스레드들의 풀을 관리한다. 즉, 스레드를 만들어 풀에 넣고, 필요하

다면 스레드를 소멸시킨다.

- HTTPRequest 객체를 만드는 공장 역할을 맡는다.

이 클래스는 HTTPClient라고 부르도록 하자.

```cpp
class HTTPClient {
public:
  HTTPClient(){
    m_work.reset(new boost::asio::io_service::work(m_ios));

    m_thread.reset(new std::thread([this](){
      m_ios.run();
    }));
  }

  std::shared_ptr<HTTPRequest>
  create_request(unsigned int id)
  {
  return std::shared_ptr<HTTPRequest>(
  new HTTPRequest(m_ios, id));
  }

  void close() {
    // work 객체를 소멸시킨다.
    m_work.reset(NULL);

    // I/O 스레드가 끝나기를 기다린다.
    m_thread->join();
  }

private:
  asio::io_service m_ios;
  std::unique_ptr<boost::asio::io_service::work> m_work;
```

```
        std::unique_ptr<std::thread> m_thread;
};
```

콜백과 main( ) 함수

드디어 세 클래스와 여러 보조 데이터형으로 구성된 기본적인 HTTP 클라이언트를
만들었다. 이제 클라이언트에 속하지 않는 두 함수를 정의해보자. 이 함수들을 통해
HTTP 프로토콜로 서버와 통신하는 방법을 알아볼 수 있다. 첫 번째 함수는 요청이
완료됐을 때 호출하는 콜백이다. 이 함수의 서명은 앞에서 정의한 함수 포인터형인
Callback과 일치해야만 한다. 이 콜백 함수는 handler()라고 부르도록 하자.

```
    void handler(const HTTPRequest& request,
      const HTTPResponse& response,
      const system::error_code& ec)
    {
      if (ec == 0) {
        std::cout << "Request #" << request.get_id()
          << " has completed. Response: "
          << response.get_response().rdbuf();
      }
      else if (ec == asio::error::operation_aborted) {
        std::cout << "Request #" << request.get_id()
          << " has been cancelled by the user."
          << std::endl;
      }
      else {
        std::cout << "Request #" << request.get_id()
          << " failed! Error code = " << ec.value()
          << ". Error message = " << ec.message()
          << std::endl;
      }
```

254

```
    return;
}
```

두 번째이자 마지막 함수인 main() 함수를 알아보자. 이 함수는 HTTP 클라이언트를 사용해 서버로 HTTP 요청을 전송한다.

```
int main()
{
  try {
    HTTPClient client;

    std::shared_ptr<HTTPRequest> request_one =
      client.create_request(1);

    request_one->set_host("localhost");
    request_one->set_uri("/index.html");
    request_one->set_port(3333);
    request_one->set_callback(handler);

    request_one->execute();

    std::shared_ptr<HTTPRequest> request_two =
      client.create_request(1);

    request_two->set_host("localhost");
    request_two->set_uri("/example.html");
    request_two->set_port(3333);
    request_two->set_callback(handler);

    request_two->execute();

    request_two->cancel();
```

```
        // 요청이 완료되도록 15초 동안 아무것도 하지 않는다.
        std::this_thread::sleep_for(std::chrono::seconds(15));

        // 클라이언트를 닫고 애플리케이션을 끝낸다.
        client.close();
    }
    catch (system::system_error &e) {
        std::cout << "Error occured! Error code = " << e.code()
            << ". Message: " << e.what();

        return e.code().value();
    }

    return 0;
};
```

예제 분석

이제 HTTP 클라이언트가 동작하는 방식을 살펴보자. 이번 애플리케이션은 크게 5개로 나눌 수 있다. 먼저 3개의 클래스인 HTTPClient, HTTPRequest와 HTTPResponse가 있고, handler()와 같은 콜백 함수와 main() 함수가 있다. 이제 각 부분이 어떻게 동작하는지 하나씩 살펴보자.

HTTPClient 클래스

클래스의 생성자는 먼저 asio::io_service::work 객체를 만들어두어 이벤트 루프를 도는 스레드가 남아 있는 비동기 연산이 없어 루프를 빠져 나가지 않도록 한다. 그런 다음, 새로운 스레드를 생성해 m_ios 객체의 run() 메서드를 호출하여 풀에 추가한다. HTTPClient 클래스가 첫 번째 기능과 두 번째 기능의 일부를 수행하는 부분으로, 스레드 정책을 수행하고 스레드를 풀에 추가하는 기능을 한다.

HTTPClient 클래스의 세 번째 기능인 HTTP 요청을 나타내는 객체를 생성하는 공장으로서의 동작은 공개 메서드인 create_request()에서 수행된다. 이 메서드는 HTTPRequest 클래스의 인스턴스를 자유 메모리에 만들어 이를 가리키는 공유 포인터를 반환한다. 입력 인자로 이 메서드는 새로 생성한 요청 객체에 대한 고유 식별자를 나타내는 정수 값을 받는다. 식별자를 사용해 여러 요청 객체들을 구별한다.

close() 메서드는 클래스의 공개 인터페이스로 asio::io_service::work 객체를 소멸시킨다. 그 후 남아 있는 비동기 연산 종료 이벤트가 없다면 스레드가 이벤트 루프를 빠져 나오게 된다. 이 메서드는 모든 스레드가 루프를 빠져 나올 때까지 멈춘다.

HTTPRequest 클래스

이제 HTTPRequest 클래스의 데이터 멤버와 그 기능을 살펴보면서 이 클래스의 동작을 알아보자. HTTPRequest 클래스에는 다음과 같이 총 12개의 데이터 멤버가 있다.

- 요청 파라미터
    ```
    std::string m_host;
    unsigned int m_port;
    std::string m_uri;
    ```
- 객체 고유 식별자
    ```
    unsigned int m_id;
    ```
- 클래스의 사용자가 제공한 콜백 함수에 대한 포인터. 요청이 완료되고 난 후 호출된다.
    ```
    Callback m_callback;
    ```
- HTTP 요청 메시지를 저장하는 문자열 버퍼
    ```
    std::string m_request_buf;
    ```
- 서버와 통신할 때 쓰는 소켓
    ```
    asio::ip::tcp::socket m_sock;
    ```

- 사용자가 제공한 서버 호스트의 DNS 이름을 해석할 때 사용할 해석기 객체

  asio::ip::tcp::resolver m_resolver;

- 서버에서 받은 응답을 나타내는 HTTPResponse 클래스 객체

  HTTPResponse m_response;

- 요청 취소 기능(조금 뒤에 설명)을 지원하기 위한 플래그와 mutex 객체

  bool m_was_cancelled;

  std::mutex m_cancel_mux;

- 해석기와 소켓 객체에서 사용할 asio::io_service 클래스의 인스턴스를 가리키는 참조자. asio::io_service 클래스의 인스턴스 자체는 HTTPClient 클래스에서 관리하며 그 안에 한 가지 인스턴스만 있다.

  asio::io_service& m_ios;

HTTPRequest 객체의 인스턴스는 단 하나의 HTTP GET 요청을 나타낸다. 이 클래스가 요청을 보내는 과정은 두 단계로 나뉜다. 먼저, 객체의 설정 메서드를 불러 요청의 파라미터와 요청 완료에 대한 콜백 함수를 설정한다. 다음으로 execute() 메서드를 호출해 요청 실행을 시작하도록 한다. 요청이 완료되면 콜백 함수가 호출된다.

set_host(), set_port(), set_uri()와 set_callback()과 같은 설정 메서드를 사용하면 서버 호스트의 DNS 이름과 포트 번호, 요청하는 자원의 URI, 그리고 요청에 대한 처리가 완료됐을 때 부를 콜백 함수를 설정할 수 있다. 각 메서드는 단 하나의 인자를 받아 HTTPRequest 객체의 데이터 멤버에 그 값을 저장한다.

get_host(), get_port()와 get_uri()와 같은 불러오기 메서드를 사용해 설정 메서드가 저장한 값들을 받아볼 수 있다. get_id() 메서드는 요청 객체의 고유 식별자를 반환하는데, 요청 객체를 인스턴스화할 때 생성자로 이 값을 전달한다.

execute() 메서드는 일련의 비동기 연산을 시작시켜 요청을 처리한다. 각 비동기 연산은 요청 처리 과정의 한 단계씩을 수행한다.

요청 객체 내 서버 호스트가 DNS 이름으로 표현되어 있으므로(IP 주소가 아니라), 서버로 요청 메시지를 보내기 전에 해당 DNS 이름을 해석하여 IP 주소로 바꾸어야 한다. 그래서 요청 처리의 첫 번째 단계는 바로 DNS 이름 해석이다.

execute() 메서드는 이름 해석 질의를 준비한 후 해석기 객체의 async_resolve() 메서드를 호출한다. 이때 HTTPRequest 클래스의 전용 메서드인 on_host_name_resolve()를 연산이 끝날 때 사용할 콜백으로 전달한다.

서버 호스트 DNS 이름에 대한 해석이 끝나면, on_host_name_resolved() 메서드가 호출된다. 이 메서드는 인자로 2개를 받는다. 첫 번째 인자는 오류 코드이며 연산의 상태를 알린다. 두 번째는 해석 과정을 거쳐 그 결과로 나온 종료점들의 모음을 가리키는 반복자다.

곧이어 on_host_name_resolved() 메서드가 새로운 비동기 연산을 시작하도록 한다. 소켓 연결을 시도하는 것이다. 이때는 asio::async_connect() 자유 함수를 사용하는데, 소켓 객체인 m_sock과 인자로 받은 반복자를 전달한다. 그러면 처음으로 찾은 유효한 종료점과 소켓을 연결시켜준다. on_connection_established() 메서드는 비동기 연결 연산이 끝났을 때 호출될 콜백이다.

비동기 연결 연산이 끝나면, on_connection_established() 메서드가 호출된다. 이 함수로 전달되는 첫 번째 인자는 연산의 상태를 알리는 ec다. 이 값이 0이라면, 소켓이 종료점들 중 하나로 잘 연결됐다는 뜻이다. on_connection_established() 메서드는 HTTPRequest 객체의 데이터 멤버에 저장된 요청 파라미터들을 사용해 HTTP GET 요청 메시지를 생성한다. 그런 다음, 생성한 HTTP 요청 메시지를 비동기적으로 서버에게 전송하기 위해 asio::async_write() 자유 함수를 호출한다. asio::async_write() 연산이 끝나면 호출될 콜백은 클래스의 전용 메서드인 on_request_sent()이다.

요청 전송에 성공하면, 클라이언트 애플리케이션은 소켓의 전송 부분을 종료시킨다. 그러면 서버에게 전체 요청을 전달했으며, 앞으로 아무것도 보내지 않겠다는 것을 알릴 수 있다. 그런 다음, 클라이언트는 서버가 보낼 응답 메시지를 기다려야만 한다. 이러한 일련의 작업을 `on_request_sent()` 메서드가 수행한다. 먼저, 전송 부분을 종료시키기 위해 `asio::ip::tcp::socket::shutdown_send`를 인자로 전달하면서 소켓 객체의 `shutdown()` 메서드를 호출한다. 그런 다음, 서버로부터 오는 응답을 듣기 위해 `asio::async_read_until()` 자유 함수를 호출한다.

응답은 매우 클 수도 있고, 그 크기를 미리 알 수도 없기 때문에 한 번에 다 읽을 생각은 없다. 먼저 **HTTP 응답 상태 행**부터 읽으려고 한다. 그런 다음, 그 값을 분석하여 응답의 나머지 부분을 계속 읽거나(필요하다고 판단하면), 아니면 버릴 것이다. 그래서 HTTP 응답 상태 행의 끝을 나타내는 \r\n 기호들을 `asio::async_read_until()` 메서드에 구분자 인자로 전달한다. `on_status_line_received()` 메서드는 연산 완료 콜백으로 명시한다.

상태 행을 수신하면, `on_status_line_received()` 메서드를 호출한다. 이 메서드는 상태 행을 분석하여 HTTP 프로토콜 버전 값, 응답 상태 코드, 그리고 응답 상태 메시지를 추출한다. 각 값들이 정확한지부터 확인한다. 이번 예제에서 HTTP 버전은 1.1이어야 한다. 그렇지 않다면 응답이 부정확한 것으로 보고 요청 처리 과정을 중단한다. 상태 코드는 정수 값이어야 한다. 만약 문자열을 정수로 변환하지 못했다면, 응답이 부정확한 것으로 보아 더 이상 처리하지 않는다. 응답 상태 행이 정확하다면, 요청 처리 과정을 계속 진행한다. 추출한 상태 코드와 상태 메시지는 `m_response` 멤버 객체에 저장한다. 그런 다음, 요청 처리 과정의 다음 단계를 위해 새로운 비동기 연산을 시작하도록 한다. 이제 응답 헤더 블록을 읽을 차례다.

HTTP 프로토콜에 따르면, 응답 헤더 블록은 \r\n\r\n 로 끝난다. 따라서 이를 읽어들이려면, `asio::async_read_until()` 자유 함수를 한 번 더 호출해야 한다. 이번에 사용할 구분자는 \r\n\r\n이라는 문자열이다. `on_headers_received()` 메서드를 콜백으로 사용한다.

응답 헤더 블록을 수신하면, `on_headers_received()` 메서드를 호출한다. 이 메서드는 응답 헤더 블록을 분석하고 여러 개의 이름-값 쌍으로 쪼개어 `m_response` 멤버 객체에 응답의 일부로 저장한다.

헤더 블록을 받고 분석했으니, 응답의 마지막 부분인 응답 본문을 읽어들이자. 이번에는 `asio::async_read()` 자유 함수를 써서 비동기 읽기 연산을 시작하도록 한다. 콜백으로는 `on_response_body_received()` 메서드를 쓴다.

드디어 `on_response_body_received()` 메서드가 호출된다면, 응답 메시지 전체를 받았다는 뜻이다. HTTP 서버는 응답 메시지를 끝까지 보낸 후 소켓의 전송 부분을 종료하기 때문에 클라이언트 측에서는 읽기 연산이 끝날 때 `asio::error::eof`를 나타내는 오류 코드도 같이 받는다. 진짜 오류라기보다는 일반적인 이벤트일 뿐이다. 따라서 `on_response_body_received()` 메서드가 불렸을 때 ec의 값이 `asio::error::eof`라면 `on_finish()` 메서드에 기본 생성된 `boost::system::error_code` 객체를 전달해 요청 수행이 성공적으로 끝났음을 알린다. 그렇지 않다면 `on_finish()` 메서드에 원래 오류 코드를 나타내는 인자를 전달한다. `on_finish()` 메서드는 `HTTPRequest` 클래스 객체의 클라이언트가 제공한 콜백을 호출한다.

콜백이 반환되면, 요청 처리 과정이 모두 끝났다고 볼 수 있다.

HTTPResponse 클래스

`HTTPResponse` 클래스는 대단한 기능을 제공하지 않는다. 사실 응답을 이루는 여러 부분을 데이터 멤버로 저장하는 평범한 데이터 구조체에 더 가깝다. 설정 함수와 불러오기 함수가 정의되어 있어 해당 데이터 멤버의 값을 정하고 가져올 수 있다.

모든 설정 함수는 전용이며, `HTTPRequest` 클래스 객체만 접근할 수 있다(`HTTPRequest` 클래스는 `HTTPResponse` 클래스의 친구라는 점을 기억하자). `HTTPRequest` 클래스의 각 객체는 `HTTPResponse` 클래스 객체를 데이터 멤버로 갖는다. `HTTPRequest` 클래스의 객체는 HTTP 서버로부터 응답을 받으면 `HTTPResponse` 클래스 객체에 해당 값을 설정한다.

콜백과 main( ) 함수

이 함수들을 통해 `HTTPClient`와 `HTTPRequest` 클래스를 사용해 `GET HTTP` 요청을 HTTP 서버로 보내는 방법과 `HTTPResponse` 클래스를 사용해 응답을 얻는 방법을 알아보자.

`main()` 함수는 먼저 `HTTPClient` 클래스의 인스턴스를 생성해 개별 `GET HTTP` 요청을 나타내는 2개의 `HTTPRequest` 클래스 객체를 만든다. 그런 다음, 두 요청 객체에 필요한 요청 파라미터를 전달하고 실행시킨다. 두 번째 요청 객체를 실행시키고 난 직후 첫 번째에 대해 `cancel()`을 불러 취소시킨다.

`main()` 함수에서 만든 두 요청 객체가 완료됐을 때 사용할 `handler()` 함수는 요청 처리가 성공하든, 실패하든, 아니면 취소되든 관계없이 요청 처리가 끝나면 불린다. `handler()` 함수는 오류 코드와 인자로 전달된 요청과 응답 객체를 분석하며, 관련 메시지를 표준 출력 스트림으로 내보낸다.

참고 사항

▶ 3장 '비동기 TCP 클라이언트 구현하기' 예제에서 비동기 TCP 클라이언트를 구현하는 방법을 자세히 설명한다.

▶ 6장 '타이머 사용하기' 예제에서 Boost.Asio에서 제공하는 타이머^{timer}를 사용하는 방법을 설명한다. 타이머는 비동기 연산에 대해 제한 시간^{timeout}을 두고 싶을 때 사용할 수 있다.

HTTP 서버 애플리케이션 구현하기

요즘에는 매우 많은 HTTP 서버 프로그램이 시중에 나와 있다. 하지만 때로는 필요한 것을 맞춰 구현해야 할 때가 있다. 작고 간단하며, HTTP 프로토콜의 일부만 지원하지만 맞춤식으로 확장할 수 있거나, HTTP 서버는 아니지만 HTTP와 비슷하거나, 그에 기반한 통신 프로토콜을 사용하는 서버가 필요할 수도 있다.

이번 예제에서는 Boost.Asio를 사용해 기본적인 HTTP 서버 프로그램을 구현해보자. 이번 프로그램에서 만족시켜야 하는 것들이 다음에 나와 있다.

- HTTP 1.1 프로토콜을 지원해야 한다.
- GET 메서드를 지원해야 한다.
- 여러 요청을 병렬로 처리할 수 있어야 한다. 다시 말해 비동기 병렬 서버여야 한다.

사실, 위 사항의 일부를 만족시키는 서버 애플리케이션을 미리 구현해보았다. 4장의 '비동기 TCP 서버 구현하기' 예제에서 비동기 병렬 TCP 서버를 구현하는 방법을 알아봤다. 그곳에서는 별다른 의미가 없는 애플리케이션 계층 프로토콜을 사용하여 클라이언트와 통신했다. 모든 통신 기능과 프로토콜 세부사항은 Service라는 이름의 클래스에 캡슐화되어 있고, 다른 클래스들과 함수들은 구조적인 데 초점이 맞춰져 있어 프로토콜 세부사항과는 관련이 없다. 따라서 이번 예제는 4장 '서버 애플리케이션 구현하기'의 예제를 사용하되, Service 클래스만 따로 구현한다. 나머지 부분들은 그대로 둘 생각이다.

 이번 예제에서는 애플리케이션의 보안 문제는 고려하지 않는다. 서버를 공개하기 전에 서버가 충분히 보호받고 있는지 확인해야 한다. HTTP 프로토콜에 맞춰 올바르게 동작한다 하더라도 보안 문제들 때문에 악의적인 사용자에게 남용될 수 있다.

이제 HTTP 서버 프로그램을 구현해보자.

준비

이번 예제에서 알아볼 애플리케이션은 4장의 '비동기 TCP 서버 구현하기'에서 알아본 예제에 기반하고 있다. 앞으로 더 나아가기 전에 4장의 예제에 익숙해지는 것이 좋다.

예제 구현

가장 먼저 앞으로 사용할 데이터형과 함수에 대한 선언과 정의가 포함된 헤더 파일을 불러들이자.

```
#include <boost/asio.hpp>
#include <boost/filesystem.hpp>

#include <fstream>
#include <atomic>
#include <thread>
#include <iostream>

using namespace boost;
```

다음으로 HTTP 프로토콜을 구현할 Service 클래스를 정의하려고 한다. 첫 번째로, HTTP 상태 코드와 상태 메시지를 저장하는 정적 상수들의 표 table 를 선언한다. 표의 정의는 Service 클래스의 정의에 포함되어 있다.

```
class Service {
    static const std::map<unsigned int, std::string>
http_status_table;
```

클래스의 생성자는 클라이언트로 연결된 소켓 객체를 가리키는 공유 포인터만을 인자로 받는다. 다음에 생성자의 정의가 나와 있다.

```
public:
  Service(std::shared_ptr<boost::asio::ip::tcp::socket> sock) :
  m_sock(sock),
  m_request(4096),
  m_response_status_code(200), // 성공한다고 가정
  m_resource_size_bytes(0)
{};
```

다음으로 Service 클래스의 유일한 공개 인터페이스인 메서드를 정의하자. 이 메서드는 소켓에 연결된 클라이언트와의 비동기 통신 세션을 시작하도록 한다. 소켓 객체는 Service 클래스의 생성자에서 전달받은 것이다.

```
void start_handling() {
  asio::async_read_until(*m_sock.get(),
  m_request,
  "\r\n",
  [this](
  const boost::system::error_code& ec,
  std::size_t bytes_transferred)
{
  on_request_line_received(ec,
    bytes_transferred);
});
}
```

그런 다음, 클라이언트로부터의 요청을 수신하고, 처리하며, 요청을 분석하고 실행한 후, 응답을 되돌려주는 전용 메서드들을 정의하자. 먼저 **HTTP 요청 행**을 처리하는 메서드를 정의하자.

```cpp
private:
  void on_request_line_received(
    const boost::system::error_code& ec,
    std::size_t bytes_transferred)
{
    if (ec != 0) {
      std::cout << "Error occured! Error code = "
        << ec.value()
        << ". Message: " << ec.message();

      if (ec == asio::error::not_found) {
        // 요청 메시지에서 구분자를 찾지 못함

        m_response_status_code = 413;
        send_response();

        return;
    }
    else {
      // 다른 종류의 오류가 발생했다면
      // 소켓을 닫고 정리한다.
      on_finish();
      return;
    }
}

// 요청 행을 분석한다.
std::string request_line;
std::istream request_stream(&m_request);
std::getline(request_stream, request_line, '\r');
// 버퍼에서 '\n' 기호를 제거한다.
request_stream.get();

// 요청 행을 분석한다.
```

```cpp
std::string request_method;
std::istringstream request_line_stream(request_line);
request_line_stream >> request_method;

// GET 메서드만 지원한다.
if (request_method.compare("GET") != 0) {
  // 지원하지 않는 메서드
  m_response_status_code = 501;
  send_response();

  return;
}

request_line_stream >> m_requested_resource;

std::string request_http_version;
request_line_stream >> request_http_version;

if (request_http_version.compare("HTTP/1.1") != 0) {
  // 지원하지 않는 HTTP 버전이거나 잘못된 요청
  m_response_status_code = 505;
  send_response();

  return;
}

// 여기에 이르면 요청 행을 무사히 받아 분석한 것이다.
// 이제 요청 헤더를 읽는다.
asio::async_read_until(*m_sock.get(),
  m_request,
  "\r\n\r\n",
  [this](
  const boost::system::error_code& ec,
  std::size_t bytes_transferred)
```

```
    {
      on_headers_received(ec,
        bytes_transferred);
    });

    return;
  }
```

다음으로 요청 헤더를 담고 있는 **요청 헤더 블록**을 처리하고 저장하는 메서드를 정의하자.

```
  void on_headers_received(const boost::system::error_code& ec,
    std::size_t bytes_transferred)
  {
    if (ec != 0) {
      std::cout << "Error occured! Error code = "
        << ec.value()
        << ". Message: " << ec.message();

      if (ec == asio::error::not_found) {
        // 요청 메시지에서 구분자를 찾지 못했다.

      m_response_status_code = 413;
      send_response();
      return;
    }
    else {
      // 다른 종류의 오류가 발생했다면
      // 소켓을 닫고 정리한다.
      on_finish();
      return;
    }
  }
```

```cpp
  // 헤더를 분석한 후 저장한다.
  std::istream request_stream(&m_request);
  std::string header_name, header_value;

  while (!request_stream.eof()) {
    std::getline(request_stream, header_name, ':');
    if (!request_stream.eof()) {
     std::getline(request_stream,
     header_value,
     '\r');

      // 스트림에서 '\n' 기호를 제거한다.
      request_stream.get();
      m_request_headers[header_name] =
      header_value;
    }
  }

  // 요청을 처리하기 위한 준비를 모두 끝냈다.
  process_request();
  send_response();

  return;
}
```

이 밖에도 클라이언트가 보낸 요청을 실제로 실행할 메서드도 필요하다. process_
request() 메서드는 파일 시스템에서 요청된 자원을 읽어들인 후 버퍼에 저장하고,
클라이언트로 보낼 수 있게 준비한다.

```cpp
void process_request() {
  // 파일을 읽는다.
  std::string resource_file_path =
```

```cpp
  std::string("D:\\http_root") +
  m_requested_resource;

  if (!boost::filesystem::exists(resource_file_path)) {
    // 자원을 찾지 못했다.
    m_response_status_code = 404;

    return;
  }

  std::ifstream resource_fstream(
  resource_file_path,
  std::ifstream::binary);

  if (!resource_fstream.is_open()) {
    // 파일을 열지 못했다.
    // 뭔가 좋지 않은 일이 일어났다.
    m_response_status_code = 500;

    return;
  }

  // 파일 크기를 알아낸다.
  resource_fstream.seekg(0, std::ifstream::end);
  m_resource_size_bytes =
  static_cast<std::size_t>(
  resource_fstream.tellg());

  m_resource_buffer.reset(
  new char[m_resource_size_bytes]);

  resource_fstream.seekg(std::ifstream::beg);
  resource_fstream.read(m_resource_buffer.get(),
  m_resource_size_bytes);
```

```cpp
m_response_headers += std::string("content-length") +
  ": " +
  std::to_string(m_resource_size_bytes) +
  "\r\n";
}
```

마지막으로 응답 메시지를 만들어 클라이언트로 보내는 메서드를 정의하자.

```cpp
void send_response() {
  m_sock->shutdown(
  asio::ip::tcp::socket::shutdown_receive);

  auto status_line =
    http_status_table.at(m_response_status_code);

  m_response_status_line = std::string("HTTP/1.1 ") +
    status_line +
    "\r\n";

  m_response_headers += "\r\n";

  std::vector<asio::const_buffer> response_buffers;
  response_buffers.push_back(
  asio::buffer(m_response_status_line));

  if (m_response_headers.length() > 0) {
    response_buffers.push_back(
    asio::buffer(m_response_headers));
  }

  if (m_resource_size_bytes > 0) {
    response_buffers.push_back(
```

```
    asio::buffer(m_resource_buffer.get(),
      m_resource_size_bytes));
  }

  // 비동기 쓰기 연산을 시작하도록 한다.
  asio::async_write(*m_sock.get(),
    response_buffers,
    [this](
    const boost::system::error_code& ec,
    std::size_t bytes_transferred)
  {
  on_response_sent(ec,
    bytes_transferred);
  });

  }
```

응답 전송을 완료하고 나면 전체 응답을 보냈으며, 앞으로 더 이상 데이터를 보내지 않는다는 것을 클라이언트에게 알리기 위해 소켓을 종료시킨다. 이때 on_response_sent() 메서드를 사용하자.

```
  void on_response_sent(const boost::system::error_code& ec,
    std::size_t bytes_transferred)
 {
    if (ec != 0) {
     std::cout << "Error occured! Error code = "
       << ec.value()
       << ". Message: " << ec.message();
    }

  m_sock->shutdown(asio::ip::tcp::socket::shutdown_both);

  on_finish();
```

```
    }
```

마지막으로 정의한 메서드는 Service 객체의 인스턴스를 정리하고 삭제하는 메서드다. 통신 세션이 마무리되어 더 이상 객체를 사용할 필요가 없을 때 이 메서드를 사용한다.

```cpp
// 여기서 정리한다.
void on_finish() {
  delete this;
}
```

물론, 이 클래스에서도 데이터 멤버가 몇 개 필요하다. 다음과 같은 데이터 멤버를 선언하자.

```cpp
private:
    std::shared_ptr<boost::asio::ip::tcp::socket> m_sock;
    boost::asio::streambuf m_request;
    std::map<std::string, std::string> m_request_headers;
    std::string m_requested_resource;

    std::unique_ptr<char[]> m_resource_buffer;
    unsigned int m_response_status_code;
    std::size_t m_resource_size_bytes;
    std::string m_response_headers;
    std::string m_response_status_line;
};
```

서비스를 나타내는 클래스의 정의를 완료하기 위해 마지막으로 앞에서 선언했던 http_status_table 정적 멤버를 데이터로 채워 넣는다. 사용할 HTTP 상태 코드와 상태 메시지로 말이다.

```
const std::map<unsigned int, std::string>
  Service::http_status_table =
{
    { 200, "200 OK" },
    { 404, "404 Not Found" },
    { 413, "413 Request Entity Too Large" },
    { 500, "500 Server Error" },
    { 501, "501 Not Implemented" },
    { 505, "505 HTTP Version Not Supported" }
};
```

이제 Service 클래스가 모두 준비됐다.

예제 분석

Service 클래스의 데이터 멤버부터 살펴본 후 제공하는 기능을 알아보자. Service 클래스는 다음과 같은 비정적 데이터 멤버를 갖는다.

- std::shared_ptr<boost::asio::ip::tcp::socket> m_sock: 클라이언트 와 연결된 TCP 소켓 객체를 가리키는 공유 포인터다.

- boost::asio::streambuf m_request: 요청 메시지를 읽어 저장할 버퍼다.

- std::map<std::string, std::string> m_request_headers: HTTP 요청 헤더 블록을 분석할 때 요청 헤더들을 저장할 맵이다.

- std::string m_requested_resource: 클라이언트가 요청한 자원의 URI다.

- std::unique_ptr<char[]> m_resource_buffer: 요청한 자원의 내용을 담을 버퍼다. 응답 메시지의 일부로, 클라이언트로 전송되기 전까지는 여기에 해당 내용을 저장한다.

- unsigned int m_response_status_code: HTTP 응답 상태 코드다.

- std::size_t m_resource_size_bytes: 요청 자원의 내용의 크기다.

274

- `std::string m_response_headers`: 적절히 형식에 맞춘 응답 헤더 블록을 저장하는 문자열이다.
- `std::string m_response_status_line`: 응답 상태 행을 저장하는 문자열이다.

이제 `Service` 클래스의 데이터 멤버가 하는 일을 알았으니 어떻게 동작하는지 추적해보자. 여기서는 `Service` 클래스가 어떻게 동작하는지만을 고려한다. 서버 프로그램의 나머지 부분들이 어떻게 동작하는지는 4장의 '비동기 TCP 서버 구현하기' 예제를 참고하자.

클라이언트가 TCP 연결 요청을 보내고, 서버가 수락하면(Acceptor 클래스가 맡은 일로, 이번 예제에서는 따로 알아보지는 않는다), `Service` 클래스의 인스턴스를 만들고 그 생성자에 이 클라이언트와 연결된 TCP 소켓 객체를 가리키는 공유 포인터를 전달한다. 소켓에 대한 포인터는 `Service` 객체의 데이터 멤버인 `m_sock`에 저장한다.

이 밖에도, `Service` 객체를 만드는 동안 `m_request` 스트림 버퍼를 크기 4096으로 초기화한다. 이것이 버퍼의 최대 크기(바이트 단위)다. 요청 버퍼의 크기를 제한한 것은 보안 문제 때문이다. 이렇게 크기를 제한하면, 무의미하지만 매우 긴 요청 메시지를 전송하여 서버 프로그램이 쓸 수 있는 모든 메모리를 소모시키려는 악의적 사용자를 방지할 수 있다. 제대로 된 요청이라면 4096바이트로 충분하고도 남는다.

`Service` 클래스의 인스턴스를 생성하고 난 다음에는 `Acceptor` 클래스가 `start_handling()` 메서드를 호출한다. 이 메서드에서 일련의 비동기 메서드들이 시작된다. 즉, 요청을 수신하고, 처리하고, 응답을 보내는 일이 여기서 처리된다. `start_handling()` 메서드는 `asio::async_read_until()` 함수를 호출하여 즉시 비동기 읽기 연산을 시작하도록 한다. 클라이언트가 보낸 HTTP 요청 행을 수신하기 위한 작업이다. 이때 `on_request_line_received()` 메서드를 콜백으로 등록한다.

`on_request_line_received()` 메서드가 호출되면, 먼저 연산이 잘 종료되었는지

알려주는 오류 코드를 확인한다. 오류 코드가 0이 아니라면, 두 가지 경우를 생각해볼 수 있다. 첫 번째 경우, 즉 오류 코드가 asio::error::not_found라면 클라이언트가 보낸 데이터가 버퍼보다 크며, 아직까지 HTTP 요청 행의 구분자(\r\n 기호들)를 수신하지도 못했다는 뜻이다. 이러한 상황은 HTTP 상태 코드 413으로 표현할 수 있다. 따라서 m_response_status_code 멤버 변수의 값을 413으로 정하고, send_response() 메서드를 호출하여 클라이언트에게 오류가 있다는 응답을 보내는 연산을 시작하도록 한다. send_response() 메서드는 나중에 살펴보기로 하자. 이제 요청 처리가 끝났다.

오류 코드가 성공도 아니고, asio::error::not_found도 아니라면 회복할 수 없는 어떤 오류가 발생했단 뜻이다. 이럴 때는 오류에 대한 정보를 출력할 뿐, 클라이언트에게는 응답을 보내지 않는다. 뒷처리를 하기 위해 on_finish() 메서드를 호출하며, 클라이언트와의 통신이 중단된다.

마지막으로 HTTP 요청 행을 잘 수신했을 때는, 이 문자열을 분석하여 HTTP 요청 메서드와 요청하는 자원을 나타내는 URI와 HTTP 프로토콜 버전을 추출한다. 이번 예제 서버는 GET 메서드만을 지원한다. 따라서 요청 행에 명시된 메서드가 GET이 아니라면 더 이상 요청을 처리하지 않고 오류 코드 501을 담은 응답을 보내 요청한 메서드는 서버에서 지원하지 않는다고 알린다.

또한 클라이언트가 명시한 HTTP 프로토콜 버전도 서버가 지원하는 것인지 확인한다. 이번 서버 프로그램은 버전 1.1만을 지원한다. 클라이언트가 명시한 버전이 1.1이 아니라면 HTTP 상태 코드 505를 담은 응답을 보내며 요청 처리도 중단한다.

HTTP 요청 행에서 추출한 URI 문자열은 다음에 사용하기 위해 m_requested_resource 데이터 멤버에 저장한다.

HTTP 요청 행을 수신하고 분석하고 난 다음에는, 요청 헤더 블록을 읽기 위해 계속해서 요청 메시지를 읽어들인다. 그러기 위해 asio::async_read_until() 함수를 호출한다. 요청 헤더 블록은 \r\n\r\n 기호로 끝나므로, 이 일련의 기호들을 구분자 인자로 전달한다. 그리고 on_headers_received() 메서드를 콜백으로 명시한다.

on_headers_received() 메서드는 on_request_line_received() 메서드처럼 오류를 검사한다. 오류가 있다면 요청 처리를 중단한다. 성공한다면, HTTP 요청 헤더 블록을 분석하고 여러 개의 이름-값 쌍으로 분리한다. 각 쌍들은 m_request_headers 맵에 저장한다. 헤더 블록을 분석하고 난 후 순차적으로 process_request()와 send_response() 메서드를 호출한다.

process_request() 메서드는 URI를 통해 지정된 파일을 읽어 버퍼에 저장한다. 버퍼는 응답 메시지의 일부로 포함되어 클라이언트에게 전송된다. 해당 파일이 서버의 루트^{root} 디렉터리에서 발견할 수 없다면, HTTP 상태 코드 404(페이지 또는 디렉터리를 찾을 수 없습니다)를 응답 메시지에 실어 보낸 후 요청 처리 과정을 중단한다.

하지만 요청한 파일을 찾았을 때는 먼저 그 크기를 측정하고 그것을 담을 만한 크기의 버퍼를 자유 메모리에 할당한다. 그런 다음, 파일을 읽어 버퍼에 모두 저장한다.

그런 다음, 응답 본문의 길이를 담은 내용-길이^{content-length}라는 이름의 HTTP 헤더-을 만들어 문자열 데이터 멤버인 m_response_headers에 저장한다. 이 데이터 멤버는 응답 헤더 블록을 나타내며, 응답 메시지에 포함된다.

이제 HTTP 응답 메시지를 만들기 위해 필요한 것들은 다 갖춰졌다. 이제 응답 메시지를 준비하고 클라이언트에게 전송해보자. 사용할 메서드는 send_response()다.

send_response() 메서드는 먼저 소켓의 수신측을 종료시킨다. 그러면 서버가 더 이상 데이터를 읽지 않을 것이라는 것을 클라이언트가 알 수 있다. 그런 다음, m_response_status_code 멤버 변수가 가리키는 상태 코드에 해당하는 상태 메시지를 http_status_table 정적 표에서 알아낸다.

다음으로 HTTP 응답 상태 행을 생성하고 헤더 블록 끝에는 HTTP 프로토콜에 따라 구분 문자열인 \r\n을 붙인다. 이 시점에서 응답 메시지를 이루는 응답 상태 행, 응답 헤더 블록, 응답 본문이 모두 준비를 끝낸다. 각각들은 버퍼의 벡터 형태로 묶여 있고, 그 벡터들은 `asio::const_buffer` 클래스의 인스턴스다. 버퍼들의 벡터는 세 부분으로 구성된 결합 버퍼다. 결합 버퍼를 만들고 난 후, `asio::async_write()` 함수를 사용해 클라이언트로 보낸다. Service 클래스의 `on_response_sent()` 메서드를 콜백으로 등록한다.

응답 메시지를 전송한 후 `on_response_sent()` 콜백 메서드가 호출되면, 먼저 오류 코드를 검사한다. 연산이 실패했다면 로그 메시지를 출력한다. 그런 다음, 소켓을 종료하고 `on_finish()` 메서드를 호출한다. `on_finish()` 메서드는 자신의 Service 객체를 삭제한다.

이제 클라이언트 처리가 끝났다.

참고 사항

▶ 4장 '비동기 TCP 서버 구현하기' 예제에서 이번 예제에서 기초로 사용한 비동기 TCP 서버를 구현하는 방법을 설명한다.

▶ 6장 '타이머 사용하기' 예제에서 Boost.Asio에서 제공하는 타이머 timer 를 사용하는 방법을 설명한다. 타이머는 비동기 연산에 대해 제한 시간 timeout 을 두고 싶을 때 사용할 수 있다.

클라이언트 애플리케이션에서 SSL/TLS 지원하기

클라이언트 애플리케이션에서 비밀번호, 신용카드 번호, 개인 정보와 같은 민감 정보를 전송해야 할 때 SSL/TLS 프로토콜을 사용하곤 한다. 그러면 서버를 인증하여 클라이언트가 원하는 상대로(악의적인 서버 말고) 보낸다는 것을 확인할 수 있다. 데이터를 암호화하면 전송된 데이터가 서버로 가는 중 어딘가에서 엿듣는다 해도 내용을 알아낼 수 없을 거란 점을 보장한다.

이번 예제에서는 Boost.Asio와 OpenSSL 라이브러리를 사용해 SSL/TLS 프로토콜을 지원하는 동기 TCP 클라이언트 프로그램을 구현해보자. 이번 예제에서 사용할 TCP 클라이언트 프로그램은 3장의 '동기 TCP 클라이언트 구현하기' 예제를 수정한 것이다. SSL/TLS 프로토콜을 지원하기 위해 코드 일부를 수정하고 몇몇 코드는 추가했다. 기본적인 동기 TCP 클라이언트 구현과는 다른 부분은 굵게 표시했으니 SSL/TLS과 관련된 코드와 나머지 부분을 쉽게 구별할 수 있다.

준비

이번 예제를 설정하기 전에 먼저 OpenSSL 라이브러리를 설치하고 프로젝트와 연결^{link}시켜야만 한다. 라이브러리를 설치하는 방법이나 프로젝트와 연결시키는 방법은 이 책의 범위를 벗어난다. 자세한 것은 OpenSSL 라이브러리 문서를 참고하기 바란다.

이 밖에도, 이번 예제는 3장의 '동기 TCP 클라이언트 구현하기' 예제에 기반하고 있으므로, 이번 예제를 읽기 전에 3장의 예제부터 익숙해지는 편이 좋다.

예제 구현

다음 코드 예제에 동기 TCP 클라이언트가 SSL/TLS 프로토콜을 사용하여 서버를 인증하고 전송할 데이터를 암호화하는 구현 방법 중 한 가지 방법이 나와 있다.

예제 프로그램을 시작하기 전에 먼저 include와 using 지시자를 추가하자.

```
#include <boost/asio.hpp>
#include <boost/asio/ssl.hpp>
#include <iostream>

using namespace boost;
```

<boost/asio/ssl.hpp> 헤더는 OpenSSL 라이브러리와 통합하기 위해 필요한 데

이터형과 함수들을 제공한다.

다음으로 SSL/TLS 프로토콜이 지원되는 동기 TCP 클라이언트에 대한 클래스를 정의하자.

```cpp
class SyncSSLClient {
public:
  SyncSSLClient(const std::string& raw_ip_address,
    unsigned short port_num) :
    m_ep(asio::ip::address::from_string(raw_ip_address),
    port_num),
    m_ssl_context(asio::ssl::context::sslv3_client),
    m_ssl_stream(m_ios, m_ssl_context)
  {
    // 검증 모드를 설정하고
    // 검증하고 싶다는 것을 알린다.
    m_ssl_stream.set_verify_mode(asio::ssl::verify_peer);

    // 검증 콜백을 설정한다.
    m_ssl_stream.set_verify_callback([this](
      bool preverified,
      asio::ssl::verify_context& context)->bool{
      return on_peer_verify(preverified, context);
    });
  }

  void connect() {
    // TCP 소켓을 연결한다.
    m_ssl_stream.lowest_layer().connect(m_ep);

    // SSL 교신과정을 수행한다.
    m_ssl_stream.handshake(asio::ssl::stream_base::client);
  }
```

```cpp
void close() {
  // 종료하는 과정에서 나오는 오류는 무시한다.
  // 사실 그 오류를 어떻게 처리할 수 있는 것도 아니다.
  boost::system::error_code ec;

  m_ssl_stream.shutdown(ec); // Shutown SSL.

  // 소켓을 종료한다.
  m_ssl_stream.lowest_layer().shutdown(
    boost::asio::ip::tcp::socket::shutdown_both, ec);

  m_ssl_stream.lowest_layer().close(ec);
}

std::string emulate_long_computation_op(
    unsigned int duration_sec) {

  std::string request = "EMULATE_LONG_COMP_OP "
    + std::to_string(duration_sec)
    + "\n";

  send_request(request);
  return receive_response();
};

private:
  bool on_peer_verify(bool preverified,
    asio::ssl::verify_context& context)
  {
    // 여기서 인증서를 검증하고
    // 그 결과를 반환해야한다.
    return true;
  }
```

```cpp
      void send_request(const std::string& request) {
        asio::write(m_ssl_stream, asio::buffer(request));
      }

      std::string receive_response() {
        asio::streambuf buf;
        asio::read_until(m_ssl_stream, buf, '\n');

        std::string response;
        std::istream input(&buf);
        std::getline(input, response);

        return response;
      }

private:
    asio::io_service m_ios;
    asio::ip::tcp::endpoint m_ep;

    asio::ssl::context m_ssl_context;
    asio::ssl::stream<asio::ip::tcp::socket> m_ssl_stream;
};
```

이제 SyncSSLClient 클라이언트를 사용해 서버를 인증하고 안전하게 통신하는
main() 함수를 구현해보자.

```cpp
    int main()
    {
      const std::string raw_ip_address = "127.0.0.1";
      const unsigned short port_num = 3333;

      try {
      SyncSSLClient client(raw_ip_address, port_num);
```

282

```cpp
    // 동기적으로 연결을 맺는다.
    client.connect();

    std::cout << "Sending request to the server... "
        << std::endl;

    std::string response =
        client.emulate_long_computation_op(10);

    std::cout << "Response received: " << response
        << std::endl;

    // 연결을 닫고 자원을 풀어준다.
    client.close();
  }
catch (system::system_error &e) {
    std::cout << "Error occured! Error code = " << e.code()
        << ". Message: " << e.what();

    return e.code().value();
  }

    return 0;
}
```

예제 분석

예제 클라이언트 프로그램은 크게 `SyncSSLClient` 클래스와 `SyncSSLClient`를 사용하는 `main()` 함수라는 두 부분으로 나눌 수 있다. 이제 각 부분이 어떻게 동작하는지 살펴보자.

SyncSSLClient 클래스

`SyncSSLClient` 클래스는 이번 예제에서 핵심적인 부분이다. 이 클래스가 통신 기능을 구현한다.

이 클래스가 가진 4개의 전용 데이터 멤버부터 살펴보자.

- `asio::io_service m_ios`: 운영체제의 통신 서비스로 접근할 수 있도록 하는 객체로, 소켓 객체에서 사용한다.
- `asio::ip::tcp::endpoint m_ep`: 서버 프로그램을 가리키는 종료점이다.
- `asio::ssl::context m_ssl_context`: SSL 문맥을 나타내는 객체다. 기본적으로 OpenSSL 라이브러리에 정의된 `SSL_CTX` 데이터 구조체를 감싸는 래퍼^{wrapper}다. 이 객체에 SSL/TLS 프로토콜을 사용해 통신할 때 다른 객체와 함수들이 사용하는 전역 설정과 파라미터가 포함되어 있다.
- `asio::ssl::stream<asio::ip::tcp::socket> m_ssl_stream`: TCP 소켓 객체를 감싸는 스트림을 나타내며, 모든 SSL/TLS 통신 연산을 구현한다.

이 클래스의 각 객체는 단 하나의 서버와만 통신할 수 있다. 따라서 클래스의 생성자는 서버를 가리키는 IP 주소와 프로토콜 포트 번호를 받는다. 생성자의 초기화 목록에서 `m_ep` 데이터 멤버를 인스턴스화할 때 이 값들을 사용한다.

다음으로, `SyncSSLClient` 클래스의 `m_ssl_context`와 `m_ssl_stream` 멤버를 인스턴스화한다. `m_ssl_context` 객체의 생성자에 `asio::ssl::context::sslv23_client`

라는 값을 전달했다. 이 값은 프로그램이 클라이언트로만 동작하며 여러 SSL과 TLS 버전을 비롯한 다양한 보안 프로토콜을 지원하기 원한다는 것을 뜻한다. 이 값은 Boost.Asio가 정의한 것으로, OpenSSL 라이브러리의 SSLv23_client_method() 함수가 반환하는 연결 메서드에 대한 값에 대응된다.

SyncSSLClient 클래스의 생성자에서 SSL 스트림 객체인 m_ssl_stream가 설정된다. 먼저 상호 검증^{peer verification} 모드를 asio::ssl::verify_peer로 정한다. 교신과정^{handshake} 동안 서로를 검증하는 과정을 거치기를 바란다는 뜻이다. 그런 다음, 서버가 보낸 인증서가 도착했을 때 호출할 검증 콜백 메서드를 등록한다. 이 콜백은 서버가 보낸 인증서 체인^{certificate chain}에 있는 인증서 하나하나에 대해 호출된다.

예제 클래스의 on_peer_verify() 메서드는 상호 검증 콜백으로 등록되긴 했지만, 사실 아무 일도 하지 않는다. 인증서 검증 과정은 이 책에서 다루지 않는다. 따라서 이 함수는 항상 참만을 반환할 뿐이다. 실제 검증 과정은 수행하지 않고 인증서가 항상 맞다고 간주하는 것이다.

SyncSSLClient 클래스의 인터페이스로 세 가지 공개 메서드가 제공된다. Connect() 메서드는 두 가지 연산을 수행한다. 먼저, TCP 소켓을 서버와 연결한다. SSL 스트림 객체의 lowest_layer() 메서드를 호출하면 SSL 스트림 아래에 깔린 소켓이 반환된다. 그 소켓의 connect() 메서드를 호출할 때는 이때 연결해야 하는 종료점을 가리키는 m_ep를 인자로 전달한다.

```
// TCP 소켓을 연결한다.
m_ssl_stream.lowest_layer().connect(m_ep);
```

TCP 연결이 수립되고 난 후, SSL 스트림 객체에 대해 handshake() 메서드가 호출된다. 이때 교신과정이 시작된다. 이 메서드는 동기화되어 있으며, 교신과정이 완료되거나 오류가 발생하지 않는 한 끝나지 않는다.

```
// SSL 교신과정을 수행한다.
m_ssl_stream.handshake(asio::ssl::stream_base::client);
```

handshake() 메서드가 끝나면, TCP와 SSL (또는 교신과정 동안 사용하기로 합의한 프로토콜에 따라 TLS가 사용될 수도 있음) 연결이 수립되고 이제 실제 통신이 이뤄질 수 있다.

close() 메서드는 SSL 스트림 객체의 shutdown() 메서드를 호출하여 SSL 연결을 종료한다. shutdown() 메서드는 동기화되어 있어 SSL 연결이 종료되거나 오류가 발생할 때까지 멈춰 있는다. 이 메서드가 끝나면, 해당 SSL 스트림 객체로는 더 이상 데이터를 보낼 수 없다.

세 번째 인터페이스 메서드는 emulate_long_computation_op(unsigned int duration_sec)다. 이 메서드에서 I/O 연산이 일어난다. 이 메서드는 먼저 애플리케이션 계층 프로토콜에 맞춰 요청 문자열을 준비한다. 그런 다음, 요청을 클라이언트의 전송 메서드인 send_request(const std::string& request)로 전달해 서버로 요청을 보낸다. 요청을 전송하고 나면, send_request() 메서드가 끝난다. 이제 서버로부터 들어오는 응답을 받기 위해 receive_response() 메서드를 호출한다. 응답을 수신하면, receive_response() 메서드가 응답을 포함하는 문자열을 반환한다. 그러면 emulate_long_computation_op() 메서드가 응답 메시지를 호출자에게 반환한다.

emulate_long_computation_op(), send_request()와 receive_response() 메서드들은 3장의 '동기 TCP 클라이언트 구현하기' 예제에서 정의한 SyncTCPClient의 메서드들과 거의 똑같다는 점을 기억하자. 유일한 차이점이라면, SyncTCPClient에서는 Boost.Asio I/O 함수들에 SSL 스트림 객체를 전달했지만, SyncTCPClient 클래스에서는 소켓 객체를 전달했다는 점이다. 이 밖에는 모두 똑같다.

main( ) 함수

이 함수는 SyncSSLClient 클래스의 사용자다. 서버 IP와 프로토콜 포트 번호를 얻어낸 후, SyncSSLClient 클래스를 인스턴스화하고 사용하여 서버를 인증하고 안전하게 통신한다. 이 과정을 통해 서버가 제공하는 서비스-여기서는 무의미하게 10초 동안 계산하는 것-를 받는 과정을 흉내 낸다. 이 함수의 코드는 간단한데다 직관적이므로 자세히 설명하지 않는다.

참고 사항

▶ 3장 '동기 TCP 클라이언트 구현하기' 예제에서 이번 예제의 기반이 되는 동기 TCP 클라이언트 구현 방법을 자세히 설명한다.

서버 애플리케이션에서 SSL/TLS 지원하기

서버 애플리케이션은 비밀번호, 신용카드 번호, 개인 정보와 같은 민감 정보를 클라이언트로부터 받아야 할 때 SSL/TLS 프로토콜을 사용하곤 한다. 서버가 SSL/TLS 프로토콜을 지원하면, 클라이언트는 서버를 인증할 수 있고, 민감한 데이터를 안전하게 보낼 보안 채널을 수립할 수 있다.

때로는 서버가 클라이언트를 인증하기 위해 SSL/TLS 프로토콜을 사용하는 경우도 있다. 하지만 그런 일은 매우 드문데다, 대부분은 다른 방식으로 클라이언트를 확인한다(예를 들어, 메일 서버에 로그인 할 때 사용자 이름과 비밀번호를 명시하는 등).

이번 예제에서는 Boost.Asio와 OpenSSL 라이브러리를 사용해 SSL/TLS 프로토콜을 지원하는 반복적 동기 TCP 서버를 구현해보자. 4장의 '반복적 동기 TCP 서버 구현하기' 예제에서 살펴본 반복적 동기 TCP 서버 프로그램을 이번 예제의 기초로 삼는다. SSL/TLS 프로토콜을 지원하기 위해 코드 일부를 수정하고 몇몇 코드는 추가했다. 기본적인 반복적 동기 TCP 서버 구현과는 다른 부분은 굵게 표시했으니 SSL/

TLS과 관련된 코드와 나머지 부분을 쉽게 구별할 수 있을 것이다.

준비

이번 예제를 설정하기 전에 먼저 OpenSSL 라이브러리를 설치하고 프로젝트와 연결 link 시켜야만 한다. 라이브러리를 설치하는 방법이나 프로젝트와 연결시키는 방법은 이 책의 범위를 벗어난다. 자세한 것은 OpenSSL 라이브러리 문서를 참고하기 바란다.

이 밖에도, 4장의 '반복적 동기 TCP 서버 구현하기' 예제에 기반하고 있으므로, 이번 예제를 읽기 전에 4장의 예제부터 익숙해지는 편이 좋다.

예제 구현

다음 코드 예제에 동기 TCP 서버가 SSL/TLS 프로토콜을 사용함으로써, 클라이언트가 서버를 인증할 수 있게 하고, 전송할 데이터를 암호화하는 한 가지 구현 방법이 나와 있다.

먼저 이번 구현에 필요한 Boost.Asio 라이브러리의 헤더와 표준 C++ 라이브러리의 헤더 몇 개를 불러들인다.

```
#include <boost/asio.hpp>
#include <boost/asio/ssl.hpp>

#include <thread>
#include <atomic>
#include <iostream>

using namespace boost;
```

<boost/asio/ssl.hpp> 헤더에는 OpenSSL 라이브러리와 통합하기 위해 필요한 데

이터형과 함수들이 들어 있다.

다음으로 단 하나의 클라이언트로부터 요청 메시지를 받고, 처리한 후 응답 메시지를 보내는 역할을 맡는 클래스를 정의한다. 이 클래스는 서버 프로그램이 제공하는 서비스를 구현하기 때문에 그에 맞춰 Service라고 부르도록 하자.

```cpp
class Service {
public:
  Service(){}

  void handle_client(
  asio::ssl::stream<asio::ip::tcp::socket>& ssl_stream)
  {
    try {
      // 교신과정이 끝날 때까지 기다린다.
      ssl_stream.handshake(
        asio::ssl::stream_base::server);

      asio::streambuf request;
      asio::read_until(ssl_stream, request, '\n');

      // 요청 처리 과정을 흉내 낸다.
      int i = 0;
      while (i != 1000000)
          i++;
      std::this_thread::sleep_for(
      std::chrono::milliseconds(500));

      // 응답 메시지를 보낸다.
      std::string response = "Response\n";
      asio::write(ssl_stream, asio::buffer(response));
    }
    catch (system::system_error &e) {
```

```cpp
        std::cout << "Error occured! Error code = "
          << e.code() << ". Message: "
          << e.what();
      }
    }
};
```

다음으로 고수준 수용자라는 개념을 나타내는 또 다른 클래스(asio::ip::tcp::acceptor 클래스가 나타내는 저수준 개념과 다름)를 정의한다. 이 클래스는 클라이언트로부터 들어오는 연결 요청을 받아들이고 연결된 클라이언트에 대해 서비스를 제공할 Service 클래스를 인스턴스화하는 작업까지 책임진다. 이 클래스의 이름은 Acceptor라고 하자.

```cpp
class Acceptor {
public:
  Acceptor(asio::io_service& ios, unsigned short port_num) :
    m_ios(ios),
    m_acceptor(m_ios,
    asio::ip::tcp::endpoint(
    asio::ip::address_v4::any(),
    port_num)),
    m_ssl_context(asio::ssl::context::sslv23_server)
  {
    // 문맥을 설정한다.
    m_ssl_context.set_options(
        boost::asio::ssl::context::default_workarounds
        | boost::asio::ssl::context::no_sslv2
        | boost::asio::ssl::context::single_dh_use);

    m_ssl_context.set_password_callback(
      [this](std::size_t max_length,
      asio::ssl::context::password_purpose purpose)
```

```cpp
        -> std::string
          {return get_password(max_length, purpose); }
      );

      m_ssl_context.use_certificate_chain_file("server.crt");
      m_ssl_context.use_private_key_file("server.key",
        boost::asio::ssl::context::pem);
      m_ssl_context.use_tmp_dh_file("dhparams.pem");

      // 들어오는 연결 요청을 듣기 시작한다.
      m_acceptor.listen();
    }

  void accept() {
    asio::ssl::stream<asio::ip::tcp::socket>
    ssl_stream(m_ios, m_ssl_context);

    m_acceptor.accept(ssl_stream.lowest_layer());

    Service svc;
    svc.handle_client(ssl_stream);
  }

private:
  std::string get_password(std::size_t max_length,
    asio::ssl::context::password_purpose purpose) const
  {
    return "pass";
  }

private:
  asio::io_service& m_ios;
  asio::ip::tcp::acceptor m_acceptor;
```

```
    asio::ssl::context m_ssl_context;
};
```

서버 자체를 표현하는 클래스도 정의하자. 이 클래스는 Server라고 부른다.

```cpp
class Server {
public:
  Server() : m_stop(false) {}

  void start(unsigned short port_num) {
    m_thread.reset(new std::thread([this, port_num]() {
        run(port_num);
    }));
  }

  void stop() {
    m_stop.store(true);
    m_thread->join();
  }

private:
  void run(unsigned short port_num) {
    Acceptor acc(m_ios, port_num);

    while (!m_stop.load()) {
      acc.accept();
    }
  }

  std::unique_ptr<std::thread> m_thread;
  std::atomic<bool> m_stop;
  asio::io_service m_ios;
};
```

마지막으로 Server 클래스를 사용해 main() 함수를 구현해보자.

이 함수는 이번 예제의 기초가 되는 4장 '반복적 동기 TCP 서버 구현하기' 예제의
main() 함수와 똑같다.

```cpp
int main()
{
  unsigned short port_num = 3333;

  try {
    Server srv;
    srv.start(port_num);

    std::this_thread::sleep_for(std::chrono::seconds(60));

    srv.stop();
  }
  catch (system::system_error &e) {
    std::cout << "Error occured! Error code = "
    << e.code() << ". Message: "
      << e.what();
  }

  return 0;
}
```

나머지 부분은 Server 클래스와 main() 함수로 이번 예제의 기초가 되는 4장 '반복
적 동기 TCP 서버 구현하기' 예제의 main() 함수와 똑같기 때문에 자세히 알아보
지 않는다.

예제 분석

예제 서버 프로그램은 Server, Acceptor와 Service 클래스 그리고 Server 클래스를
사용하는 방법을 보여주는 main() 함수로 구성되어 있다. Server 클래스와 main()
함수는 4장 '반복적 동기 TCP 서버 구현하기' 예제에 정의된 소스 코드를 같은 목
적으로 사용하기 때문에 따로 살펴보진 않겠다. 여기서는 SSL/TLS 프로토콜을 지원
하기 위해 수정한 Service와 Acceptor 클래스만 살펴보자.

Service 클래스

Service 클래스는 이번 예제의 핵심 기능을 담당한다. 다른 부분들이 통신 기능을
담당하는 데 반해, 이 클래스는 실제 기능(또는 서비스)을 제공한다.

Service 클래스는 매우 간단하다. handle_client() 메서드 하나만 있을 뿐이다. 이
메서드는 클라이언트와 연결된 TCP 소켓을 감싸는 SSL 스트림 객체에 대한 참조
자를 인자로 받는다.

이 메서드는 먼저 ssl_stream 객체에 대해 handshake() 메서드를 호출하여 SSL/
TLS 프로토콜의 교신과정을 수행한다. 이 메서드는 동기화되어 있으며, 교신과정이
완료되거나 오류가 발생하지 않는 한 끝나지 않는다.

교신과정이 끝나면, SSL 스트림에서 개행 문자인 \n이 나올 때까지 요청 메시지를
동기적으로 읽어들인다. 그런 다음, 요청을 처리한다. 이번 예제에서는 요청 처리 과
정은 중요하지 않다. 그저 백만 번 동안 증가 연산을 한 후 스레드를 0.5초 동안 잠
재울 뿐이다. 그런 다음, 응답 메시지를 준비해 클라이언트로 보낸다.

Boost.Asio 함수와 메서드가 예외를 던질 수도 있는데, handle_client() 메서드에
서 처리한다. 이 메서드의 호출자로 전파하지 않기 때문에 한 클라이언트를 처리하
다 실패해도 서버가 중단되지 않는다.

handle_client() 메서드는 4장 '반복적 동기 TCP 서버 구현하기' 예제의 메서드와

매우 비슷하다는 점을 눈여겨보자. 차이점이라면, handle_client() 메서드가 TCP 소켓 객체가 아니라 SSL 스트림 객체를 취급한다는 것 정도다. 또한 이번 예제에서는 SSL/TLS 교신과정도 거쳐야 했다.

Acceptor 클래스

Acceptor 클래스는 서버 프로그램 통신 구조를 이루는 일부분이다. 이 클래스의 각 객체는 m_ssl_context라는 이름으로 asio::ssl::context 클래스의 인스턴스를 갖는다. 이 멤버는 **SSL 문맥**을 나타낸다. 기본적으로 asio::ssl::contex 클래스는 OpenSSL 라이브러리에 정의된 SSL_CTX 데이터 구조체를 감싸는 래퍼다. 이 객체에 SSL/TLS 프로토콜을 사용해 통신할 때 다른 객체와 함수들이 사용하는 전역 설정과 파라미터가 포함되어 있다.

m_ssl_context 객체의 생성자에 asio::ssl::context::sslv23_server이라는 값을 전달했다. 이 값은 프로그램은 서버로만 동작하며, 여러 SSL과 TLS 버전을 비롯한 다양한 보안 프로토콜을 지원하기를 원한다는 뜻이다. 이 값은 Boost.Asio가 정의한 것으로, OpenSSL 라이브러리의 SSLv23_ server _method() 함수가 반환하는 연결 메서드에 대한 값에 대응된다.

SSL 문맥은 Acceptor 클래스의 생성자에서 구성된다. 문맥 옵션, 비밀번호 콜백과 디지털 인증서를 포함한 파일들, 전용 키private key 와 디피–헬만 Diffie-Hellman 프로토콜 파라미터가 여기에 명시된다.

SSL 문맥을 구성하고 나면, Acceptor 클래스의 생성자에서 수용자 객체의 listen() 메서드를 호출한다. 그러면 이제부터 클라이언트로부터 들어오는 연결 요청이 있는지 들을 수 있다.

Acceptor 클래스는 accept()라는 단 하나의 메서드만을 공개한다. 이 메서드가 호출되면 먼저 asio::ssl::stream<asio::ip::tcp::socket> 클래스의 객체를 인스턴스화하여 이름을 `ssl_stream`라 붙인다. 이 객체는 TCP 소켓을 사용하는 SSL/TLS 통신 채널을 나타낸다. 그런 다음, `m_acceptor` 수용자 객체가 연결을 받아들이도록 `accept()` 메서드를 호출한다. `ssl_stream`이 소유한 TCP 소켓 객체는 `lowest_layer()` 메서드를 호출하면 알아낼 수 있다. `accept()` 메서드의 입력 인자로 이 소켓을 전달한다. 새로운 연결이 수립되면, `Service` 클래스가 생성되고, `handle_client()` 메서드가 호출된다. 이제 클라이언트와의 통신 및 요청 처리가 시작된다.

참고 사항

▶ 4장 '반복적 동기 TCP 서버 구현하기' 예제에서 이번 예제의 기초가 되는 동기 TCP 서버를 구현하는 방법을 설명한다.

6

기타

소개

이번 장에서는 Boost.Asio의 중심 개념과 일반적인 사용법을 살펴봤던 이전 장들과는 약간 다른 부분을 알아보려고 한다. 그렇다고 해서 이번 장의 예제들이 덜 중요하다는 뜻은 아니다. 오히려 이번 예제들은 매우 중요할 뿐만 아니라 어떤 경우에는 결정적인 역할을 하기도 한다. 일반적인 분산 애플리케이션에서 자주 사용되지 않을 뿐이다.

대부분의 애플리케이션에서는 분산/수집 ^{scatter/gather} I/O 연산과 결합 버퍼가 필요하지 않지만, 메시지의 각 부분을 다른 버퍼에 저장하면 매우 유용하고 편리하기도 하다.

Boost.Asio의 타이머는 시간 간격을 측정할 때 쓸 수 있는 강력한 도구다. 어떤 연산이 생각보다 더 오래 실행되고 있을 때 중단시켜 정해진 시간 이상으로 실행되지 못하게 할 때 사용되곤 한다. 많은 분산 애플리케이션에서 이러한 도구가 결정적이다. Boost.Asio에는 매우 오래 걸릴 수도 있는 연산에 대해 시간 제한을 거는 방법이 없기 때문이다. 네트워크 통신이 아닌 다른 작업에서도 Boost.Asio의 타이머를 쓸 수 있다.

소켓 옵션을 알아내고 설정하는 작업 역시 매우 중요하다. 간단한 네트워크 애플리케이션을 개발한다면, 소켓 객체를 인스턴스화했을 때 자동으로 설정된 기본값들에 만족할 수도 있다. 하지만 좀 더 정교한 프로그램을 만들어야 한다면, 소켓의 옵션들을 세밀하게 조정할 필요가 있다.

Boost.Asio 클래스는 소켓을 감싸 스트림처럼 보이는 인터페이스를 제공한다. 그러면 간단하면서도 우아하게 분산 애플리케이션을 만들 수 있다. 간단하다는 것은 좋은 소프트웨어가 갖춰야할 덕목이다.

이제 앞에서 언급한 주제들을 좀 더 자세히 살펴보자.

분산/수집 연산을 위해 결합 버퍼 사용하기

2장의 '크기가 고정된 I/O 버퍼 사용하기' 예제에서 간단한 I/O 버퍼에 대해 소개하면서 분산/수집 연산과 결합 버퍼에 대해서는 스쳐 지나가듯 알아보았다. 이번 예제에서는 이 주제를 좀 더 자세히 살펴보자.

결합 버퍼는 기본적으로 2개 이상의 간단한 버퍼(연속된 메모리 공간)로 구성된 복합 버퍼다. 간단한 버퍼들은 프로세스의 주소 공간에 널리 분포해 있을 수 있다. 이러한 결합 버퍼를 사용하면 특히 다음과 같은 두 가지 상황에서 편리하다.

첫 번째 상황은 애플리케이션이 메시지를 보내기 전에 저장할 버퍼나 원격 애플리케이션에서 메시지를 받을 버퍼가 필요할 때다. 문제는 메시지의 크기가 너무 커서 연속된 공간에 버퍼를 할당할 수 없을 때에 있다. 프로세스의 주소 공간이 조각나 있을 때는 특히 더 문제가 된다. 이 경우, 더 작은 여러 개의 버퍼를 할당하되 각각의 크기를 더하여 데이터를 충분히 저장할 수 있다면, 하나의 결합 버퍼로 묶는 것이 좋을 것이다.

두 번째 상황은, 첫 번째 상황과는 완전히 반대다. 애플리케이션의 설계상 원격으로 보낼 메시지를 여러 부분으로 나눈 후, 다른 버퍼에 저장해야 할 때가 있다. 또는 원격에서 받은 메시지를 여러 부분으로 나누어 저장해야 할 때도 있다. 그런 경우, 여러 버퍼를 하나의 결합 버퍼로 묶은 후 분산하여 전송하거나 수신 연산 결과를 여러 버퍼로 수집해 저장하는 것이 좋다.

이번 예제에서는 결합 버퍼를 만드는 방법과 분산/수집 I/O 연산에서 사용하는 방법을 알아보자.

준비

이번 예제의 내용을 좀 더 잘 이해하고 싶다면, 2장의 '크기가 고정된 I/O 버퍼 사용하기' 예제를 읽어보자. Boost.Asio의 고정 크기 I/O 버퍼를 사용하는 것에 대한 설명이 잘 나와 있다. 이번 예제를 처리하기 전에 I/O 버퍼 사용하기 예제에 익숙해지는 것이 좋다.

예제 구현

Boost.Asio I/O 연산에 사용하기 위해 결합 버퍼를 만들고 준비하는 방법에 대한 두 가지 알고리즘과 예제를 살펴보자. 첫 번째 알고리즘은 수집 출력 연산에 사용할 결합 버퍼를 다루는 방법을, 두 번째 알고리즘은 분산 입력 연산에 사용할 결합 버퍼를 다루는 방법을 다룬다.

수집 출력 연산에 사용할 결합 버퍼 준비

소켓의 `asio::ip::tcp::socket::send()` 메서드나 `asio::write()` 자유 함수 등을 써서 출력 연산을 할 때 사용할 결합 버퍼를 준비해보자. 다음 알고리즘과 코드 예제를 통해 알아볼 생각이다.

1. 지금 가지고 있는 작업을 처리할 때 필요한 메모리 버퍼들을 할당한다. 이 단계에서는 Boost.Asio의 기능이나 데이터형이 필요하지 않다.
2. 출력할 데이터로 버퍼를 채운다.
3. `ConstBufferSequence`나 `MultipleBufferSequence` 개념의 요구사항을 만족시키는 클래스의 인스턴스를 만든다. 두 개념 모두 결합 버퍼를 나타낸다.
4. 결합 버퍼에 간단한 버퍼들을 추가한다. 각각의 간단한 버퍼는 `asio::const_buffer`나 `asio::mutable_buffer` 클래스의 인스턴스로 표현돼야 한다.
5. 이제 Boost.Asio 출력 함수에서 사용할 수 있는 결합 버퍼가 준비됐다.

이제 원격 애플리케이션으로 `Hello my friend!`라는 문자열을 보내고 싶다고 가정해보자. 그런데 이 메시지는 세 부분으로 나뉘어 여러 버퍼에 저장되어 있다. 이럴 때는 세 가지 버퍼를 묶어 한 가지 결합 버퍼로 표현한 후, 출력 연산에 사용하면

된다. 바로 아래 코드처럼 말이다.

```cpp
#include <boost/asio.hpp>

using namespace boost;

int main()
{
    // 1, 2단계: 간단한 버퍼를 만들어 채운다.
    const char* part1 = "Hello ";
    const char* part2 = "my ";
    const char* part3 = "friend!";

    // 3단계: 결합 버퍼를 나타내는 객체를 만든다.
    std::vector<asio::const_buffer> composite_buffer;

    // 4단계: 결합 버퍼에 간단한 버퍼들을 추가한다.
    composite_buffer.push_back(asio::const_buffer(part1, 6));
    composite_buffer.push_back(asio::const_buffer(part2, 3));
    composite_buffer.push_back(asio::const_buffer(part3, 7));

    // 5단계: 이제 composite_buffer를
    // 마치 연속된 메모리 블록에 할당된 간단한 버퍼인 것처럼
    // Boost.Asio의 출력 연산에 쓸 수 있다.

    return 0;
}
```

분산 입력 연산에 사용할 결합 버퍼 준비

소켓의 asio::ip::tcp::socket::receive() 메서드나 asio::read() 자유 함수 등을 써서 입력 연산을 할 때 사용할 결합 버퍼를 준비하는 방법을 다음 알고리즘과 코드 예제를 통해 알아보자.

1. 지금 가진 작업을 처리할 때 필요한 메모리 버퍼들을 할당한다. 버퍼 크기를 합치면 수신할 메시지보다 크거나 같아야 한다. 이 단계에서는 Boost. Asio의 기능이나 데이터형이 필요하지 않다.

2. MutableBufferSequence 개념이 요구하는 사항을 만족시키는 클래스의 인스턴스를 만든다. 이 개념은 결합 버퍼를 나타낸다.

3. 결합 버퍼에 간단한 버퍼들을 추가한다. 각각의 간단한 버퍼는 asio:: mutable_buffer 클래스의 인스턴스로 표현돼야 한다.

4. 이제 이 결합 버퍼를 Boost.Asio 입력 연산에 쓸 수 있다.

서버에서 16바이트 크기의 메시지를 받아야 한다고 가정해보자. 하지만 전체 메시지를 저장할 만한 버퍼가 없다. 그 대신 6바이트, 3바이트, 7바이트 크기의 버퍼가 있다. 16바이트 크기의 데이터를 받을 만한 버퍼를 만들기 위해 이 작은 3개의 버퍼를 모아 결합 버퍼로 만들어 보자. 다음에 결합하는 방법이 나와 있다.

```
#include <boost/asio.hpp>

using namespace boost;

int main()
{
  // 1단계: 간단한 버퍼를 할당한다.
  char part1[6];
  char part2[3];
  char part3[7];

  // 2단계: 결합 버퍼를 나타내는 객체를 만든다.
  std::vector<asio::mutable_buffer> composite_buffer;

  // 3단계: 결합 버퍼에 간단한 버퍼들을 추가한다.
  composite_buffer.push_back(asio::mutable_buffer(part1,
```

```
        sizeof(part1)));
    composite_buffer.push_back(asio::mutable_buffer(part2,
        sizeof(part2)));
    composite_buffer.push_back(asio::mutable_buffer(part3,
        sizeof(part3)));

    // 5단계: 이제 composite_buffer를
    // 마치 연속된 메모리 블록에 할당된 간단한 버퍼인 것처럼
    // Boost.Asio의 입력 연산에 쓸 수 있다.

    return 0;
}
```

예제 분석

첫 번째 예제부터 살펴보자. 여기서는 읽기 전용 버퍼를 3개 할당하면서 메시지 문자열인 Hello my friend!의 일부를 각각 저장한다.

다음으로 std::vector<asio::const_buffer> 클래스의 인스턴스를 생성하는데, 이것을 결합 버퍼로 사용할 생각이다. 이름도 composite_buffer라고 하자. std::vector<asio::const_buffer> 클래스는 ConstBufferSequence의 요구사항을 만족시키기 때문에 이 클래스의 객체는 결합 버퍼로 사용될 수도 있고 Boost.Asio의 수집 출력 함수와 메서드에 출력 데이터 인자로 전달될 수도 있다.

4단계에서는 개별 버퍼들을 asio::const_buffer 클래스의 인스턴스로 표현한 후 결합 버퍼에 저장한다. 고정 크기 버퍼를 사용하는 모든 Boost.Asio 출력 함수와 메서드는 결합 버퍼도 사용할 수 있게 설계되었다. 따라서 지금 만든 composite_buffer 객체도 다른 간단한 버퍼들처럼 사용할 수 있다.

두 번째 예제는 첫 번째 예제와 거의 비슷하다. 차이점이라면 이번 예제에서 생성한 결합 버퍼는 수신할 데이터를 저장할 곳이라서(이전 예제에서의 버퍼는 보낼 데이터

를 저장) 결합 버퍼에 추가된 간단한 버퍼들이 모두 쓰기가 가능한 버퍼들이란 점이다. 이 버퍼들은 결합 버퍼에 추가될 때 `asio::mutable_buffer` 클래스의 인스턴스로 표현한다.

두 번째 예제에서 눈여겨봐야 할 또 다른 점으로는 결합 버퍼가 수정 가능한 버퍼이기 때문에 수집 출력과 분산 입력 연산 모두에 사용할 수 있다는 점이다. 이번 예제에서는 초기 버퍼들(part1, part2와 part3)을 초기화하지 않아 쓰레기 값을 가지고 있을 것이다. 지금은 이 버퍼들을 출력 연산에 쓰는 것은 말이 안 될 테지만, 의미 있는 데이터로 채운 후에는 출력 연산에 쓸 수 있다.

참고 사항

▶ 2장 '크기가 고정된 I/O 버퍼 사용하기' 예제에서 크기가 고정된 간단한 버퍼를 설명한다.
▶ 2장 '확장 가능한 스트림 지향 I/O 버퍼 사용하기' 예제에서 Boost.Asio에서 제공하는 다른 종류의 버퍼인 확장 가능한 버퍼를 사용하는 방법을 설명한다.

타이머 사용하기

소프트웨어 시스템, 특히 분산 애플리케이션에서 시간은 매우 중요하다. 그래서 어떠한 컴퓨터든 하드웨어 타이머-시간 간격을 측정하는 기기-는 빠져서는 안 될 부품이며, 모든 현대적인 운영체제에서 이 하드웨어 타이머를 사용하는 인터페이스를 제공한다.

타이머를 사용하는 방법은 크게 두 가지다. 첫 번째는 애플리케이션이 운영체제에게 현재 시간을 물어보는 것이다. 두 번째는 운영체제에게 일정 시간이 지나면 알려달라고(대체로 콜백을 호출해서) 요청하는 것이다.

Boost.Asio를 사용해 분산 애플리케이션을 개발할 때 특히 중요한 것은 두 번째 방식이다. Boost.Asio을 이용한 비동기 연산에서 시간 제한을 걸 유일한 방법이기 때문이다.

Boost.Asio 라이브러리는 타이머를 구현한 여러 가지 클래스를 제공하고 있으므로 하나씩 살펴보자.

예제 구현

Boost.Asio 라이브러리는 타이머를 구현한 두 가지 템플릿 클래스를 제공한다. 하나는 `asio::basic_deadline_timer<>`로 Boost.Asio 버전 1.49 이전에는 이 타이머만을 쓸 수 있었다. 두 번째 타이머는 버전 1.49에 배포된 것으로 `asio::basic_waitable_timer<>` 클래스다.

`asio::basic_deadline_timer<>` 클래스 템플릿은 Boost.Chrono 라이브러리와 함께 쓸 수 있도록 설계되었고, 내부적으로는 Boost.Chrono 라이브러리가 제공하는 기능을 사용한다. 이 템플릿 클래스는 약간 구식이기도 하고, 제공하는 기능도 많지 않다. 그래서 이번 예제에서는 살펴보지 않는다.

한편, 새로 나온 `asio::basic_waitable_timer<>` 클래스 템플릿은 더 유연하고 더 많은 기능을 제공하는 C++11의 `chrono` 라이브러리와 함께 쓸 수 있다. Boost.Asio 에서는 다음과 같은 세 가지 `typedef`를 선언해 `asio::basic_waitable_timer<>` 템플릿 클래스에서 세 클래스를 파생시킨다.

```
typedef basic_waitable_timer< std::chrono::system_clock >
    system_timer;
typedef basic_waitable_timer< std::chrono::steady_clock >
    steady_timer;
typedef basic_waitable_timer< std::chrono::high_resolution_clock >
    high_resolution_timer;
```

`asio::system_timer` 클래스는 `std::chrono::system_clock` 클래스에 기초한 것으로 시스템의 실제 시간 클럭^{clock}을 나타낸다. 이 클럭(그리고 타이머)은 현재 시스템 시각이 바뀌면 영향을 받는다. 그래서 지정한 시각이 됐을 때 알려주는 타이머가 필요할 때에는(예를 들어 오후 1시 15분 45초) `asio::system_timer` 클래스가 적합하다. 타이머가 설정된 후 시스템 클럭이 조정되는 것까지 감안하여 타이머를 울린다. 하지만 이 타이머는 시간 간격을 측정하는 데는 좋지 않다(이를테면, 35초 뒤에 알림). 시스템 클럭이 바뀌면 생각보다 빨리 타이머가 울리거나 더 늦게 울릴 수도 있다.

`asio::steady_timer` 클래스는 `std::chrono::steady_clock` 클래스에 기초한 것으로, 시스템 클럭이 바뀌더라도 영향을 받지 않는 안정적인 클럭이다. 시간 간격을 측정할 때는 `asio::steady_timer`을 쓰는 것이 좋다.

마지막 타이머는 `asio::high_resolution_timer` 클래스인데, 고해상도 시스템 클럭을 나타내는 `std::chrono::high_resolution_clock` 클래스를 사용한다. 매우 세밀한 간격으로 시간을 측정할 때 이 클래스를 사용하자.

Boost.Asio 라이브러리로 분산 애플리케이션을 구현할 때 타이머가 필요한 상황은 대체로 비동기 연산에 시간 제한을 두고 싶을 때다. 비동기 연산을 시작하고 난 후(예를 들어, `asio::async_read()`), 정해진 시간(제한 시간) 후에 종료하는 타이머를 시작하도록 한다. 타이머가 종료되면, 비동기 연산이 끝났는지 확인해보고, 끝나지 않았다면 시간 제한을 넘겼으므로 취소시킨다.

안정적인 타이머는 시스템 클럭 시간이 바뀌더라도 영향을 받지 않기 때문에 시간 제한을 걸 때 사용하기 좋다.

 일부 플랫폼에서는 안정적인 클럭을 쓸 수 없어 `std::chrono::steady_clock`이 `std::chrono::stystem_clock`과 똑같이 동작하기도 한다. 안정적인 클럭인데도 시스템 클럭이 바뀌면 영향을 받는다는 것이다. 안정적인 클럭이 진짜로 안정적인지 확인하고 싶다면 플랫폼과 C++ 표준 라이브러리 구현에 대한 문서를 참고하자.

이번에는 Boost.Asio 타이머를 만들고 시작하도록 한 후 취소시키는 과정을 보여주는 대표적인, 하지만 약간 비현실적인 예제를 살펴보자. 이번 예제에서는 한 번에 하나씩 안정적인 타이머를 2개 만든다. 첫 번째 타이머가 끝나면 두 번째 타이머가 종료되기 전에 취소시키자.

먼저 필요한 Boost.Asio 헤더를 불러들이고 using 지시자를 선언하자.

```
#include <boost/asio/steady_timer.hpp>
#include <iostream>

using namespace boost;
```

다음으로 이번 예제의 유일한 구성 요소인 main() 함수를 정의하자.

```
int main()
{
```

Boost.Asio를 사용하는 다른 프로그램들처럼 asio::io_service 클래스의 인스턴스가 필요하다.

```
asio::io_service ios;
```

그런 다음, 첫 번째 타이머인 t1을 만들고 시작하도록 한다. 2초 후에 종료하게 하자.

```
asio::steady_timer t1(ios);
    t1.expires_from_now(std::chrono::seconds(2));
```

이번에는 두 번째 타이머인 t2를 만들고 시작하도록 한다. 첫 번째 타이머보다 확실히 뒤에 종료되도록 5초 뒤로 설정했다.

```
asio::steady_timer t2(ios);
t2.expires_from_now(std::chrono::seconds(5));
```

이제 첫 번째 타이머가 종료했을 때 호출될 콜백 함수를 정의해보자.

```
t1.async_wait([&t2](boost::system::error_code ec) {
  if (ec == 0) {
    std::cout << "Timer #2 has expired!" << std::endl;
  }
  else if (ec == asio::error::operation_aborted) {
    std::cout << "Timer #2 has been cancelled!" << std::endl;
  }
  else {
    std::cout << "Error occured! Error code = "
      << ec.value()
      << ". Message: " << ec.message() << std::endl;
  }

  t2.cancel();
});
```

다음으로 두 번째 타이머에 대한 또다른 콜백 함수를 정의하자.

```
t2.async_wait([](boost::system::error_code ec) {
  if (ec == 0) {
    std::cout << "Timer #2 has expired!" << std::endl;
  }
  else if (ec == asio::error::operation_aborted) {
    std::cout << "Timer #2 has been cancelled!" << std::endl;
  }
  else {
    std::cout << "Error occured! Error code = "
      << ec.value()
      << ". Message: " << ec.message() << std::endl;
  }
});
```

마지막으로, asio::io_service 클래스의 인스턴스에 대해 run() 메서드를 호출한다.

```
    ios.run();

    return 0;
}
```

이제 예제 프로그램이 모두 준비됐다.

예제 분석

예제 프로그램이 어떻게 동작하는지 실행 단계를 따라가면서 살펴보자.

main() 함수는 asio::io_service 클래스의 인스턴스부터 만든다. Boost.Asio 라이브러리에서 정의한 소켓, 수용자, 해석기처럼 운영체제의 서비스를 쓰는 구성 요소들은 asio::io_service 클래스의 인스턴스가 있어야 한다.

다음으로 첫 번째 타이머인 t1을 인스턴스화하고 expires_from_now() 메서드를 호출한다. 이 메서드는 타이머의 상태를 '아직 종료하지 않음'으로 바꾼 후 시작하도록 한다. 이 메서드는 얼마 뒤에 타이머가 종료되어야 하는지 그 기간 값을 인자로 받는다. 이번 예제에서는 인자로 2초를 전달했다. 타이머가 시작된 지 2초가 지나면 종료하며 타이머의 종료 이벤트를 기다리는 누구라도 알림을 받는다.

이제 두 번째 타이머인 t2를 생성하고 시작시킨 다음 5초 뒤에 종료되도록 설정한다.

두 타이머를 시작시키고 난 다음에는 타이머가 종료할 때까지 비동기적으로 기다린다. 즉, 타이머들에 대해 콜백을 등록했다는 것이다. 그러기 위해 타이머의 async_wait() 메서드를 호출해 콜백 함수에 대한 포인터를 인자로 전달한다. async_wait() 메서드는 다음과 같은 서명을 갖는 함수에 대한 포인터를 인자로 받는다.

```
void callback(
  const boost::system::error_code& ec);
```

콜백 함수는 단 하나의 ec 인자만을 받는다. 이 인자는 대기 종료^{wait completion} 상태를 나타내는 값이다. 이번 예제 프로그램에서는 두 타이머에 대한 콜백으로 람다 함수를 전달했다.

타이머에 대한 종료 콜백을 설정하고 난 다음에는, ios 객체에 대해 run() 함수를 호출한다. 이 메서드는 두 타이머가 모두 종료할 때까지 멈춰 있다. run() 메서드를 실행한 스레드가 종료 콜백을 호출할 때 사용된다.

첫 번째 타이머가 종료되면, 해당 콜백 함수를 호출한다. 대기 종료 상태를 출력한 후 그에 맞는 메시지를 표준 출력 스트림에 내보낸다. 그런 다음, t2 객체에 대해 cancel() 메서드를 호출해 두 번째 타이머를 취소시킨다.

두 번째 타이머를 취소시키면 콜백이 호출되는데, 상태 코드의 값으로 타이머가 종료 전에 취소됐다고 알린다. 두 번째 타이머의 콜백 함수는 종료 상태를 확인한 후 그에 맞는 메시지를 표준 출력 스트림을 내보내고 끝난다.

두 콜백 함수가 모두 끝나면, run() 메서드도 끝나 main() 함수로 돌아간다. 그러면 main() 함수의 실행도 끝난다. 이렇게 예제 프로그램의 실행이 완료된다.

소켓 연산 설정하기와 설정 알아보기

소켓은 다양한 옵션을 제공하고 있다. 그 값을 바꾸면 소켓의 설정과 동작을 조정할 수 있다. 소켓 객체를 인스턴스화할 때, 옵션은 기본 값으로 설정된다. 대부분의 경우 기본 값으로도 충분하지만, 애플리케이션의 요구사항에 맞도록 소켓을 세밀하게 조율할 수도 있다.

이번 예제에서는 Boost.Asio로 소켓의 옵션 설정을 알아보고 설정해보자.

준비

이번 예제를 알아보기 전에 1장 기초 지식의 내용에 먼저 익숙해지는 것이 좋다.

예제 구현

Boost.Asio가 제공하는 기능으로 설정하거나 알아낼 수 있는 소켓의 옵션은 개별적인 클래스로 표현되어 있다. Boost.Asio를 통해 설정하거나 값을 알아낼 수 있는 소켓 옵션에 대한 클래스 전체에 대한 목록은 `http://www.boost.org/doc/libs/1_58_0/doc/html/boost_asio/reference/socket_base.html`에 있는 Boost.Asio 문서를 참고하기 바란다.

실제 소켓(운영체제의 객체로써의 소켓)에서 설정하거나 값을 알아낼 수 있는 옵션은 이번 예제를 통해 알아볼 소켓 옵션의 클래스보다 많다는 점을 알아두자. Boost.Asio는 소켓 옵션 중 일부만을 지원하기 때문이다. 다른 소켓 옵션을 설정하거나 알아내고 싶다면 개발자가 직접 Boost.Asio 라이브러리에 필요한 옵션을 나타내는 클래스를 추가해야 한다. Boost.Asio 라이브러리를 추가하는 일은 이번 예제에서 다룰 주제가 아니다. 여기서는 이미 라이브러리에서 제공하고 있는 소켓 옵션을 다루는 방법에 집중하자.

소켓의 수신 버퍼 크기를 원래 크기보다 두 배 늘리고 싶다고 가정해보자. 그러려면 버퍼의 현재 크기를 알아야 하고, 그 값을 두 배로 늘린 후 새로운 수신 버퍼 크기로 설정해야 한다.

다음에 이러한 일을 하는 코드가 예제로 나와 있다.

```
#include <boost/asio.hpp>
#include <iostream>

using namespace boost;
```

```cpp
int main()
{
  try {
      asio::io_service ios;

      // TCP 소켓을 생성하고 연다.
asio::ip::tcp::socket sock(ios, asio::ip::tcp::v4());

      // 수신 버퍼 크기를 나타내는
      // 객체를 생성한다.
      asio::socket_base::receive_buffer_size cur_buf_size;

      // 현재 설정된 값을 얻어온다.
      sock.get_option(cur_buf_size);

      std::cout << "Current receive buffer size is "
       << cur_buf_size.value() << " bytes."
       << std::endl;

      // 새로운 값을 갖는 수신 버퍼 크기 객체를 생성한다.
asio::socket_base::receive_buffer_size
new_buf_size(cur_buf_size.value() * 2);

// 새로운 값으로 설정을 바꾼다.
sock.set_option(new_buf_size);

std::cout << "New receive buferr size is "
<< new_buf_size.value() << " bytes."
<< std::endl;
}
catch (system::system_error &e) {
std::cout << "Error occured! Error code = " << e.code()
<< ". Message: " << e.what();
```

```
        return e.code().value();
    }

    return 0;
}
```

예제 분석

이번 예제에는 `main()` 함수 하나밖에 없다. 이 함수는 `asio::io_service` 클래스를 만드는 것에서부터 시작한다. TCP 소켓을 나타내는 객체를 만들 때 이 인스턴스를 사용한다.

소켓 클래스 생성자를 사용하는 방식을 눈여겨보자. 이 생성자는 소켓을 만든 후에 연다. 특정 소켓 객체에 대해 옵션을 알아오거나 설정하려면, 해당 소켓은 열려 있어야만 한다. Boost.Asio 소켓 객체가 열리기 전에는 운영체제의 소켓 객체가 할당되지 않기 때문에 소켓의 옵션을 설정할 수도, 그 값을 얻어올 수도 없기 때문이다.

다음으로 `asio::socket_base::receive_buffer_size` 클래스를 인스턴스화한다. 이 클래스는 소켓의 수신 버퍼 크기를 제어하는 옵션이다. 현재 크기를 얻고 싶다면 소켓 객체의 `get_option()` 메서드를 호출하되, 이 옵션 객체에 대한 참조자를 인자로 전달한다.

`get_option()` 메서드는 전달된 인자의 데이터형을 통해 요청된 옵션이 무엇인지 알아낸다. 그런 다음, 옵션 객체에 해당 옵션 값을 저장하여 반환한다. 이 객체에서 얻은 옵션 값은 객체의 `value()` 메서드를 통해 알 수 있다.

현재 수신 버퍼의 크기를 얻어내면 그 값을 표준 출력 스트림에 내보낸다. 그런 다음, 이 옵션에 새로운 값을 설정하기 위해 또 다른 `asio::socket_base::receive_buffer_size` 클래스의 인스턴스를 만드는데, 이번에는 이름을 `new_buf_size`라고 하자. 이 인스턴스는 첫 번째 인스턴스인 `cur_buf_size`와 같은 옵션을 나타내지만 값이 다르다. 새로 설정하기를 원하는 값을 이 옵션 클래스의 생성자에 전달했기 때문이다.

새로운 수신 버퍼 크기를 가진 옵션 객체를 만들고 난 후, 이 객체에 대한 참조자를 소켓의 `set_option()` 메서드의 인자로 전달한다. `get_option()`과 마찬가지로 이 메서드도 전달받은 인자의 데이터형으로 설정해야 하는 옵션을 알아낸 후, 해당 옵션을 전달받은 값으로 설정한다.

마지막으로 새로운 옵션의 값을 표준 출력 스트림으로 내보낸다.

스트림 기반 I/O 수행하기

적절히 사용하기만 한다면 스트림과 스트림 기반 I/O는 표현력이 높고 사용 방법도 우아하다. 애플리케이션의 소스 코드 대부분이 스트림 기반 I/O 연산으로 채워져 있을 때도 있다. 네트워크 통신 부분이 스트림 기반 연산으로 구현되어 있다면 소스 코드를 읽는 것도, 유지하는 것도 훨씬 쉬워질 것이다.

다행스럽게도 Boost.Asio를 사용하면 프로세스 간 통신을 할 때에 스트림 기반 연산으로 구현할 수 있다. 어떻게 구현하는지 이번 예제에서 알아보자.

예제 구현

TCP 소켓 객체를 둘러싼 I/O 스트림처럼 보이게 하는 인터페이스를 제공하는 Boost.Asio 라이브러리에서 제공한다. 이 래퍼^{wrapper} 클래스를 사용하면 프로세스 간 통신 연산을 스트림 기반 연산으로 표현할 수 있다.

Boost.Asio가 제공하는 스트림 기반의 I/O를 활용하는 TCP 클라이언트가 있다고 가정해보자. 이 방식을 사용하면 TCP 클라이언트 프로그램이 다음 코드처럼 정말 간단해진다.

```cpp
#include <boost/asio.hpp>
#include <iostream>

using namespace boost;

int main()
{
    asio::ip::tcp::iostream stream("localhost", "3333");
    if (!stream) {
      std::cout << "Error occurred! Error code = "
        << stream.error().value()
        << ". Message = " << stream.error().message()
        << std::endl;

    return -1;
    }

    stream << "Request.";
    stream.flush();

    std::cout << "Response: " << stream.rdbuf();

    return 0;
}
```

예제 분석

예제로 살펴본 TCP 클라이언트는 정말 간단한데다 main() 함수 하나만으로 구현
된다. main() 함수는 먼저 TCP 소켓을 감싸는 asio::ip::tcp::iostream 클래스
의 인스턴스부터 만든다. 이 클래스에서 I/O 스트림처럼 보이게 하는 인터페이스
를 제공한다.

stream 객체는 DNS 이름과 프로토콜 포트 번호를 받는 생성자를 사용해 만들었다.

이 생성자는 알아서 DNS 이름을 해석하고 서버로 연결을 시도한다. 포트 번호는 정수가 아니라 문자열로 표현해야 한다는 점을 잊지 말자. 생성자로 전달된 인자 모두 해석기 질의를 만들 때 사용하는데, 이때 포트 번호가 문자열이어야 하기 때문이다(http, ftp 등의 서비스 이름이나 "80", "8081", "3333" 같은 문자열로 표현된 포트 번호여야 한다).

또는 DNS 이름 해석도 하지 않고 연결도 하지 않는 기본 생성자를 사용해 stream 객체를 만들 수도 있다. 객체를 일단 만들고 난 다음, connect() 메서드를 호출해 DNS 이름과 프로토콜 포트 번호를 명시할 수도 있다. 그러면 이 메서드에서 해석과 소켓 연결을 시도한다.

다음으로 스트림 객체의 상태를 검사해 연결에 성공했는지 알아본다. 스트림 객체의 상태가 나쁘거나 오류가 있다면 적절한 메시지를 표준 출력 스트림으로 내보낸 후 바로 프로그램을 종료시킨다. asio::ip::tcp::iostream 클래스의 error() 메서드를 사용하면 스트림에서 마지막으로 일어난 오류에 대한 정보를 boost::system::error_code 클래스의 형태로 알아낼 수 있다.

서버로 스트림을 잘 연결했다면 출력 연산을 시작한다. 이번 예제에서는 문자열인 Request를 서버로 전송한다. 그런 다음, 스트림 객체의 flush() 메서드를 호출하면 버퍼에 쌓인 모든 데이터를 서버로 전송한다.

마지막으로 스트림에 대해 입력 연산을 하면 서버로부터 들어오는 데이터를 응답 메시지로 읽어들일 수 있다. 이번 예제에서 수신한 메시지는 모두 표준 출력 스트림으로 내보냈다. 이제 main() 함수가 할 일을 모두 끝냈으므로 프로그램도 종료한다.

부연 설명

asio::ip::tcp::iostream 클래스를 사용하면 클라이언트 측 I/O뿐만 아니라 서버 측 I/O도 스트림 기반으로 바꿀 수 있다. 그뿐만 아니라 이 클래스를 사용하면 연산에 대한 시간 제한도 걸 수 있어 일반적인 동기화 I/O보다 더 유용하게 쓸 수 있다. 이제 서버 측 I/O를 어떻게 구현해야 하는지 살펴보자.

서버 I/O 구현하기

다음에 `asio::ip::tcp::iostream` 클래스를 사용해 스트림 기반 I/O를 하는 간단한 서버 코드가 나와 있다.

```
// ...
asio::io_service io_service;

asio::ip::tcp::acceptor acceptor(io_service,

asio::ip::tcp::endpoint(asio::ip::tcp::v4(), 3333));

asio::ip::tcp::iostream stream;

acceptor.accept(*stream.rdbuf());
std::cout << "Request: " << stream.rdbuf(); stream << "Response.";
// ...
```

이 코드는 간단한 서버 프로그램의 일부일 뿐이지만 수용자 인스턴스들을 생성하고, `asio::ip::tcp::iostream` 클래스를 만드는 등 재미있는 일을 처리한다.

acceptor 객체에 대해 `accept()` 메서드를 호출한다. 이때 stream 객체의 `rdbuf()` 메서드를 통해 얻은 포인터를 인자로 전달하는데, stream 객체의 `rdbuf()` 메서드가 반환하는 것은 스트림 버퍼 객체에 대한 포인터다. 이 스트림 버퍼 객체는 `asio::ip::tcp::socket` 클래스에서 파생된 클래스의 인스턴스다. 즉, `asio::ip::tcp::iostream` 클래스 객체에서 사용하는 스트림 버퍼 객체는 진짜 스트림 버퍼이기도 하고, 소켓이기도 하다. 그래서 스트림 버퍼/소켓 객체를 클라이언트 프로그램과 연결하고 통신할 때 쓰는 일반적인 능동 소켓으로 활용할 수 있다.

연결 요청을 수락하고 연결이 수립되면, 앞에서 살펴본 클라이언트 프로그램처럼 스트림 방식으로 클라이언트와 통신할 수 있다.

시간 제한 설정하기

`asio::ip::tcp::stream` 클래스가 제공하는 I/O 연산은 실행 중인 스레드를 멈추게 만들며, 시간이 매우 지났는 데도 계속 멈춰 있을 수도 있다. 그래서 이 클래스에서는 시간 제한을 설정해 스레드가 깨어나도록 하는 기능을 제공한다.

시간 제한 값은 `asio::ip::tcp::stream` 클래스의 `expires_from_now()` 메서드로 설정할 수 있다. 시간 간격 값을 입력 파라미터로 전달하면, 이 메서드는 내부적으로 타이머를 시작시킨다. 타이머가 종료됐는 데도 여전히 I/O 연산을 하고 있다면, 시간 제한을 어긴 셈이므로 강제로 방해하여 종료시킨다.

찾아보기

322

에이콘출판의 기틀을 마련하신 故 정완재 선생님 (1935-2004)

Boost.Asio C++ 네트워크 프로그래밍 쿡북

손쉬운 25가지 예제를 통해 알아보는 Boost.Asio 라이브러리로
강건하면서도 매우 효율적이고 여러 플랫폼에서 쓸 수 있는 분산 애플리케이션 만들기

인 쇄 | 2017년 3월 23일
발 행 | 2017년 3월 30일

지은이 | 드미트로 라드척
옮긴이 | 한 정 애

펴낸이 | 권 성 준
편집장 | 황 영 주
편 집 | 나 수 지
디자인 | 박 주 란

에이콘출판주식회사
서울특별시 양천구 국회대로 287 (목동 802-7) 2층 (07967)
전화 02-2653-7600, 팩스 02-2653-0433
www.acornpub.co.kr / editor@acornpub.co.kr

한국어판 ⓒ 에이콘출판주식회사, 2017, Printed in Korea.
ISBN 978-89-6077-992-1
ISBN 978-89-6077-210-6 (세트)
http://www.acornpub.co.kr/book/boost-asio-net-cookbook
이 도서의 국립중앙도서관 출판시도서목록(CIP)은 서지정보유통지원시스템 홈페이지(http://seoji.nl.go.kr)와
국가자료공동목록시스템(http://www.nl.go.kr/kolisnet)에서 이용하실 수 있습니다.(CIP제어번호: CIP2017007346)

책값은 뒤표지에 있습니다.